천국은 어떤 곳인가? 그리고 당신은 천국 갈 준비가 되었는가?
천국, 그 모든 것

A PLACE CALLED HEAVEN
by Dr. Robert Jeffress

Copyright ⓒ 2017 by Robert Jeffress
Originally published in English under the title *A Place Called Heaven*
by Baker Books, a division of Baker Publishing Group, Grand Rapids, Michigan, 49516, U.S.A.
All rights reserved.

Korean Edition published by Word of Life Press, Seoul 2020
Translated and published by permission.
Printed in Korea.

천국, 그 모든 것

ⓒ 생명의말씀사 2020

2020년 2월 28일 1판 1쇄 발행

펴낸이 | 김재권
펴낸곳 | 생명의말씀사

등록 | 1962. 1. 10. No.300-1962-1
주소 | 서울시 종로구 경희궁1길 5-9(03176)
전화 | 02)738-6555(본사) · 02)3159-7979(영업)
팩스 | 02)739-3824(본사) · 080-022-8585(영업)

기획편집 | 구자섭, 서희연
디자인 | 조현진, 김혜진
인쇄 | 영진문원
제본 | 정문바인텍

ISBN 978-89-04-16698-5 (03230)

저작권자의 허락없이 이 책의 일부 또는 전체를
무단 복제, 전재, 발췌하면 저작권법에 의해 처벌을 받습니다.

천국은 어떤 곳인가? 그리고 당신은 천국 갈 준비가 되었는가?

천국, 그 모든 것

로버트 제프리스 지음
조계광 옮김

목 차

추천의 말 영원한 고향, 천국을 배워야 하는 이유   8

1장 미래의 천국이 오늘 내 삶에 어떤 영향을 미칠까?   12

죽음의 불가피성 | 과거의 증언들 | 어렴풋한 천국의 모습 | 영원의 울림 | '천국을 생각함으로써' 얻을 수 있는 네 가지 유익

2장 천국은 실제 장소인가, 아니면 마음의 상태인가?   44

천국은 현실이다 | 천국은 어디에 존재하는가? | 현재의 천국 | 미래의 천국 | '새'(new)라는 수식어는 무슨 의미일까? | 새 땅 vs. 현재의 땅 | 새 땅의 수도_ 새 예루살렘 | 천국은 상상을 초월한다

3장 이미 천국에 가본 사람들이 있는가? 70

"하나님이 나를 부르신다" | 임사 체험이란 무엇인가? | 임사 체험 이야기가 그토록 큰 인기를 누리는 이유는 무엇일까? | 임사 체험은 성경적인가?

4장 그리스도인은 죽으면 즉시 천국에 가는가? 100

살아 있는 자들이 죽어야 하는 이유 | 죽은 자들이 가는 곳 | 가능한 두 가지 운명 | 그리스도인은 죽으면 어디로 가는가? | 불신자들은 죽으면 어디로 가는가? | 영원한 선택_ 천국이냐 지옥이냐?

5장 우리는 천국에서 무슨 일을 할까? 122

하나님과 천국에 대한 세 가지 통념 | 두 가지 중요한 책임_ 예배와 일 | 한 가지 특정한 의무_ 다스리는 것 | 천국에서 누릴 영원한 즐거움 세 가지

6장 천국에 있는 사람들은 세상에서 일어나고 있는 일을 아는가?   146

천국의 증인들 | 지옥의 포로들 | 지옥은 어떤 곳일까 | 세상이나 지옥에서 일어나는 일들 때문에 천국의 기쁨이 줄어들까?

7장 천국에서 서로를 알아볼까?   176

모든 사람이 부활의 몸을 얻게 되는가? | 첫째 부활 | 둘째 부활 | 예수님은 영으로 부활하셨는가, 육체로 부활하셨는가? | 부활하신 예수님의 육체는 어떤 모습이었을까? | 부활한 우리의 몸은 어떤 모습일까?

8장 천국의 상급은 모두에게 똑같을 것인가?   206

하나님의 소환 명령 | 미래의 상급은 우리에게 어떤 의미를 지니는가?

| 9장 | **누가 천국에 갈까?** | **236** |

천국을 가리키는 표지판들 | 천국의 시민들

| 10장 | **천국에 갈 준비는 어떻게 해야 할까?** | **270** |

유효한 여권을 소지해야 한다 | 항상 목적지를 의식하며 살아라 | 죽음의 공포에 겁먹지 말라 | 세상에서 주어진 시간을 최대한 선용하라 | 출발 직전에 후회할 것을 최대한 줄여라 | 세상을 떠나기 전에 재정적인 문제를 잘 정리해두라

나가는 말 우리의 본향, 천국　　300

추천의 말

영원한 고향, 천국을 배워야 하는 이유

"역사를 읽어보면 내세를 가장 많이 생각한 사람들이 현세의 삶에 가장 충실했던 사람들임을 알게 된다"라는 루이스의 말은 유명하다. 우리의 문제는 천국을 너무 많이 생각하는 것이 아니라 너무 적게 생각하는 것이다. 저자는 이 책을 통해 예수님이 모든 신자를 위해 예비하신 미래의 고향을 성경에 근거해 옳게 생각하도록 돕는 임무를 훌륭하게 수행했다.
_ 데이비드 제레마이어(쉐도우마운튼커뮤니티교회 목사, '터닝포인트 미니스트리' 대표, 베스트셀러 작가)

기독교의 결론은 천국이다. 현세의 삶은 천국의 영원한 삶에 비하면 한줄기 안개와도 같다. 따라서 우리는 영원한 고향에 대해 가능한 한 많은 것을 배우려고 노력해야 한다. 저자는 무덤 너머 저 놀라운 세상에 관한 사람들의 다양한 질문에 훌륭하게 대답했다. 나는 이 책을 단지 신자들만이 아니라 아직 그리스도를 영접하지 않은 사람들에게도 강력하게 추천하고 싶다. 왜냐하면 이 책은 무덤 저편 세상에 관한 회의론자들의 난해한 질문에 대해 성경적인 대답을 충실하게 제시하기 때문이다.
_ 조니 에릭슨 타다('조니와 친구들 국제 장애인 센터' 설립자, 구필 화가, 베스트셀러 작가)

모든 사람들은 천국에 호기심을 느낀다. 감사하게도 이 책은 성경적인 가르침을 통해 그 휘장 너머를 들여다볼 수 있게 해준다. 독자들은 이 책을 통해 '가장 좋은 것'이 예비되어 있음을 다시 한 번 상기하게 될 것이다.
_ 어윈 W. 루처(시카고 무디기념교회 명예 목사)

우리 가운데 천국에 관해 거의 아무것도 모르는 사람들이 그토록 많은 이유가 무엇일까? 현세의 삶이 영원한 미래의 삶에 직접적인 영향을 미친다면 현세의 삶에서 비롯되는 결과들과 하나님이 자신의 상속자들을 위해 예비하신 장소에 관해 더 많이 알아야 마땅하지 않겠는가? 이 책이 출간되어 너무도 기쁘다. 저자는 혼돈의 시대에 강력한 목소리로 기독교를 대변하고 있다. 이 책은 위를 바라보면서 하나님이 우리를 얼마나 극진히 사랑하시는지, 또 현세의 삶이 얼마나 중요한지를 깊이 생각해보라고 독려한다. 예수님은 천국에서 우리를 위한 거처, 우리에게 꼭 맞는 거처를 마련하고 계신다. 한 번 상상해보라! 나와 마찬가지로 다른 사람들도 이 책을 열심히 탐독함으로써 영원을 의식하며 좀 더 뚜렷한 목적의식을 가지고 살아갈 수 있기를 간절히 기도한다.

_ 수지 라슨(라디오 토크쇼 진행자, *Your Powerful Prayers*의 저자)

저자는 천국에 가기를 기대한다면 반드시 알고 믿어야 할 열 가지 요점을 명확하게 제시한다. 이 책은 논리가 명확하고 성경적이다. 모두가 읽어야 할 훌륭한 책이며, 사람들에게 복음을 전하는 도구로도 활용하기 좋은 책이다.

_ 마크 L. 베일리(댈러스신학교 총장)

앞으로 천 년이 지난 후에도 우리는 어딘가에 살고 있을 것이다. 죽을 준비가 되어 있기 전까지는 인생을 온전하게 살 준비가 되었다고 할 수 없다.

저자는 성경의 진리를 열어보임으로써 천국의 영원한 삶에 대한 확신을 가지도록 도와준다.
_ O. S. 호킨스(댈러스 '가이드스톤 파이낸셜 리소스' 대표)

저자는 탁월한 설교 사역을 감당하고 있을 뿐 아니라 뛰어난 메시지가 담긴 책들을 많이 출판해왔다. 천국에 관한 이 책도 예외가 아니다. 요즘에는 영원한 운명을 다루는 설교를 회피하고, 현대의 문화 풍조를 따르려는 사람들이 너무나도 많은 듯하다. 이 책은 일반 신자들이 꼭 알고 싶어 하는 진지한 질문들에 대한 대답을 제시한다. 더 나아가 천국의 영광을 직접 경험하고픈 간절한 마음을 일깨워준다. 특히 5장의 '우리는 천국에서 무슨 일을 할까?'라는 주제는 내가 지금까지 읽은 가장 통찰력 있는 내용 가운데 하나였다.
_ 페이지 패터슨(사우스웨스턴 침례신학교 총장)

1장

미래의 천국이 오늘 내 삶에 어떤 영향을 미칠까?

> 위의 것을 찾으라
> 거기는 그리스도께서 하나님 우편에 앉아 계시느니라
> 위의 것을 생각하고 땅의 것을 생각하지 말라
> 골 3:1-2

나는 사역 활동 때문에 여행을 많이 다니는 편이다. 심지어는 천국에 관한 이 책을 쓰고 있는 지금도 해외여행을 준비하는 중이다. 나는 원거리 여행을 떠날 때마다 떠나기 전에 처리해야 할 일들과 챙겨가야 할 것들을 머릿속으로 생각한다. 장기간 여행을 떠나야 할 때는 특히 더 그렇다.

지금 나는 런던 여행을 준비하는 중이다. 따라서 뉴욕에 하루 이틀 다녀올 때보다 처리해야 할 일들이 좀 더 많다. 예를 들어 신문사에 연락해서 당분간 신문 배달을 중지해달라고 말해야 하고, 신용카드 회사에도 내 행선지를 알려주어야 한다(그래야 신분증이나 카드가 분실 처리되어 동결되는 일을 막을 수 있기 때문이다). 그밖에도 휴대 전화 회사에 국제 통화를 가능하게 해달라고 부탁하고, 달러와 파운드의 환율을 점검하고, 날씨가 어떠할지도 알아봐야 한다. 그래야 짐을 적절하게 꾸릴 수 있다. 그리고 무엇보다 중요한 것은 비행기 표와 여권을 챙기는 일이다. 비행기 표가 없으면 비행기를 탈 수 없고, 여권이 없으면 영국에 입국할 수 없다.

현명한 여행자는 짧은 주말여행일지라도 으레 하는 일을 성실하게 처리해 여행을 준비한다. 그러나 누구도 예외 없이 필연적으로 가게 될, 먼 나라로의 궁극적인 여행을 준비하는 사람들은 너무나도 적다. 나의 런던 여행은 2주에 불과하지만, 내가 말하는 궁극적인 여행은 영원히 계속될 편도 여행이다. 이것은 모든 그리스도인이 시작해야 할 여행, 곧 '천국이라고 불리는 곳'을 향한 여행이다.

솔직히 말해 의도적으로 노력을 기울여 천국을 생각하는 그리스도인들은 그다지 많지 않다. 어떤 점에서는 충분히 이해할 수 있는 일이다. 현세에서 감당해야 할 현실적인 책임이 너무 크기 때문에 내세의 삶을 생각할 겨를이 없다. 또한 천국에 대해 우리가 알고 있는 것이 지극히 적다는 사실도 그곳이 우리의 삶과 동떨어진 부적절한 주제처럼 느껴지는 이유 가운데 하나다.

그러나 우리는 모두 속으로 더 나은 세상을 갈망한다. 의사에게 뜻하지 않게 나쁜 소식을 들었을 때나 친구에게 배신을 당했을 때, 친밀한 관계가 깨어졌을 때, 사랑하는 사람이 죽었을 때는 특히 더 그렇다. 때로 우리는 더 나은 세상이 존재한다는 것을 믿고 싶어 한다(사실 우리는 반드시 그렇게 믿어야 한다). 뛰어난 저술가 필립 얀시는 이런 현실을 다음과 같이 적절하게 설명했다.

성경은 인간의 절망감을 하찮게 여기지는 않지만 '일시적'이라는 한마디로 간단하게 묘사한다. 우리가 지금 느끼는 좌절의 감정은 영원하지 않을 것이다. 이 좌절감은 그 자체로 더 나은 것을 바라는 갈망이자 열망이요, 그것을 나타내는 상징이다. 결국 믿음은 일종의 향수병, 곧 우리가 가본 적은 없지만 단 한 번도 생각을 멈춘 적이 없는 고향에 대한 그리움이다.[1]

이 책은 미래의 고향인 천국을 주제로 다룬다. 천국은 사람들이 가혹한 삶의 현실에 짓눌리거나 압도되지 않게끔 돕기 위해 선한 의도를 지닌 일부 개인들이 인위적으로 만들어낸 공상이나 상상의 장소가 아니다. 그리스도인들이 영원한 삶을 얻기 위해 의지하는 예수 그리스도, 그분은 친히 천국이 실제 장소라고 말씀하셨다.

"내 아버지 집에 거할 곳이 많도다 그렇지 않으면 너희에게 일렀으리라 내가 너희를 위하여 거처를 예비하러 가노니 가서 너희를 위하여 거처를 예비하면 내가 다시 와서 너희를 내게로 영접하여 나 있는 곳에 너희도 있게 하리라"(요 14:2-3).

앞으로 살펴보겠지만, 예수님은 지금 하늘에서 역사상 가장 큰 건

---

[1] Philp Yancey, *Disappointment with God: Three Questions No One Asks Aloud* (Grand Rapids: Zondervan, 1988), 276.

축 사업(우리를 위해 하늘에 거처를 마련하는 일)을 감독하고 계신다. 예수님이 우리를 위해 그런 정교한 집을 마련하는 수고를 아끼지 않으시는 것을 보면, 그분이 다시 와서 우리를 한데 모아 우리를 위해 예비한, 지극히 아름다운 새 고향 집으로 우리를 인도하시리라는 것을 분명하게 알 수 있다.

'천국이라 불리는' 우리의 미래의 집에 대해 더 많이 생각해야 할 이유는 많다. 그러나 가장 분명한 이유 하나가 있다면 미래의 집을 향해 떠나야 할 때가 확실하면서도 비교적 빨리 찾아올 것이기 때문이다.

죽음의 불가피성

한 예리한 관찰자는 "죽음에 대한 통계는 매우 인상적이다. 항상 모든 사람 가운데 한 명이 죽는다"라고 말했다.[2] 죽음은 종종 갑작스레, 곧 예기치 않은 때에 찾아온다.

솔로몬은 "분명히 사람은 자기의 시기도 알지 못하나니 물고기들이 재난의 그물에 걸리고 새들이 올무에 걸림 같이 인생들도 재앙의 날이 그들에게 홀연히 임하면 거기에 걸리느니라"(전 9:12)고 말했다. 구약시대의 족장 이삭도 자기가 언제 죽을지를 알지 못했다. 그는 생애 말년에 "내가 이제 늙어 어느 날 죽을는지 알지 못하니"(창 27:2)라고 말

---

2) 저자 미상. Robert Jeffress, *How Can I Know: Answers to Life's 7 Most Important Questions* (Brentwood, TN: Worthy Publishers, 2012), 137.

했다.

전쟁터에 나간 군인들은 매일 죽음의 위협을 느낀다. 말기 암 환자들도 마찬가지다. 언젠가는 반드시 죽게 된다는 사실, 아니, 당장이라도 죽을 수 있다는 사실을 의식해본 적 있는가? 하나님은 우리가 살아갈 날짜는 물론 우리가 죽는 날까지 미리 정해놓으셨다. 따라서 1초가 지날 때마다 우리는 죽음에 그만큼 더 가까이 다가간다. 이것이 우리가 영원한 고향에 대해 진지하게 생각해봐야 할 가장 큰 이유다.

예수님은 많은 재물에 만족하는 한 부자에 관한 이야기를 들려주셨다. 어리석은 부자는 곡식과 물건들을 쌓아놓기 위해 낡은 헛간들을 허물고 더 큰 헛간을 지으려고 했다. 그는 자기 자신을 향해 "영혼아 여러 해 쓸 물건을 많이 쌓아 두었으니 평안히 쉬고 먹고 마시고 즐거워하자"(눅 12:19)라고 말했다.

그러나 하나님은 다른 계획을 세우고 계셨다. 그분은 "어리석은 자여 오늘 밤에 네 영혼을 도로 찾으리니"(눅 12:20)라고 말씀하셨다. 여기서 "찾으리니"로 번역된 헬라어는 만기가 된 대부금을 가리킨다. 우리의 삶은 하나님으로부터 대부받은 것이다. 하나님은 자신이 원하는 때 언제라도 그것을 도로 찾으실 수 있다.

우리 가운데 나이가 많거나 불치병에 걸리지 않은 이상, 죽음을 의식하며 살아가는 사람은 그리 많지 않다. 우리는 대부분 죽음의 가능성을 염두에 두지 않는다. 그렇다면 천국은 어떨까? 우리는 그것을 먼 훗날에나 생각할 주제로 간주한다.

그러나 누구도 예외 없이 이 세상을 떠나게 된다는 것은 분명한 사실이다. 살아 있는 상태로 이 세상을 떠날 수 있는 사람은 아무도 없다. 욥은 "그의 날을 정하셨고 그의 달 수도 주께 있으므로 그의 규례를 정하여 넘어가지 못하게 하셨사온즉"(욥 14:5)이라고 말했다. 운동을 아무리 열심히 하고, 영양 섭취를 충분히 하더라도 우리는 하나님이 미리 정하신 한계를 벗어나 단 1초도 생명을 연장할 수 없다.

이 세상에서의 삶이 유한하다는 사실을 깨달으면 시간을 현명하게 사용할 수 있다. 모세는 "우리에게 우리 날 계수함을 가르치사 지혜로운 마음을 얻게 하소서"(시 90:12)라고 기도했다. 나는 이 말씀을 읽을 때마다 지인 중 가장 경건한 사람 한 명을 떠올린다. 그의 이름은 해럴드 워렌이다. 해럴드는 오래전 나를 텍사스 주 위치토폴스에 있는 '제일침례교회' 목회자로 청빙했던 목회자청빙위원회 의장이었다. 그의 사무실에는 분필 표시가 잔뜩 되어 있는 작은 칠판이 하나 있었다. 어느 날, 나는 그에게 그 표시들이 무엇을 나타내느냐고 물었다.

그러자 그는 "각각의 표시는 내가 70세 되기까지 남아 있는 날짜들을 나타내지요. 나는 남아 있는 시간을 최대한 활용하기 위해 하루에 하나씩 표시를 지워가며 나 자신에게 시간이 얼마 남지 않았음을 상기시킵니다"라고 말했다.

해럴드는 70세가 지난 후에도 몇 년 더 살았다. 그는 삶의 중대 시점이던 70세 생일이 지난 후부터는 표시를 하루에 하나씩 더해가며 '덤으로 주어진 시간'을 살고 있다는 것을 스스로에게 상기시켰다. 그는 '우리 날을 계수하는 것'이 무슨 의미인지를 이해했다.

세상에서 우리가 살아갈 날이 얼마나 유한한지 알면, 영원한 내세에서 우리를 기다리고 있는 것에 대해 생각할 수 있다. 1967년에 다이빙 사고로 사지 마비 환자가 된 기독교 저술가 조니 에릭슨 타다는 그때 이후로 천국에 대해 많이 생각했다. 그녀는 "천국은 다음 해, 아니, 다음 주만큼 가까울 수 있다. 따라서 세상에 있는 동안 우리는 우리에게 예비된 놀라운 미래를 진솔하게 생각할 수 있는 시간을 가지는 게 바람직하다"라고 말했다.[3]

조니는 천국에 갈 날이 그리스도인들에게 반드시 찾아올 것이기 때문에 관계에 충실하고, 순결함을 추구하고, 정직하게 행하고, 시간과 재능과 재물을 관대하게 나눠주고, 그리스도의 복음을 힘써 전해야 한다고 권고했다. 그런 선택들이 영원한 보상을 안겨줄 것이기 때문이다. 이 점에 대해서는 뒤에서 좀 더 자세히 살펴볼 생각이다.[4]

과거의 증언들

천국을 생각한 사람은 조니 에릭슨 타다만이 아니다. 역사에 등장하는 수많은 저술가와 철학자, 선지자들이 셰익스피어가 '미지의 세계'

---

[3] Joni Eareckson Tada, *Heaven: Your Real Home* (Grand Rapids: Zondervan, 1995), 15.
[4] Ibid., 110.

로 일컬은 것에 진지한 관심을 기울였다.[5]

누구나 한 번쯤은 "천국만 생각하다 보면 현세에 충실한 삶을 살 수 없다"는 상투적인 말을 들어본 적이 있을 것이다. 어떤 사람들은 그런 말을, 현세에만 노력과 애정을 쏟아 붓는 자신의 태도를 정당화하는 데 활용한다. 스스로 현혹되어 그런 제한된 관점을 미덕으로 간주하는 것이다. 그들은 영원히 살 것처럼 행동했던 어리석은 부자처럼 현세의 덧없음과 내세의 영원함을 옳게 이해하지 못한다. 루이스가 지적한 대로 대다수 그리스도인들의 문제는 천국을 너무 많이 생각하는 것이 아니라 너무 적게 생각하는 것이다.

역사를 읽어보면 내세를 가장 많이 생각한 사람들이 현세의 삶에 가장 충실했던 사람들이었다는 사실을 알 수 있다. 로마 제국의 회심을 위해 헌신했던 사도들, 중세 시대를 건설했던 위인들, 노예 제도를 폐지했던 영국의 복음주의자들 모두가 세상에 뚜렷한 족적을 남길 수 있었던 이유는 그들의 생각이 온통 천국에 매료되었기 때문이다. 오늘날 그리스도인들이 이토록 무기력해진 이유는 그들이 내세에 대한 생각을 중단했기 때문이다. 천국을 목표로 하면 세상을 '덤으로' 얻게 될 테지만 세상을 목표로 하면 둘 다 잃게 될 것이다.[6]

---

5) William Shakespeare, *Hamlet*, 3.1.79. *William Shakespeare: The Complete Works* (New York: Dorset Press, 1988), 688.
6) C. S. Lewis, *Mere Christianity* (San Francisco: HarperSanFrancisco, 2001), 134.

내세를 더 많이 생각할수록 현세에서 더 큰 힘을 발휘할 수 있다는 것은 참으로 큰 역설이 아닐 수 없다. 나는 새 교회 목회자로 청빙될 때마다 이 원리를 삶 속에서 구체적으로 실감한다. 보통 새 교회로 옮기기까지 약 한 달의 시간이 주어진다. 나는 그 시간 동안 새 부임지를 생각하며 이전 교회의 일을 마무리한다. 대개 그 4주의 기간 동안 '가장 생산적인 일'이 이루어진다.

그 이유는 내게 남겨진 시간이 길지 않다는 것을 알고 사역을 제대로 해보려 노력하기 때문이다. 이미 갈 곳이 정해졌기 때문에 파면을 당할까봐 눈치를 볼 필요 없이 교회를 위해 가장 좋은 결정이라고 생각하는 일을 자유롭게 행동에 옮길 수 있다. 참으로 큰 해방감이 느껴지는 순간이 아닐 수 없다.

이와 마찬가지로 우리가 천국이라 불리는 새로운 장소를 향해 나가고 있다는 사실을 의식한다면 우리의 제한된 시간을 생산적으로 활용할 수 있다. 떠날 때는 모든 것을 남겨두어야 하기 때문에 큰 재산을 모으려고 애쓸 필요도 없고, 새로운 장소로 부르심을 받았다는 확신이 있으면 다른 사람들이 우리를 어떻게 생각하든, 또 우리에게 어떤 일이 일어나든 크게 신경을 쓸 필요가 없다.

천국이라 불리는 곳이 우리를 기다리고 있다는 사실을 알면 큰 해방감을 느끼면서 얼마 남지 않은 우리의 인생을 가능한 한 지혜롭게 사용할 수 있다.

아벨, 에녹, 노아, 아브라함, 이삭, 야곱, 사라와 같이 현세에 가장 큰 영향을 미친 구약시대 위인들의 삶을 살펴보면 내세의 희망에 사로잡혀 있었다는 하나의 공통점을 발견할 수 있다.

"이 사람들은 다 믿음을 따라 죽었으며 약속을 받지 못하였으되 그것들을 멀리서 보고 환영하며 또 땅에서는 외국인과 나그네임을 증언하였으니 그들이 이같이 말하는 것은 자기들이 본향 찾는 자임을 나타냄이라 그들이 나온 바 본향을 생각하였더라면 돌아갈 기회가 있었으려니와 그들이 이제는 더 나은 본향을 사모하니 곧 하늘에 있는 것이라 이러므로 하나님이 그들의 하나님이라 일컬음 받으심을 부끄러워하지 아니하시고 그들을 위하여 한 성을 예비하셨느니라"(히 11:13-16).

다윗도 '더 나은 나라'를 갈망했다. 그는 이러한 자신의 갈망을 시편 42편에서 다음과 같이 말했다.

"하나님이여 사슴이 시냇물을 찾기에 갈급함 같이 내 영혼이 주를 찾기에 갈급하니이다 내 영혼이 하나님 곧 살아 계시는 하나님을 갈망하나니 내가 어느 때에 나아가서 하나님의 얼굴을 뵈올까"(시 42:1-2).

바울은 두 가지 욕구로 인해 갈등을 느꼈다. 그는 한편으로는 가능한 한 빨리 천국에 가기를 원했고, 다른 한편으로는 세상에 좀 더 머물면서 사역을 완수하기 원했다.

"몸으로 있을 때에는 주와 따로 있는 줄을 아노니 … 우리가 담대하여 원하는 바는 차라리 몸을 떠나 주와 함께 있는 그것이라"(고후 5:6, 8).

바울은 세상에 오래 머물면 머물수록 예수님이 자기를 위해 예비하신 집에 갈 날이 멀어진다는 것을 알았다. 이것은 대다수 사람이 쉽게 생각하지 못할 흥미로운 삶의 관점이 아닐 수 없다. 나도 이 글을 쓰면서 그런 상황을 잠시 생각해본다. 런던에서 돌아온 직후에 나는 강연 일정 때문에 미시간 주 디트로이트에서 사흘을 머물러야 한다.

디트로이트를 싫어하는 건 아니지만 그곳은 나의 집이 아니다. 솔직히 그 사흘을 안락하고 익숙한 내 집에서 가족들과 함께 보내고 싶다. 디트로이트가 아닌 댈러스에 있고 싶은 것이다.

바울은 세상이 아닌 천국을 좋아했다. 그는 세상에 단 1분도 더 머물기를 원하지 않았다. 그러나 하나님이 자기에게 맡기신 사명, 곧 다른 사람들을 천국으로 인도하는 사역을 완수하기 위해 세상에 잠시 더 머물 필요가 있다는 것을 알았다. 그는 빌립보 신자들에게 이렇게 말했다.

"이는 내게 사는 것이 그리스도니 죽는 것도 유익함이라 … 내가 그 둘 사이에 끼었으니 차라리 세상을 떠나서 그리스도와 함께 있는 것이 훨씬 더 좋은 일이라 그렇게 하고 싶으나 내가 육신으로 있는 것이 너희를 위하여 더 유익하리라"(빌 1:21, 23-24).

세상에서의 의무와 천국에 가고 싶은 마음 사이에서 갈등을 겪은 사람은 비단 바울만이 아니었다. 초기 교회의 신자들도 '본향'을 사모했다. 나는 지난해에 로마의 지하에 있는 고대 카타콤을 방문한 적이 있다. 그 안에는 뛰노는 어린아이들과 만찬을 즐기는 광경, 아름다운 전경을 묘사한 천국의 그림이 그려져 있고, 거기에 묻힌 순교자들의 무덤에는 천국을 사모하는 마음이 담긴 비문이 적혀 있다.

> 알렉산드라는 그리스도 안에서 죽지 않고 살아 있다. 그의 육체는 무덤에서 안식을 취하고 있다. … 그는 그리스도와 함께 살기 위해 떠났다. … 그는 영원한 집으로 인도되었다.[7]

3세기의 교부 키푸리아누스는 '우리 각자에게 거할 집이 배당될 날, 곧 우리가 세상의 덫에서 해방되어 낙원과 하늘나라에 복귀하게 될 날'을 맞이하기 위해 준비하라고 권고했다. 그러고 나서 그는 "낯선 땅에 거하는 사람 중에 고향 집으로 돌아가기를 서두르지 않을 사람이 누가 있겠는가?"라고 물었다. 대답은 분명하다. 그럴 사람은 아무도 없다. 낙원을 고향으로 생각하는 사람은 그곳으로 갈 준비에 적극적일 수밖에 없다.[8]

---

[7] Spiros Zodhiates, *What You Should Know about Life After Death* (Chattanooga, TN: AMG, 2002), 49.
[8] Cyprian, "Treatise VII: On the Mortality", 26, *The Ante-Nicene Fathers*, vol. 5, ed. Alexander Roberts and James Donaldson (New York: Charles Scribner's Sons, 1903), 475.

그러나 초기 신자들이 먼 나라를 바라보며 살았다고 해서 주위에서 일어나고 있는 일에 무관심했다고 생각하면 큰 오산이다. 아리스티데스라는 아테네 철학자는 125년에 로마 황제 하드리아누스에게 보낸 편지에서 그리스도인들의 활동에 대해 말했다. 그는 신자와 불신자 모두에게 유익을 끼쳤던 그들의 의로운 행위를 길게 나열하고 나서 "그들은 자기들 가운데서 의로운 사람이 세상을 떠나면 기뻐하며 하나님께 감사합니다. 그들은 마치 그 사람이 한 장소에서 다른 장소로 옮겨가는 것처럼 그의 시신을 지켜봅니다"라고 말했다.[9]

어렴풋한 천국의 모습

예수 그리스도를 믿는 신자에게 죽음은 '한 장소에서 다른 장소로 옮겨가는 것'을 의미한다. 그것은 마치 꽁꽁 얼어붙은 극지의 툰드라 지대에서 햇볕이 내리쬐는 하와이의 해변으로 옮겨가는 것과 같다. 바울은 "몸을 떠나"라는 말로, 죽을 때 그리스도인이 거하는 장소가 바뀌는 것을 묘사했다. 그 말은 곧 "주님과 함께 있는 그것"을 의미한다(고후 5:8).

천국이 우리의 영원한 고향인데도 왜 우리는 그곳에 관해 가능한 한

---

[9] Aristides, "The Apology of Aristides on Behalf of the Christians", 15, trans. J. Rendel Harris, *Texts and Studies: Contributions to Biblical and Patristic Literature*, vol. 1, no. 1, ed. J. Armitage Robinson (London: Cambridge at the University Press, 1893), 49.

많은 것을 알려고 애쓰지 않는 것일까? 고용주로부터 평생 단 한 번도 가본 적이 없는 캘리포니아의 샌디에고에 가서 일하라는 전출 명령을 받았다고 가정해보자. 샌디에고에 관한 사진을 몇 장 보기도 하고, 또 그곳에 한때 사촌이 살았다는 사실도 기억해내지만 그 외에는 그 도시에 대해 아무것도 아는 것이 없다.

그런 상황에서는 어떤 주거지를 선택해야 할지, 자녀들이 다닐 만한 가장 좋은 학교는 어디인지, 생활비는 얼마나 드는지, 기후는 어떤지 등등 새로운 장소에 관해 많은 것을 알고 싶어 할 것이 분명하다. 바보가 아닌 이상 "일과 가족에 대한 책임 때문에 너무너무 바빠서 앞으로 살 곳에 대해 알아볼 겨를이 없어"라고 말할 사람은 아무도 없을 것이다. 신학자 라일은 그리스도인이라면 누구나 언젠가는 그와 비슷한(그러나 영원한) '전출 명령'을 받게 될 것이라고 말했다.

> 머지않아 태어난 곳을 떠나 새로운 곳에서 남은 인생을 보내게 될 것이다. 그런 경우, 새로운 거주지에 대한 정보를 알고 싶어 하지 않는다면 그것은 참으로 이상한 일일 것이다. 그와 마찬가지로 '더 나은 나라, 즉 하늘나라'에서 영원히 살기를 바란다면 가능한 한 최선을 다해 그곳에 대해 알려고 노력해야 마땅할 것이다. 우리의 영원한 집에 가기 전에 그곳에 익숙해지려고 노력하는 것이 필요하다.[10]

---

[10] John Charles Ryle, *Shall We Know One Another and Other Papers* (Moscow, ID: Charles Nolan Publishers, 2001), 5–6.

그러나 천국에 관한 정보를 얻기 위해 성경을 살펴보기 시작하면 성경이 우리의 미래 고향에 대해 우리가 알고 싶어 하는 것을 모두 다 가르치고 있지 않다는 사실을 발견할 수 있다. 성경은 사실만을 가르치지만 모든 것을 알려주지는 않는다. 하나님은 선화(線畵)나 스케치처럼 우리의 미래의 고향을 대략 윤곽만 알려주셨다.

예를 들어 바울 사도는 "셋째 하늘에 이끌려 간 자라 … 그가 낙원으로 이끌려 가서"(고후 12:2, 4)라는 말로 직접 천국에 다녀온 경험을 묘사했다.11) 그러나 신약성경의 많은 부분을 기록한 그조차도 자신이 천국에서 듣거나 본 것을 정확하게 옮기지 못했다. 왜 그랬을까? 그 이유는 그가 "말로 표현할 수 없는 말", 곧 "사람이 가히 이르지 못할 말"을 들었기 때문이다(고후 12:4).

요한계시록에 기록된 대로 요한 사도는 그리스도인이 맞이하게 될 미래에 대한 환상을 가장 많이 보았지만 "말한 것을 인봉하고 기록하지 말라"(계 10:4)는 명령을 받았다. 그렇다면 하나님은 왜 우리에게 천국에 관한 사실을 모두 알려주지 않으셨을까?

첫째, 인간의 생각으로 천국의 장엄한 모습을 온전히 이해할 수 없다는 것을 아셨기 때문이다. 아무것도 보지 못한 맹인에게 어떻게 석

---

11) 바울이 고린도후서 12장 2절에서 언급한 셋째 하늘은 하나님이 계시는 곳, 곧 '낙원'을 가리킨다(고후 12:4; 신 26:15; 시 14:2; 마 16:9-10; 18:18; 28:2 참조). 아울러 첫째 하늘은 지구의 대기를(창 1:20, 26, 28; 8:2; 신 28:12; 욥 35:5; 시 147:8; 마 8:20; 13:32; 16:2-3), 둘째 하늘은 별들과 행성들이 있는 우주 공간을 각각 가리킨다(창 1:14-15, 17; 15:5; 신 4:19; 17:3; 28:62; 행 2:19-20; 히 11:12).

양의 아름다움을 적절히 설명할 수 있겠는가? 귀가 먹은 사람에게 베토벤의 〈운명 교향곡〉의 웅장한 소리를 어떻게 묘사할 수 있겠는가? 인간의 생각은 '이 세상의 경험'을 이해할 수 있도록 설계되었을 뿐 '내세의 현실'을 이해하기에는 역부족이다.

둘째, 만일 우리가 천국에 관한 모든 사실을 알게 되면 세상에서 하나님이 요구하시는 의무에 집중할 수 없기 때문이다. 언뜻 생각하면, 천국을 많이 생각할수록 세상에서 더 충실하게 살아갈 수 있다는 앞선 주장과 모순되는 것처럼 들릴지도 모르지만 사실은 그렇지 않다. 그 이유를 설명하면 다음과 같다.

어린아이가 식탁에 앉아 있다고 가정해보자. 아이의 어머니는 아이가 먹기 싫어하는 콩을 접시에 담아 아이 앞에 놓아주었다. 또 휘핑크림을 얹은 바닐라 아이스크림을 함께 놓아주었다. 어린아이는 어느 것을 먹고 싶어 할까? 당연히 아이스크림선디를 먹고 싶어 할 것이다. 아이의 어머니는 콩이 담긴 접시를 가리키며 "먼저 채소를 먹으면 아이스크림을 먹게 해주겠다"고 약속한다. 그러면 아이는 더 맛있는 것을 먹을 수 있다는 생각에 콩을 번개처럼 먹어치울 것이 분명하다.

만일 하나님이 우리에게 천국에 관한 모든 사실을 알려주신다면 우리는 세상에 잠시 머무는 동안 우리에게 부여된 중요한 의무에 집중하기가 어려울 것이다. 이것이 하나님이 천국에 대해 말씀하실 때 장차 주어질 '아이스크림선디'에 대한 식욕을 자극할 만큼의 정보만 허락하신 이유다.

영원의 울림

하나님이 천국에 대해 어렴풋한 지식만을 허락하셨다고 해서 미래의 고향 집에 관한 사실들을 알고자 하는 일을 게을리해서는 곤란하다. 우리가 세상에서 살아가는 날은 70-80년에 불과하다. 내 말을 오해하지 말기 바란다. 세상에서의 삶은 비록 짧지만 극도로 중요하다.

우리가 결정하는 선택, 우리가 형성하는 인격, 우리가 발전시켜가는 감정이 무덤 저편의 삶에 중대한 영향을 미친다(이 점에 대해서는 8장에서 자세하게 살펴볼 예정이다). 로마의 장군이었다가 검투사가 된 가공의 인물 막시무스 데시무스 메리디우스는 부하들에게 "우리가 세상에서 하는 일이 영원히 메아리가 되어 울린다"라고 말했다.[12]

그러나 죽음 이후의 삶은 진지하게 생각해볼 가치가 있다. 로마 철학자 세네카는 "이생의 삶은 영원의 서곡이다"라고 말했다.[13] 루이스는 『나니아 연대기』 마지막 권(마지막 전투)에서 이 점에 대해 말했다. 어린아이들이 끔찍한 열차 사고를 당해 곧바로 나니아로 들어간다. 그들이 세상으로 다시 돌아가게 될까봐 두려워하자 아슬란은 "마침내 고향 집에 돌아온 것이란다"라고 말하며 그들을 안심시킨다.

---

12) "Hell Unleashed", *Gladiator*, directed by Ridley Scott (2000; Universal City, CA: Universial Studies, 2004), DVD.
13) Lucius Annaeus Seneca, "Consolations Against Death from the Providence and Necessity of It", *Seneca's Morals by Way of Abstract*, trans. Roger L'Estrange (London: Sherwood, Neely and Jones, 1818), 237.

아슬란이 부드러운 어조로 말했다. "열차 사고가 있었단다. 너희와 너희 부모는 모두 죽어서 이제, 너희가 '그림자 땅'이라고 일컬었던 바로 그 땅에 와 있어. 학기가 끝나고 방학이 시작된 셈이지. 꿈은 끝났고 아침이 찾아왔단다." 아슬란은 더 이상 사자로서 그들을 바라보지 않았다. 그 후에 일어나기 시작한 일들은 너무나도 멋지고 아름다워서 이루 다 형용하기가 어렵다. 이것이 우리에게는 모든 이야기의 끝이다. 진정한 의미에서 그들은 그 후로 줄곧 행복하게 살았다고 말할 수 있다. 그러나 그들에게는 이것이 진정한 이야기의 시작이었다. 이 세상에서 그들이 누렸던 삶과 나니아에서 경험했던 그들의 모험들은 단지 책 겉표지이자 제목에 불과했다. 마침내 세상에 있는 그 누구도 읽어보지 못한 위대한 이야기의 첫 장이 시작되었다. 이 이야기는 영원히 계속될 것이다. 이 책의 장마다 이전 장보다 더 나은 이야기가 펼쳐질 것이다.[14]

'천국을 생각함으로써' 얻을 수 있는 네 가지 유익

세상에서의 짧은 인생이 영원한 삶의 '겉표지이자 제목'에 불과하다면 표지 이후의 내용을 알고 싶은 생각이 드는 게 당연하다. 내세를 생각하는 것은 단지 무덤 저편에 무엇이 우리를 기다리고 있는지에 대한 자연스러운 호기심을 충족하는 데 그치지 않고, 이 세상에서 구

---

[14] C. S. Lewis, *The Last Battle in The Complete Chronicles of Narnia* (New York: HarperCollins, 1998), 524.

체적으로 경험할 수 있는 네 가지 유익을 가져다준다.

1. 천국을 생각하면 인생의 덧없음을 깨달을 수 있다

인생은 짧고 영원은 길다. 랜디 알콘은 이 현실을 구체적으로 예시하기 위해 그림을 하나 그려보라고 말한다. 한 장의 백지 중앙에 점을 찍은 다음, 거기에서부터 종이 가장자리까지 길게 화살표를 그어보는 것이다. 그렇게 하면 다음과 같은 모양이 될 것이다.

점은 세상에서의 삶을, 화살표는 영원을 각각 나타낸다. 지금 우리는 모두 점 안에서 살아가고 있다. 점 밖에 있는 선, 곧 우리를 기다리고 있는 영원을 생각하는 그리스도인들은 그리 많지 않다. 영원한 실존에서 단지 지극히 작은 점에 해당하는 것만을 위해 사는 것은 참으로 어리석은 일이다.[15]

그러나 점과 선은 서로 연결되어 있다. 세상에서의 삶은 짧지만 우리의 영원한 실존과 연결되어 있다. 점과 선 사이에 단절은 없다. 나의 친구 브루스 윌킨슨은 "우리가 오늘 하는 모든 것이 영원히 중요하다"라고 말했다.[16]

---

[15] Randy Alcorn, *Heaven* (Carol Stream, IL: Tyndale, 2004), 436.
[16] Bruce Wilkinson and David Kopp, *A Life God Rewards: Why Everything You Do Today Matters*

나와 마찬가지로 나의 가장 친한 친구 가운데 하나는 20대 후반에 부모를 여의었다. 그런 공통된 경험 때문에 우리는 인생의 덧없음에 관해 자주 말했다. 부부 동반으로 식사를 하면서 대화하다가 그 주제가 나오면 아내들은 눈알을 굴리면서 "안 돼요. 또 '인생은 짧다'라는 넋두리를 할 셈이군요"라고 말하곤 한다.

그러나 나는 부모님이 그리울 때면 (최소한 나의 관점에서는) 그들이 세상을 일찍 떠난 것이 하나님의 은혜라는 생각이 든다. 왜냐하면 그것을 통해 내 인생이 얼마나 짧은지를 기억할 수 있기 때문이다. 그들의 죽음은 내가 점 안에 머무는 동안 단지 점만을 위해 살아서는 안 된다는 깨우침을 준다. 나는 영원이라는 선을 염두에 두고 살아야 한다. 물론 다른 사람들도 그래야 한다.

야고보는 "내일 일을 너희가 알지 못하는도다 너희 생명이 무엇이냐 너희는 잠깐 보이다가 없어지는 안개니라"(약 4:14)고 말했다. 베드로 사도도 다음과 같이 말했다. "모든 육체는 풀과 같고 그 모든 영광은 풀의 꽃과 같으니 풀은 마르고 꽃은 떨어지되"(벧전 1:24).

딥 사우스 지역에 사는 한 설교자는 "인생은 풀과 같다. 인생은 씨앗으로 뿌려져 자라다가 베임을 당해 바람에 날려 사라진다"라고 말했다. 다윗도 그런 현실에 깊이 공감했을 뿐 아니라 자신의 삶이 얼마나 짧은지를 항상 잊지 않게 해달라고 하나님께 기도했다. 그는 "우리 날

Forever (Colorado Springs: Multnomah, 2002), 16.

계수함을 가르치사"(시 90:12)라는 모세의 기도를 연상시키는 시편에서 이렇게 말했다.

"여호와여 나의 종말과 연한이 언제까지인지 알게 하사 내가 나의 연약함을 알게 하소서 주께서 나의 날을 한 뼘 길이만큼 되게 하시매 나의 일생이 주 앞에는 없는 것 같사오니 사람은 그가 든든히 서 있는 때에도 진실로 모두가 허사뿐이니이다"(시 39:4-5).

앞으로 살펴보겠지만 천국의 현실과 진리에 관심을 집중하면 세상에서의 삶이 얼마나 덧없는 것인지를 항상 기억할 수 있다.

2. 천국을 생각하면 미래의 심판에 대비할 수 있다

대중가요에서는 "모두가 천국에 갈 것이다"라는 가사가 통할지 몰라도 그것은 사실 터무니없는 거짓말이다. 성경은 모든 사람이 천국에 가는 건 아니라고 가르친다. 오히려 예수님의 가르침에 따르면 천국에 갈 사람은 매우 적을 것으로 보인다. 예수님은 "좁은 문으로 들어가라 멸망으로 인도하는 문은 크고 그 길이 넓어 그리로 들어가는 자가 많고 생명으로 인도하는 문은 좁고 길이 협착하여 찾는 자가 적음이라"(마 7:13-14)고 가르치셨다.

불행히도 대다수 사람들은 궁극적으로 멸망에 이르는 잘못된 길을 걷고 있다. 우리는 세상에 태어나는 순간부터 하나님에게서 멀어지는 길을 걷는다. 하나님을 거역하는 반역의 길 말이다. 이사야 선지자는 이렇게 말했다.

"우리는 다 양 같아서 그릇 행하여 각기 제 길로 갔거늘"(사 53:6).

인간은 일부러 특별한 노력을 기울이지 않아도 죽으면 그대로 지옥에 간다. 그저 태어나면서부터 줄곧 걸어왔던 길을 계속해서 걸어가기만 하면 된다. 그와는 대조적으로 천국에 이르는 길을 찾는 사람은 비교적 적다. 그 길을 찾으려면 성경이 '회개'로 일컫는 영적 유턴이 필요하다. '회개하다'(메타노이아)라는 말은 '생각을 바꾼다'라는 의미다.

회개를 간단히 정의하면 생각을 바꿔 삶의 방향을 달리한다는 것이다. 자신이 그릇된 길을 가고 있다는 사실을 인정하는 사람만이 올바른 길을 발견할 수 있다. 예수님은 "내가 곧 길이요 진리요 생명이니 나로 말미암지 않고는 아버지께로 올 자가 없느니라"(요 14:6)는 말씀으로 자신이 영생에 이르는 유일한 '길'이라고 분명하게 밝히셨다.

예수님은 지옥과 천국으로 향하는 길의 마지막에 '문'이 있다고 말씀하셨다. 하나는 영원한 정죄에 이르는 문이고, 다른 하나는 영원한 구원에 이르는 문이다. 두 경우 모두 '문'은 심판을 뜻한다. 히브리서 저자는 "한번 죽는 것은 사람에게 정해진 것이요 그 후에는 심판이 있으리니"(히 9:27)라는 말로 정신이 번쩍 들게 하는 간단명료한 진리를 선포했다.

신자와 불신자를 막론하고 세상에서의 삶이 다했을 때 하나님의 심판을 피할 수 있는 사람은 아무도 없다. 불신자들을 위한 '문', 즉 심판은 종종 "크고 흰 보좌"(계 20:11)의 심판으로 일컬어진다. 그들은 이 심판을 통해 영원한 죽음을 맞이한다(이 심판에 대해서는 9장에서 좀 더 자세히 살펴볼 예정이다). 요한 사도는 요한계시록 20장에서 모든 불신자가 받게 될 심판을 생생하게 묘사했다.

"또 내가 크고 흰 보좌와 그 위에 앉으신 이를 보니 땅과 하늘이 그 앞에서 피하여 간 데 없더라 또 내가 보니 죽은 자들이 큰 자나 작은 자나 그 보좌 앞에 서 있는데 책들이 펴 있고 또 다른 책이 펴졌으니 곧 생명책이라 죽은 자들이 자기 행위를 따라 책들에 기록된 대로 심판을 받으니 바다가 그 가운데에서 죽은 자들을 내주고 또 사망과 음부도 그 가운데에서 죽은 자들을 내주매 각 사람이 자기의 행위대로 심판을 받고 사망과 음부도 불못에 던져지니 … 누구든지 생명책에 기록되지 못한 자는 불못에 던져지더라"(계 20:11-15).

많은 사람들이 생각하는 것과 달리 그리스도인들도 하나님의 심판을 받는다. 모든 그리스도인의 마지막 길에도 '문', 곧 심판이 있다. 그러나 그리스도인의 심판은 불신자들의 심판과는 다르다. 이 심판은 종종 '그리스도의 심판대'로 불린다. 바울은 이렇게 말했다.

"이는 우리가 다 반드시 그리스도의 심판대 앞에 나타나게 되어 각각 선악간에 그 몸으로 행한 것을 따라 받으려 함이라"(고후 5:10).

이것은 크고 흰 보좌의 심판, 즉 지옥에 이르는 정죄의 심판이 아니다. 이것은 우리가 장차 천국에서 경험하게 될 하나님의 칭찬과 상급을 받기 위한 평가의 과정이다(이 점에 대해서는 8장에서 좀 더 자세히 살펴볼 예정이다). 천국의 현실을 생각하면 우리의 삶이 끝날 때 하나님의 심판을 받게 된다는 사실을 기억할 수 있기 때문에, 책망이 아닌 상급을 받는 심판을 기대하는 마음으로 힘써 노력할 수 있다.

3. 천국을 생각하면 순결한 삶을 추구할 수 있다

케이블 뉴스를 위한 나의 텔레비전 인터뷰는 늦은 오후에 녹화되거나 저녁에 생방송으로 전달될 때가 많다. 따라서 나는 온종일 의복을 깨끗하게 유지하기 위해 노력하지 않으면 안 된다.

가령 점심을 먹을 때는 넥타이가 더럽혀지지 않도록 와이셔츠 깃에 냅킨을 끼워 넣고, 양복 상의에 무엇이라도 묻으면 즉시 물수건으로 닦아낸다. 카메라 촬영이 시작되기 직전에는 스테프의 도움을 받아 보풀 제거기로 옷에 생긴 보풀을 제거한다.

이 모든 일이 필요한 이유는 밝은 조명과 고화질의 텔레비전 장비가 작은 것 하나도 놓치지 않기 때문이다. 만일 내 의복에 어떤 결함이라도 있으면 수백만 명의 사람들에게 고스란히 드러날 수밖에 없다.

그와 비슷하게 장차 모든 그리스도인들의 '옷', 즉 행위도 하나님의 심판대 앞에 밝히 드러나 불완전한 것은 무엇이든 낱낱이 밝혀질 날이 오게 될 것이다. 그날은 곧 그리스도께서 재림하시는 날이다. 바울은 "각 사람의 공적이 나타날 터인데 그 날이 공적을 밝히리니"(고전 3:13)라고 말했다. 8장에서 살펴보겠지만 이 심판의 목적은 신자의 영원한 운명이 아닌 영원한 상급을 결정하는 것이다.

성경은 종종 옷을 영적 삶을 뜻하는 비유로 사용한다. 성경 시대의 사람들은 두 종류의 옷을 입었다. 하나는 사람들의 눈에 보이지 않는 속옷이고, 다른 하나는 모두에게 드러나는 겉옷이다.

그리스도인도 두 종류의 영적 옷을 입는다. 우리의 '속옷'은 '법정적 의', 즉 하나님 앞에서의 '올바른 지위'를 가리킨다. 하나님은 우리가 그리스도를 구주로 영접할 때 우리에게 이 의를 허락하신다. 바울은 마지막에 하나님을 만나게 될 그날을 위해 기도하면서 "그 안에서 발견되려 함이니 내가 가진 의는 율법에서 난 것이 아니요 오직 그리스도를 믿음으로 말미암은 것이니 곧 믿음으로 하나님께로부터 난 의라"(빌 3:9)는 말로 이 법정적 의를 언급했다. 하나님의 용서라는 우리의 '속옷'은 그분에게서 받은 것이다. 이 옷은 우리가 어떤 일을 하더라도 더 향상되거나 더 더럽혀지지 않고, 또 제거되지도 않는다.

그러나 속옷만 입고 돌아다니기를 원하는 사람은 아무도 없다. 그것이 우리가 '겉옷'을 입는 이유다. '겉옷'은 그리스도인의 '윤리적인 의', 곧 그리스도인이 된 이후의 삶을 나타낸다. 법정적인 의가 하나님 앞에서의 '올바른 지위'를 가리킨다면 윤리적인 의는 구원받은 이후에 이루어지는 하나님 앞에서의 '올바른 행위'를 가리킨다.

성경은 구원받은 이후의 행위를 겉옷에 비유한다. 모두에게 적용되는 '프리 사이즈'의 속옷과는 달리 우리가 입을 수 있는 겉옷은 우아하고 깨끗한 상태에서부터 흉측하고 더러운 상태에 이르기까지 매우 다양하다. 요한 사도는 신자들에게 그리스도께서 재림하실 때 가장 좋은 '옷'을 입으라고 권고했다. 즉 "그에게 빛나고 깨끗한 세마포 옷을 입도록 허락하셨으니 이 세마포 옷은 성도들의 옳은 행실이로다"(계 19:8)라고 말했다.

결혼식장에 추리닝이나 홀터 톱을 입고 참석할 사람은 없을 것이다. 그런 특별한 행사에는 가장 좋은 양복이나 드레스를 입고 참석하는 것이 보통이다. 그러나 만일 초콜릿 시럽이 옷 앞자락에 잔뜩 묻어 있다면 아무리 값비싼 옷을 입었더라도 아무도 멋지다고 생각하지 않을 것이다.

그리스도인인 우리는 우리의 삶을 가장 좋은 '옷', 즉 선행으로 장식해야 한다. 우리가 선행을 하는 이유는 그리스도의 용서를 얻기 위해서가 아니라 그분이 다시 와서 자신의 신부인 교회와 '혼인'하실 때 상급을 받기 위해서다. 우리는 우리의 삶을 '깨끗하게' 유지하고 우리의 의로운 행위를 죄로 더럽히지 않도록 주의해야 한다.

물론 실천보다는 말이 더 쉽다. 우리는 쓰레기 더미 속에 있는 유해성 폐기물처럼 오늘날의 문화에서 스며 나오는 온갖 더러움에 오염된 부패한 세상에 살고 있다. 부도덕과 반항과 무법의 형상과 메시지가 사방에서 우리를 에워싸고 있는 상황에서 죄의 고약한 냄새에 찌들지 않고 순결한 인격을 유지하기는 매우 어렵다. 사실, 그렇게 하기가 날이 갈수록 더욱더 어려워지고 있다.

우리의 삶을 깨끗하게 유지하는 가장 좋은 방책 가운데 하나는 천국의 약속을 바라보는 것이다. 히브리서 저자는 애굽의 온갖 호사로움에 둘러싸여 왕가의 특권을 누리던 모세가 장차 천국에서 받게 될 상급을 바라보았기 때문에 "하나님의 백성과 함께 고난 받기를 잠시 죄악의 낙을 누리는 것보다 더 좋아하고"라고 말했다(히 11:25).

모세는 세상의 쾌락과 보화가 순간에 지나지 않음을 알았다. 베드로가 말한 대로 그것들은 때가 되면 모든 피조물과 함께 사라질 것이다.

"그러나 주의 날이 도둑 같이 오리니 그 날에는 하늘이 큰 소리로 떠나가고 물질이 뜨거운 불에 풀어지고 땅과 그 중에 있는 모든 일이 드러나리로다 이 모든 것이 이렇게 풀어지리니 너희가 어떠한 사람이 되어야 마땅하냐 거룩한 행실과 경건함으로 하나님의 날이 임하기를 바라보고 간절히 사모하라 그 날에 하늘이 불에 타서 풀어지고 물질이 뜨거운 불에 녹아지려니와"(벧후 3:10-12).

베드로는 "이 모든 것이 이렇게 풀어지리니 너희가 어떠한 사람이 되어야 마땅하냐"(벧후 3:11)라고 물었다. 그 대답은 간단하다. 우리는 '거룩한 행실과 경건함'을 좇는 사람이 되어야 한다(벧후 3:11). 랜디 알콘은 천국을 바라보는 것이 세상에서 순결한 삶을 추구하게 만드는 강한 동기가 되는 이유를 다음과 같이 설명했다.

만일 나의 결혼식 날짜가 달력에 적혀 있고, 나와 결혼할 사람을 생각한다면 유혹에 쉽게 넘어가지 않을 것이다. 그와 마찬가지로 천국을 깊이 묵상하면 죄가 극도로 혐오스럽게 느껴지기 마련이다. 내 생각이 천국에서 멀어지면 죄가 매혹적으로 보인다. 천국을 생각하면 자연스레 거룩함을 추구하게 된다. 죄를 관용한다는 것은 곧 천국을 준비하지 않고 있다는 증거다.[17]

4. 천국을 생각하면 고난을 올바로 이해할 수 있다

내가 목회자로서 가장 자주 듣게 되는 질문 가운데 하나는 "왜 하나님이 나의 삶에 이런 끔찍한 일을 허락하셨나요?"라는 것이다. 하나님은 고난의 이유를 묻는 질문에 완전한 대답을 허락하지 않으신다. 그 대신 그분은 천국을 약속함으로써 고난을 옳게 이해할 수 있도록 도와주신다. 고난에 익숙했던 바울 사도는 이렇게 말했다.

"우리가 잠시 받는 환난의 경한 것이 지극히 크고 영원한 영광의 중한 것을 우리에게 이루게 함이니 우리가 주목하는 것은 보이는 것이 아니요 보이지 않는 것이니 보이는 것은 잠깐이요 보이지 않는 것은 영원함이라"(고후 4:17-18).

17] Alcorn, *Heaven*, 471.

바울은 난파를 당하고 감옥에 갇히고 다섯 번이나 거의 죽기 전까지 매질을 당했는데도 불구하고 그런 끔찍한 경험들을 "잠시 받는 환난의 경한 것"으로 일컬었다. 그는 어떻게 그렇게 말할 수 있었을까? 건망증이 심했기 때문일까? 그렇지 않다. 그가 고난을 "잠시 받는 환난의 경한 것"으로 일컫는 이유는 그것을 하나님이 자기를 위해 예비하신 "영원한 영광의 중한 것"과 비교했기 때문이다.

예를 들어 우리는 때로 결코 끝날 것 같지 않은 어려움을 겪을 수 있다. 그러나 영원의 시간에 비교한다면 그것은 단지 일순간에 지나지 않을 것이다. 영원은 얼마나 길까? 한 저술가는 백만 년마다 한 번씩 에베레스트산으로 찾아와 자신의 부리를 정상에 날카롭게 가는 새를 상상했다.

그런데 그 새가 웅장한 산을 모두 닳아 없앴는데도 영원은 심지어 시작조차 하지 않았다. 세상에서 우리가 겪는 고난의 때는 우리가 천국에서 누리게 될 영원한 삶과 비교할 때 일순간에 지나지 않는다.

우리의 고난은 아무리 감당하기 어려워 보여도 천국의 '중한 것'에 비교하면 지극히 '경하다.' 1,000킬로그램의 콘크리트 벽돌을 가볍다고 할 것인가, 무겁다고 할 것인가? 깃털과 비교하면 확실히 무거울 것이고 연료를 가득 채운 제트 여객기와 비교하면 가벼울 것이다.

우리가 이 세상에서 경험하는 가장 두려운 어려움도 하나님이 자기 백성을 위해 천국에 예비해두신, 말로 다 형용할 수 없는 미래와 비교하면 지극히 가볍다. 아빌라의 테레사는 "천국에 비하면 세상에서 가장 끔찍한 고난, 곧 세상에서 가장 잔혹한 고문으로 가득한 삶조차도 단지 불편한 여인숙에서 하룻밤을 지내는 것에 지나지 않을 것이다"라고 말했다.[18] 천국을 생각한다고 해서 세상의 고난이 없어지는 것은 아니다. 그러나 천국을 생각하면 고난을 올바로 이해할 수 있다.

천국은 하나님이 모든 일을 올바르게 바로잡고 우리의 가장 깊은 갈망을 충족시켜주실 것을 보장하는 약속이다. 하나님의 약속은 아직 이루어지지 않았지만 그분의 약속을 기억하면 우리의 삶이 획기적으로 달라질 수 있다. 알콘은 "천국을 옳게 의식하면 삶의 무게 중심과 삶을 바라보는 관점이 획기적으로 달라진다"고 말했다.[19] 이것이 천국의 소망이다. 장차 모든 피조물이 오랫동안 갈망해왔던 것, 곧 죄의 강력한 속박으로부터의 자유를 얻게 될 것이다.

"피조물이 고대하는 바는 하나님의 아들들이 나타나는 것이니 피조물이 허무한 데 굴복하는 것은 자기 뜻이 아니요 오직 굴복하게 하시는 이로 말미암음이라 그 바라는 것은 피조물도 썩어짐의 종 노릇 한 데서 해방되어 하나님의 자녀들의 영광의 자유에 이르는 것이니라 피조물이 다 이제까지 함께 탄식하며 함께 고통을 겪고 있는 것을 우리가 아느니라 그뿐 아니라 또한 우리 곧 성령의 처음 익은 열매를 받은 우리까지도 속

---

[18] Lee Strobel, *The Case for Faith: A Journalist Investigates the Toughest Objections to Christianity* (Grand Rapids: Zondervan, 2000), 65.
[19] Alcorn, *Heaven*, 460.

으로 탄식하여 양자 될 것 곧 우리 몸의 속량을 기다리느니라 우리가 소망으로 구원을 얻었으매 보이는 소망이 소망이 아니니 보는 것을 누가 바라리요 만일 우리가 보지 못하는 것을 바라면 참음으로 기다릴지니라"(롬 8:19-25).

천국을 기다리는 태도, 곧 기대감으로 기다릴 것인지 불안감으로 기다릴 것인지, 천국을 생각하며 살 것인지 천국에 무관심한 채 살 것인지가 현재와 미래에 중대한 영향을 미친다. 왜냐하면 우리가 지금 세상에서 하는 일이 천국에서 영원히 크게 울려 퍼질 것이기 때문이다.

2장

천국은 실제 장소인가, 아니면 마음의 상태인가?

> "
> 내 아버지 집에 거할 곳이 많도다
> 그렇지 않으면 너희에게 일렀으리라
> 내가 너희를 위하여 거처를 예비하러 가노니
> 요 14:2
> "

1971년 초 어느 날 아침, 유명한 비틀스의 일원인 존 레넌은 자신의 스타인웨이 피아노 앞에 앉아서 가장 인기 있는 히트송 가운데 하나이자 한 시대의 성가로 환영받게 될 〈이매진〉을 작곡했다. 그는 하나의 세상이라는 유토피아적 이상을 드높이기 위해 천국도, 지옥도 존재하지 않는 세상을 상상해보라고 노래했다.

힌두교에 관심을 기울였지만 실생활에서는 무신론자로 살았던 레넌으로서는 신이 모든 곳에 존재하며 모든 것이 신이라고 생각하는 것이 조금도 어렵지 않았다. 그는 천국이 어디에나 있고 또 어디에도 없다고 믿었다. 따라서 죽음을 맞이할 때 유일한 희망은 환생의 순환을 끊고 우주적인 의식으로 흡수되어 그것과 '하나'가 되는 것뿐이었다.

무신론자였던 레넌은 하나님은 아무것도 아니며 그 누구도 하나님일 수 없다고 믿었다. 그는 천국이 존재할 수 없으며 우리의 머리 위에는 오직 하늘만 있을 뿐이라고 생각했다. 레넌은 이런 결론에 도달했기 때문에 지옥도 없고 우리 아래에는 오직 땅만이 있을 뿐이라고 말할 수밖에 없었다. 결국 지옥이 없다고 생각하는 것이 무신론자가 가질 수 있는 유일한 희망이다.

물론 천국에 대한 레넌의 정확한 생각은 알 수 없다. 그는 천국이 참된 현실인지, 아니면 그저 힘든 삶의 현실을 헤쳐 나가기 위해 사람들이 상상 속에서 빚어낸 정신적 산물(마음의 상태)인지에 대해 확실한 대답을 제시하지 않았다. 천국이 참된 현실이 아니라고 생각한다고 해서 천국이 비현실이 되는 것은 아니다. 이는 나 자신을 순무라고 생각한다고 해서 내가 채소가 되지 않은 것과 같다. 회의주의자들이 천국의 존재를 부정한다고 해서 천국이 없어지는 것은 결코 아니다.

이렇게 말하면 무신론자들은 즉시 이렇게 말할 것이다. 천국이 있다고 생각한다고 해서 천국이 실제로 존재하는 것은 아니라고 말이다. 얼마든지 그렇게 주장할 수 있다. 실제로 무신론자들은 오랫동안 천국의 현실은 그리스도인들의 상상 속에만 존재하는 것이라고 주장하면서 그런 환상의 세계를 믿는 것, 곧 존재하지도 않는 천국을 기대하는 것은 어리석다고 비난해왔다. 그들은 "천국의 존재를 과학적으로 증명할 수 없다면 그것은 천국이 존재하지 않는다는 확실한 증거다"라고 주장한다.

그러나 내 친구 데이비드 제레마이어는 "천국은 상상으로 빚어낸 허구나 감정이나 마음의 상태가 아니다. 천국은 인간이 꾸며낸 것이 아니다. 천국은 준비된 백성을 맞이하기 위해 그리스도께서 친히 예비하신 실제 장소다"라고 강조한다.[1] 천국의 현실, 이것이 이번 장에서 살펴보려는 진리다.

천국은 현실이다

천국이 '하나님의 처소'라는 가장 기본적인 정의를 받아들인다면 이 주제에 대한 참된 전문가는 오직 하나님뿐이시라는 것을 인정해야 할 것이다.[2] 따라서 천국이 현실인지, 아니면 마음의 상태인지에 대한 대답을 찾으려면 하나님의 책인 성경을 살펴봐야만 한다.

천국의 현실성을 묻는 물음에 대한 가장 결정적인 대답은 요한복음 14장에서 발견된다. 그러나 그 본문을 살펴보기에 앞서 먼저 그 배경을 이해하는 것이 중요할 듯하다.

승리의 예루살렘 입성이 있고 나서 나흘이 지났다. 예수님은 지상에서의 삶을 마무리하는 상황에서 제자들과 함께 마지막 유월절 만찬을 먹기 위해 자리에 앉으셨다. 그분은 음식을 잡수시다가 자리에서 일어나 허리에 수건을 두르고 제자들의 발을 씻겨주기 시작하셨다. 그리고 그 일을 마치고 나서 "너희 중 하나가 나를 팔리라"(요 13:21)고 말씀하면서 다시 이렇게 명령하셨다.

---

1) David Jeremiah, *Answers to Your Questions about Heaven* (Carol Stream, IL: Tyndale, 2013), 3.
2) "Heaven", *The Merriam-Webster Dictionary* (Springfield: Merriam-Webster, 2005).

"작은 자들아 내가 아직 잠시 너희와 함께 있겠노라 … 너희는 내가 가는 곳에 올 수 없다 … 새 계명을 너희에게 주노니 서로 사랑하라 내가 너희를 사랑한 것 같이 너희도 서로 사랑하라"(요 13:33-34).

예수님과 제자들 모두에게 참으로 고통스러운 저녁이었다. 예수님이 고통스러워하신 이유는 앞으로 겪게 될 일들(가룟 유다의 배신, 영혼을 쥐어짜는 겟세마네의 기도, 체포, 고문, 재판, 십자가 처형) 때문이었다. 제자들이 고통스러웠던 이유는 죽음이 임박했다는 예수님의 거듭된 말씀으로 인해 미래가 몹시 불투명해졌기 때문이다. 제자들의 심장은 마구 뛰었고 머릿속에는 온갖 의문이 떠올랐다.

'예수님의 죽음으로 우리가 지난 3년 동안 참여해온 운동이 종말을 고하고 말 것인가? 예수님을 다시 볼 수 있을까? 예수님이 죽으면 우리도 죽는 것이 아닌가?'

그들은 아무것도 이해할 수 없었고 모든 것이 극도로 불안하기만 했다. 그러나 예수님은 늘 하시던 가장 익숙한 말씀으로 그들을 안심시키셨다. 예수님은 그들을 당장 성부 하나님께로 가는 자신의 여정에 동참시킬 수 없지만 정해진 때가 되면 다시 와서 그들을 천국, 곧 아버지의 집으로 데려가겠다고 약속하셨다.

"너희는 마음에 근심하지 말라 하나님을 믿으니 또 나를 믿으라 내 아버지 집에 거할 곳이 많도다 그렇지 않으면 너희에게 일렀으리라 내가 너희를 위하여 거처를 예비하러 가노니 가서 너희를 위하여 거처를 예비하면 내가 다시 와서 너희를 내게로 영접하여 나 있는 곳에 너희도 있게 하리라"(요 14:1-3).

예수님이 제자들에게 말씀하신 "내 아버지 집"은 우리의 상상으로 빚어낸 환상의 세계에 존재하는 곳이 아니었다. 예수님은 실제 장소를 뜻하는 용어를 사용하셨다. "곳" 또는 "거처"로 번역된 헬라어 '토포스'는 요한복음 14장 2-3절에서 세 차례 사용되었다. '지형'(땅의 실제적이고 물리적인 특징을 세부적으로 묘사한 것)을 뜻하는 영어 'topography'가 이 말에서 유래했다. '토포스'는 신약성경에서 거의 항상 '점유할 수 있고, 거주할 수 있는 공간'을 나타낸다. 도시나 지역을 가리킬 때도 있고,³⁾ 요한복음 14장 2-3절처럼 집이나 방 같은 개인적인 거처를 가리킬 때도 있다.

천국이 현실이라는 것을 보여주는 증거는 단지 '토포스'만이 아니다. 예수님은 또한 "내 아버지 집에 거할 곳이 많도다"(요 14:2)라고 말씀하셨다. "거할 곳"으로 번역된 헬라어 '모네'는 '거주지, 숙박소, 집'으로 번역되기도 한다.⁴⁾ 이 용어들은 모두 물리적인 현실을 묘사한다.

---

3) 눅 10:1; 요 11:48 참조.
4) 라틴어역 〈불가타 성경〉은 '거처'를 뜻하는 명사 '모네'를 'mansiones'(저택들)로 번역했다. 〈킹제임스 성경〉도 이것을 'mansions'(저택들)로 번역했다. 그러나 예수님이 요한복음 14장 2절에서 가르치려고 하셨던 요점은 신자들이 제각각 자신의 저택에서 살 것이라는 의미가 아니라 하나님의 저택 안에 살면서 각자의 방 열쇠를 받게 될 것이라는 의미였다. 이것은 예수님 당시의 결혼 관습에서 유래한 것이다. 신랑은 신부를 그녀의 집에서 데리고 나와 새 부부의 살 집이 마련되어 있는 자신의 아버지 집

아내와 내가 가정을 꾸리고 나서 두 딸이 태어났다. 우리는 아이들을 육아실에 함께 두고 길렀다. 그러다가 충분히 나이가 들자 아이들은 각자 자기 방을 하나씩 차지했다. 녀석들은 자기 방을 원하는 대로 페인트칠도 하고 장식도 하고 그 안에서 공부도 하고 놀기도 했다.

우리 집 안에는 아이들의 것으로 불리는 물리적인 공간이 실제로 존재했다. 예수님은 바로 이런 곳, 곧 우리가 영원히 살 물리적인 장소를 예비하겠다고 말씀하신 것이다. 그곳은 상상을 초월할 만큼 멋진 장소일 것이 틀림없다.

예수님이 "거처"와 "거할 곳"이라는 표현을 사용하신 것만으로는 천국의 현실을 입증하기에 충분하지 않다고 생각되거든 그분이 "내가 너희를 위하여 거처를 예비하러 가노니"라는 말씀을 두 차례나 힘주어 말씀하셨다는 사실을 기억하면 좋을 것이다(요 14:2-3).

'예비하러 간다'는 것은 비현실적인 것이 아닌 현실적인 의미를 지닌다. 여기에서 '간다'라는 말은 예수님의 죽음과 부활과 승천을 의미한다. 성경은 예수님이 제자들에게 마지막 가르침을 베푸시고 난 이후의 일을 다음과 같이 증언한다.

"이 말씀을 마치시고 그들이 보는데 올려져 가시니 구름이 그를 가리어 보이지 않게 하더라 올라가실 때에 제자들이 자세히 하늘을 쳐다보고

으로 갔다.

있는데 흰 옷 입은 두 사람이 그들 곁에 서서 이르되 갈릴리 사람들아 어찌하여 서서 하늘을 쳐다보느냐 너희 가운데서 하늘로 올려지신 이 예수는 하늘로 가심을 본 그대로 오시리라 하였느니라"(행 1:9-11).

예수님의 승천은 예루살렘 성 밖에 있는 감람산에서 이루어졌다. 그곳은 지리상의 실제 장소다. 나는 그곳을 여러 차례 가보았다. 예수님은 그런 실제 장소(감람산)를 떠나 어디로 가셨을까? 예수님이 물리적인 지구를 떠나 형이상학적인 의식의 상태로 들어가셨다고 말하는 것은 터무니없는 억측일 것이다. 예수님은 지리상의 장소(감람산)로부터 또 다른 지리상의 장소(천국)로 이동하셨다. 그리고 지금은 천국에서 우리를 위한 처소를 예비하고 계신다. 예수님은 때가 되면 "내가 다시 와서 너희를 내게로 영접하여 나 있는 곳에 너희도 있게 하리라"(요 14:3)고 약속하셨다.

천국은 어디에 존재하는가?

예수님은 지상에서 사역하시는 동안 줄곧 천국에 가는 길이 자기(즉 그분의 죽음과 부활)를 믿는 믿음에 있다고 가르치셨다. 따라서 제자들은 예수님과 많은 시간을 함께 보냈기 때문에 마땅히 그 길을 알고 있어야 옳았다. 그것이 예수님이 "내가 어디로 가는지 그 길을 너희가 아느니라"(요 14:4)고 말씀하신 이유다. 그러나 그들은 그 길을 알지 못했다. 그들은 아버지의 집이 천국(장소)을 뜻하고, 예수님을 믿는 믿음(길)으로 그곳에 간다는 사실을 온전히 이해하지 못했다. 그런 이유로 도마는 "주여 주께서 어디로 가시는지 우리가 알지 못하거늘 그 길을 어찌 알겠사옵나이까"(요 14:5)라고 말한 것이다. 한마디로 목적지를 모르면 방향도 알 수 없다.

예수님은 제자들이 영적 목적지를 옳게 설정하도록 돕기 위해 "내가 곧 길이요 진리요 생명이니 나로 말미암지 않고는 아버지께로 올 자가 없느니라"(요 14:6)고 말씀하셨다. 천국에 가는 길은 예수님을 믿는 믿음을 통하는 길밖에 없다.[5] 그렇다면 천국은 정확히 어디에 있는 것일까? 예수님은 아무 말씀도 하지 않으셨지만 성경은 한 가지 실마리를 제공한다.

성경은 천국이 '위에' 있다고 말씀하는 것처럼 보인다. 이 사실을 어떻게 알 수 있을까? 사탄은 대개 믿을 만한 정보를 제공하지 않지만 그의 말은 언뜻언뜻 진리를 드러낼 때가 더러 있다. 사탄은 본래 루시퍼라고 불리던 하나님의 천사장 가운데 하나였다. 그러나 그는 하나님의 명령을 듣는 자신의 지위를 불만스럽게 여기고 그분의 권위에 도전해 스스로 '주권적인 통치자'가 되려고 시도했다. 사탄은 하나님을 향해 다음과 같은 공격의 함성을 내질렀다.

---

[5] 예수님이 천국에 가는 유일한 길이라는 사실을 좀 더 자세히 알고 싶으면 내가 쓴 다음의 책을 참조하라. *Not All Roads Lead to Heaven: Sharing an Exclusive Jesus in an Inclusive World* (Grand Rapids: Baker, 2016).

"내가 하늘에 올라 하나님의 뭇 별 위에 내 자리를 높이리라 내가 북극 집회의 산 위에 앉으리라"(사 14:13).

"올라", "뭇 별 위에", "높이리라"와 같은 표현은 모두 천국이 위쪽에 있다는 것을 암시한다. 이미 사도행전 1장 9-11절에서 살펴본 대로 예수님은 땅에서 하늘 위로 승천하셨다. 사도행전의 저자인 누가는 예수님이 구름 속으로 "올려져 가셨다"고 증언했다(행 1:9).

예수님을 지켜보고 있던 제자들은 "자세히 하늘을 쳐다보고" 있었다(행 1:10). 두 명의 천사는 제자들에게 "어찌하여 서서 하늘을 쳐다보느냐"라고 물은 뒤 "너희 가운데서 하늘로 올려지신 이 예수는 하늘로 가심을 본 그대로 오시리라"(행 1:11)고 말했다. 이 말은 예수님이 재림할 때 하늘에서 아래로 내려오실 것을 의미한다.

하나님의 천사들과 루시퍼는 모두 천국이 위쪽에 있다고 암시했다. 바울은 예수님을 묘사하면서 인성을 취해 "내리셨던 그가 곧 모든 하늘 위에 오르신 자니"라고 말했다(엡 4:10). 우리 위에는 하늘만 있는 것이 아니다. 우리 위에는 하나님이 거하시는 곳이 있다.

그러나 사람들은 천국의 위치에 대해 의문을 가질 때 대개는 방향 이상의 것에 관심을 기울인다. 그들은 천국이 있는 실제 장소를 궁금해한다. 그들은 천국이 시간과 공간으로 이루어진 우주의 아득히 먼 곳에 존재하는지, 또 그것이 아니더라도 어딘가에 그 위치가 특별히 정해져 있는지를 알고 싶어 한다. 천국은 과연 텔레비전 시리즈 〈환상

특급〉에 나오는 것처럼 시간과 공간을 초월한, 완전히 다른 차원의 세계에 존재할까?

이 질문에 대답하려면 지금 하나님이 거하고 계시는 현재의 천국과 예수님이 우리를 위해 건설하고 계시는 미래의 천국을 구분할 필요가 있다. 신학자들이 '중간 상태'로 일컫는 현재의 천국은 그리스도인들이 죽는 순간에 즉시 가서 주님과 함께 거하는 장소를 가리킨다. 이것은 "우리가 담대하여 원하는 바는 차라리 몸을 떠나 주와 함께 있는 그것이라"(고후 5:8)는 바울의 말에 잘 나타나 있다.

미래의 천국은 모든 신자가 영원한 삶을 누리게 될 장소를 가리킨다. 이 미래의 천국은 지금도 건설 중이다. 예수님은 지금 우리를 위해 이 천국을 예비하고 계신다. 잠시 후에 자세히 다루겠지만 이 천국의 최종 장소를 알면 깜짝 놀랄 수밖에 없을 것이다.

현재의 천국과 미래의 천국이라는 개념은 때로 이해하기가 혼란스럽다. 이해를 돕기 위해 구체적인 예를 하나 들면 다음과 같다. 은퇴 계획을 세우던 어떤 부부가 호숫가(또는 산속이나 해안 근처)에 조그마한 토지를 매입하고 그곳에 집을 짓기 시작했다고 가정해보자. 그들은 은퇴 후에 살게 될 집이 건축되는 동안 기존의 집에 그대로 머물러 살든지 아파트로 잠시 이주해 살든지 할 수 있다. 그들의 현재 거주지는 호화롭고 안락할 수 있지만 일시적일 뿐이다. 이 경우 이들 부부는 '중간 상태'에 있다고 말할 수 있다. 그들은 미래의 집이 완공될 때까지 기다리고 있는 상태다. 그와 마찬가지로 지금 천국(현재의 천국)에 있는 사람들은 자신들의 영원한 집(미래의 천국)이 완성될 때를 기다리면서 하나님의 임재 안에서 멋진 삶을 즐기고 있다.

아마도 현재의 천국과 미래의 천국에 관한 이런 진리를 처음 알고 놀랄 그리스도인들이 많을 것이다. 따라서 나는 이 두 천국의 차이를 좀 더 자세히 설명하고 싶다.

현재의 천국

신학자들은 종종 성경이 세 개의 하늘을 언급하고 있다고 말한다. 첫째 하늘은 지구의 대기를 가리킨다. 이 하늘에는 우리가 숨 쉬는 공기와 새와 비행기가 나는 공간이 존재한다. 둘째 하늘은 종종 '외계'로 불린다. 그곳에는 광대한 우주에 흩어져 있는 행성들과 별들과 수많은 은하계가 존재한다.

셋째 하늘은 하나님이 거하시는 곳을 가리킨다. 모든 그리스도인은 죽으면 즉시 이 하늘에 간다(이 점에 대해서는 4장에서 좀 더 자세히 살펴볼 예정이다). 이곳은 때로 낙원으로 불린다. 예수님은 십자가의 강도에게 그가 죽는 순간에 낙원에 있을 것이라고 말씀하셨다. 바울은 살아 있는 동안에 '셋째 하늘에 이끌려 가서 말로 표현할 수 없는 말을 들었다'(고후 12:4). 이것이 대다수 그리스도인들이 말하는 천국, 곧 '위에' 있는 천국이다. 이것이 내가 조금 전에 말했던 '현재의 천국'이다.

미래의 천국

이밖에도 하나님이 우리를 위해 예비하고 계시는 '미래의 영원한 천국'이 있다. 이 천국은 우리가 미래에 영원히 살 곳으로 "새 하늘"과 "새 땅"과 "새 예루살렘"이라 불린다(계 21-22장 참조). 이 천국은 셋째 하늘로부터 새로 창조된 세상으로 내려올 것이다. 이 '땅 위에 있는 천국'은 구약시대와 신약시대(곧 예수님이 죽고 부활하신 이후부터 역사가 종말을 고할 때까지)의 모든 신자들이 영원히 살게 될 곳이다.

미래의 어느 시점이 되면 하나님과 천사들과 세상을 떠난 모든 신자가 거하는 현재의 천국이 새 하늘과 새 땅과 새 예루살렘으로 이루어진 미래의 천국과 결합할 것이다. 성경이 가르치는 대로, 이 일은 7년 대환난과 아마겟돈 전쟁과 천년왕국과 크고 흰 보좌의 심판이 있고 나서 비로소 이루어질 것이다.[6]

요한 사도는 종말에 대한 환상을 보면서 "또 내가 새 하늘과 새 땅을 보니 처음 하늘과 처음 땅이 없어졌고 … 거룩한 성 새 예루살렘이 하나님께로부터 하늘에서 내려오니 그 준비한 것이 신부가 남편을 위하여 단장한 것 같더라"(계 21:1-2)고 말했다.

그렇다면 새 하늘과 새 땅과 새 예루살렘은 어떻게 생겼을까? 대답하기 전에 먼저 '새로움'의 본질을 잠시 살펴봐야 할 필요가 있다.

---

[6] 종말 사건들에 관해 좀 더 알고 싶으면 내가 쓴 다음의 책을 참조하라. *Perfect Ending : Why Your Eternal Future Matters Today* (Brentwood, TN: Worthy, 2014).

'새'(new)라는 수식어는 무슨 의미일까?

"또 내가 새 하늘과 새 땅을 보니 처음 하늘과 처음 땅이 없어졌고"라는 요한의 말은 과연 무슨 의미일까? 하나님이 첫째 하늘과 둘째 하늘(지구의 대기와 외계)과 우리가 알고 있는 지구를, 새로 재창조한(새로운) 하늘과 땅으로 대체하신다는 의미일까? 최소한 베드로 사도의 말에 따르면 그런 의미인 것처럼 보인다. 그는 이렇게 말했다.

"이제 하늘과 땅은 그 동일한 말씀으로 불사르기 위하여 보호하신 바 되어 경건하지 아니한 사람들의 심판과 멸망의 날까지 보존하여 두신 것이니라 … 그러나 주의 날이 도둑 같이 오리니 그 날에는 하늘이 큰 소리로 떠나가고 물질이 뜨거운 불에 풀어지고 땅과 그 중에 있는 모든 일이 드러나리로다 이 모든 것이 이렇게 풀어지리니 너희가 어떠한 사람이 되어야 마땅하냐 거룩한 행실과 경건함으로 하나님의 날이 임하기를 바라보고 간절히 사모하라 그 날에 하늘이 불에 타서 풀어지고 물질이 뜨거운 불에 녹아지려니와 우리는 그의 약속대로 의가 있는 곳인 새 하늘과 새 땅을 바라보도다"(벧후 3:7, 10-13).[7]

"없어졌고"와 "떠나가고"로 번역된 요한(계 21장)과 베드로(벧후 3장)의

---

[7] 시편 102편 25-26절, 이사야서 51장 6절, 마태복음 24장 35절도 현재의 하늘과 땅이 없어질 것이라고 가르친다.

표현은 둘 다 헬라어 '파레르코마이'를 번역한 것이다. 그러나 베드로는 지구와 태양계가 가장 기본적인 요소("물질"로 번역되었다)와 함께 사라지는 것이 무엇을 의미하는지를 좀 더 자세히 설명했다. 그것이 "뜨거운 불에 풀어지고 … 드러나리로다"이다(벧후 3:10).

베드로는 좀 더 확실하게 말하기 위해 "그 날에 하늘이 불에 타서 풀어지고 물질이 뜨거운 불에 녹아지려니와"(벧후 3:12)라는 말로 그 사실을 재차 강조했다. "처음 하늘과 처음 땅이 없어졌고"(계 21:1)라는 요한의 말도 같은 의미일 가능성이 높다.

성경은 하나님이 우주를 어떻게 태워 없애실 것인지에 대해 아무 말도 하지 않는다. 그러나 신학자들과 과학자들은 세상을 태워 없앨 정도의 열에 대해 여러 가지 추측을 시도해왔다. 어떤 사람들은 나가사키와 히로시마에 투하된 원폭보다 무한히 더 강력한 폭발력을 가진 핵폭탄에 의해 세상이 멸망할 것이라고 믿는다. 핵폭발은 수백만 도의 열을 뿜어낸다. 따라서 나름대로 "물질이 뜨거운 불에 풀어지고"라는 말에 대한 설명이 될 수 있다.

또 어떤 사람들은 요한이 대환난의 마지막에 있을 심판의 하나를 묘사한 대로 지름이 약 100킬로미터에 달하는 소행성의 충돌로 인해 지구가 멸망할 것이라고 믿는다. 요한은 "또 무게가 한 달란트나 되는 큰 우박이 하늘로부터 사람들에게 내리매"(계 16:21)라고 말했다.

그러나 이 모든 것은 추측에 불과하다. 즉 과학자들이 사변하기 좋은 흥밋거리일 뿐이다. 하나님이 하늘과 땅을 어떻게 없애실 것인지는 알 수 없다. 아무튼, 하나님은 한마디 말씀으로 우주를 창조하셨기 때문에 한마디 말씀으로 그것을 없애는 일 역시 조금도 어렵지 않으실 것이다.

그렇다면 하나님이 새 하늘과 새 땅을 창조하기 위해 옛 하늘과 옛 땅을 없애셔야 하는 이유는 무엇일까? 하나님은 창세기 1장에 기록된 대로 현재의 하늘과 땅을 창조하시고 보기에 좋았다고 말씀하셨다. 그러나 죄가 그 모든 것을 더럽혔다. 1955년식 쉐보레 콜벳이 다 썩어 고철덩이가 된 것처럼 죄는 우리의 물리적인 환경을 오염시켰다. 따라서 완전한 의가 거하는 더 나은 새 세상이 창조될 필요가 있다.

내가 사는 댈러스의 부촌에서는 일부 부자들이 오래된 집을 매입해서 기초까지 완전히 다 밀어버리는 일이 그리 드물지 않다. 그것들은 유령이라도 나올 듯 낡을 대로 낡은 집들이 아니다. 오히려 정교한 목공예와 색유리 창과 정교한 손재주가 돋보이는 집들이 많다. 그런데 왜 그토록 완벽한 옛집들을 허물어뜨리는 것일까? 그 이유는 건물주들이 더 크고 새로운 집을 원하기 때문이다.

하나님도 옛 하늘과 옛 땅에 대해 그와 비슷한 일을 하실 것이다. 그 일은 크고 흰 보좌 심판이 있고 나서 신자들이 새 예루살렘에 들어가기 직전에 이루어질 것이다. 그날에 하나님은 "보라 내가 새 하늘과 새 땅을 창조하나니 이전 것은 기억되거나 마음에 생각나지 아니할 것이라"(사 65:17)는 약속을 이루실 것이다.

새 땅 vs. 현재의 땅

궁극적으로 우리는 이 땅을 영원히 떠나 천국에 올라가지 않을 것이다. 오히려 하나님은 새로 창조된 세상에 새 하늘을 내려보내실 것이다. 새 땅은 많은 점에서 현재의 땅과 비슷할 테지만 지금보다는 무한히 더 크게 향상된 상태일 것이다.

새 땅은 옛 땅처럼 본질상 물리적인 환경을 지닐 것이다(계 21장). 부활하신 예수님처럼 새 육체를 지닌 신자들은 거할 물리적인 집이 필요하다. 육체가 없는 영혼은 형태가 없는 영적 세계에 살 수 있을지 몰라도 육체를 지닌 인간은 형태가 있는 물리적인 차원이 필요하다. 하나님은 우리를 위해 그런 장소(즉 물리적으로 변화된 육체가 거할 수 있는 물리적인 장소)를 창조하실 것이다.

새 땅은 물리적일 뿐 아니라 낯익은 장소일 것이다. 솔직히, 많은 그리스도인들이 천국에 가는 것을 내심 걱정스러워하는 이유는 천국이 전에 경험한 그 무엇과도 완전히 다를 것이라고 잘못 생각하기 때문이다. 우리는 습관에 익숙한 피조물이다. 나도 예외가 아니다. 우리는 우리에게 낯선 것을 별로 반기지 않는다. 그러나 천국, 즉 새 땅에 거하는 것은 고향을 떠나 아무것도 모르는 낯선 외국 땅으로 가는 것과는 다를 것이다.

오랫동안 나를 지도한 목회자이자 나의 전임자였던 크리스웰 박사는 "나는 하나님이 16억 킬로미터나 멀리 떨어진 낯선 행성에 나를 보내 그곳에서 영원히 살게 하실 것이라고 믿지 않는다. 나는 지구와 관련된 것은 거의 모두 좋아한다. 내가 싫어하는 것은 눈물, 이별, 심적 고통뿐이다. 그런 것들은 천국에서 영원히 존재하지 않을 것이다"라고 말하곤 했다.

진실로 그럴 것이다. 요한은 큰 음성을 듣고 "모든 눈물을 그 눈에서 닦아 주시니 다시는 사망이 없고 애통하는 것이나 곡하는 것이나 아픈 것이 다시 있지 아니하리니 처음 것들이 다 지나갔음이러라"(계 21:4)고 증언했다.

현 세상에 임한 저주(창 3장)가 모두 사라지고, 구원받은 인류가 하나님이 본래 창조하려고 의도하신 세상에서 살게 될 것이다. 새 땅에 사는 사람들은 죄에 오염되지 않은 즐겁고 사랑스러운 관계를 맺고, 자기들끼리는 물론 하나님과도 중단 없는 교제를 나누게 될 것이다.

새 하늘에는 해도 없고 달도 없다. 요한은 "그 성은 해나 달의 비침이 쓸 데 없으니"(계 21:23)라고 말했다. 천국에 이런 발광체들이 불필요한 이유는 세상의 빛이신 예수님이 새 예루살렘을 영원히 비추실 것이기 때문이다. 새 하늘과 새 땅은 항상 밝은 낮처럼 환할 것이다. "거기에는 밤이 없음이라"(계 21:25; 22:5). 이것은 이사야 예언의 성취다.

"다시는 낮에 해가 네 빛이 되지 아니하며 달도 네게 빛을 비추지 않을 것이요 오직 여호와가 네게 영원한 빛이 되며 네 하나님이 네 영광이 되리니"(사 60:19).

그리스도의 영광이 비추는 까닭에 천국은 절대적으로 안전한 장소가 될 것이다. 새 땅에는 바다와 어둠이 없을 것이고, 또 나 같은 설교자도 더 이상 존재하지 않을 것이다. 설교자들의 책임은 두 가지, 곧 복음을 전하는 것과 죄를 꾸짖는 것이다. 그러나 여호와의 영광을 인정하는 것이 세상에 가득하고(합 2:14) 다시 저주가 없을 것이기 때문에(계 22:3) 나 같은 설교자는 다른 일을 해야 할 것이다.

새 땅에는 하나님에 대한 사랑과 헌신이 가득 차고 넘칠 것이며 이 세상에서 날마다 경험하는 죄의 고통이 더 이상 느껴지지 않을 것이다. 오히려 우리의 삶은 끝없이 계속되는 기쁨으로 충만할 것이다.

새 땅의 수도_ 새 예루살렘

예수님은 아버지의 집에 돌아가서 제자들을 위한 거처를 예비하겠다고 말씀하셨다. 이때 그분이 염두에 두신 장소는 새 땅의 중심부에 있는 도시, 즉 새 예루살렘이었다. 이것은 아브라함이 오랫동안 바라던 그 도시였다.

"이는 그가 하나님이 계획하시고 지으실 터가 있는 성을 바랐음이라"(히 11:10).

새 예루살렘, 곧 "하나님의 성"(계 3:12)은 실제적이고 물리적인 도성이다. 새 하늘과 새 땅이 재창조된 후, 새 예루살렘이 셋째 하늘에서 내려와 재창조된 세상에 우뚝 서게 될 것이다.

"또 내가 새 하늘과 새 땅을 보니 처음 하늘과 처음 땅이 없어졌고 바다도 다시 있지 않더라 … 성령으로 나를 데리고 크고 높은 산으로 올라가 하나님께로부터 하늘에서 내려오는 거룩한 성 예루살렘을 보이니"(계 21:2, 10).

새 예루살렘은 건물, 거리, 거주지 등을 고루 갖춘 실제적인 도성(곧 사람들의 분주한 활동과 갖가지 문화 행사와 예배가 이루어지는 도시)이지만 우리가 지금까지 본 그 어떤 도시와도 다를 것이다.

그 크기는 참으로 어마어마하다. 새 예루살렘의 엄청난 규모는 그것의 가장 뚜렷한 특징 가운데 하나다. 요한은 요한계시록 21장 16절에서 천사가 금 갈대 자를 가지고 장방형으로 생긴 그 성의 길이와 너비와 높이를 측량한 결과를 언급하는데, 각각의 길이가 2,400킬로미터가 넘는 것으로 나타났다.[8] 이것은 그 도시의 표면적이 2,250제곱킬로미터가 넘는다는 뜻이다. 이와 비교하면 뉴욕은 고작 490제곱킬로미터밖에 안 된다.[9] 성의 층수도 어마어마하다. 고층 빌딩 한 층의 평

---

[8] 우리는 새 예루살렘이 피라미드 형태가 아닌 입방체의 형태를 띨 것이라고 믿는다. 왜냐하면 솔로몬 성전의 지성소(하나님이 거하시는 처소)가 입방체의 형태이기 때문이다(왕상 6:20).
[9] Sam Roberts, "It's Still a Big City, Just Not Quite So Big", *New York Times*, May 22, 2008, http://www.nytimes.com/2008/05/22/nyregion/22shrink.html.

균 높이는 약 3.6미터다. 그런데 새 예루살렘의 층수는 66만 개다. 이와 비교하면 세상에서 가장 높은 건물인 두바이의 부르즈 할리파의 높이는 고작 830미터이고 층수도 163개밖에 안 된다. 쌍둥이 빌딩이 서 있던 자리에 재건된 뉴욕 세계무역센터의 높이는 540미터, 층수는 104개다. 새 예루살렘의 성벽 두께만 해도 "백사십사 규빗" 즉 65미터나 된다(계 21:17). 이것을 미식축구 경기장의 세로 길이와 비교하면 거의 4분의 3에 달한다.

이런 엄청난 규모 때문에 새 예루살렘의 크기를 문자 그대로 받아들이지 않고 상징적인 의미로 이해하려는 사람들이 많다. 그러나 이 치수를 일부러 비유적으로 해석할 논리적인 근거는 없다. 사실 요한은 그 치수가 "사람의 측량"(계 21:17)으로 이루어졌다는 말까지 덧붙였다.

이 크고 장엄한 도성이 온갖 보석들과 큰 진주와 순금으로 만들어졌다는 사실은 우리의 위대하신 창조주 하나님과 매우 잘 어울린다. 하나님은 에베레스트산, 태평양, 은하수와 같은 거대한 물체들을 창조하셨다. 더욱이 하나님은 아름다움의 하나님이시다.

바다 위로 지는 노을, 산 위로 솟아오르는 태양, 갓 태어난 어린아이의 조그마한 발, 예식장 복도를 걸어가는 신부를 생각해보라. 하나님이 이 타락한 세상에도 그런 아름다움을 허락하셨는데 지금 그분이 우리를 위해 예비하고 계시는 도시, 곧 우리가 영원히 살게 될 하늘의 도성은 얼마나 더 아름답고 찬란하겠는가?

게다가 새 예루살렘은 구원받은 사람들 모두를 수용할 만큼 충분히 크다. 새 예루살렘에 얼마나 많은 인구가 살게 될지는 알 수 없다. 그것은 오직 하나님만 아신다. 신학자 론 로데스는 이렇게 말했다.

> 한 수학자의 계산에 따르면, 개별 주거지의 면적을 90평으로 잡을 때 입방체 형태로 생긴 새 예루살렘은 200억 개의 주거지가 들어설 만큼 충분한 규모일 것이다. 또한 거기에는 공원이나 거리를 비롯해 여느 대도시에서 흔히 볼 수 있는 시설들을 갖출 만한 공간도 충분할 것이다.[10]

새 예루살렘은 "크고 높은 성곽"과 "열두 문"으로 이루어져 있다. 문들은 동쪽, 북쪽, 남쪽, 서쪽을 향해 각각 세 개씩 나 있다(계 21:12-13). 각각의 문에는 이스라엘 지파의 이름이 하나씩 적혀 있고, 천사가 하나씩 서 있다. 성곽과 문과 천사들은 모두 실제일 뿐 아니라 성의 시민들을 사탄과 귀신과 불신자들로부터 영원히 보호할 것을 상징한다.

고대 도시에서는 성 안의 시민들을 보호하기 위해 항상 성문을 굳게 닫았다. 이 관습은 지금까지도 계속된다. 성문이 있는 도시는 밤중에 출입문을 굳게 닫는다. 심지어 세상에서 가장 즐거운 곳인 디즈니월드도 매일 저녁 방문객들이 떠난 뒤에는 문을 걸어 잠근다.

그러나 새 예루살렘의 문들은 절대로 닫히지 않는다. 사탄과 그의 하수인들이 하나님의 백성이나 그분의 도성을 더 이상 공격할 수 없

---

[10] Ron Rhodes, *What Happens After Life? 21 Amazing Revelations about Heaven and Hell* (Eugene, OR: Harvest House, 2014), 69.

기 때문에 그럴 필요가 없다. 그들은 불못에 영원히 갇힌 상태다.

> "낮에 성문들을 도무지 닫지 아니하리니 거기에는 밤이 없음이라 … 무엇이든지 속된 것이나 가증한 일 또는 거짓말하는 자는 결코 그리로 들어가지 못하되 오직 어린 양의 생명책에 기록된 자들만 들어가리라"(계 21:25, 27).

천국에는 경찰서가 없기 때문에 경찰관이 직업인 신자들도 다른 일을 해야 할 것이다. 천국에는 감옥이나 법정이나 법률가들도 존재하지 않는다. 범죄자들의 침입을 막기 위해 천국의 문을 닫거나 새 집의 대문을 걸어 잠글 필요가 없다. 새 하늘과 새 땅에는 체포와 재판과 구속이 필요한 범죄자들이 단 한 사람도 존재하지 않을 것이다.

새 예루살렘에서는 대문을 걸어 잠글 필요도 없고 귀중품을 감출 필요도 없다. 자동차 문도 잠글 필요가 없다. 항상 완전한 평화와 보호가 이루어질 것이기 때문에 창문도 활짝 열어놓는다.

새 예루살렘은 영원히 견고할 것이다. 그곳은 영원히 건재하도록 설계되었다. 아마도 이것이 "열두 기초석"(계 21:14)의 의미인 것처럼 보인다. 기초석에는 각각 열두 사도의 이름이 적혀 있다.[11] 군인이나 선교사나 목회자의 자녀들은 특별히 감사해야 할 것이다. 왜냐하면 더

---

11) 열두 천사가 이스라엘 열두 지파의 이름이 새겨진 열두 대문 앞에 서 있는 이유와 열두 기초석에 열두 사도의 이름이 새겨진 이유를 정확히 알기는 어렵다. Rhodes, *What Happens After Life?*, 70–71.

이상 이곳저곳으로 거주지와 학교를 옮겨 다니거나 새로운 친구들을 사귀어야 하거나 소속감 없이 떠돌며 낯선 외인이 된 듯한 심정을 느낄 필요가 없을 것이기 때문이다. 천국은 단순한 거주지가 아니라 진정한 내 집처럼 포근할 것이다. 그곳은 우리가 영원히 뿌리를 내려 살 수 있는 곳이다.

천국의 아름다움은 상상을 초월한다. 천국은 평화와 보호의 장소이자 영원히 존재하는 곳일 뿐 아니라 놀랍도록 아름다운 곳이다. 천국은 『오즈의 마법사』에 등장하는 상상 속의 '에메랄드 시티'보다 무한히 더 아름답다. 새 예루살렘은 그야말로 낙원이다.

하나님이 그곳에 거하시기 때문에 한낮의 햇빛 아래 다이아몬드가 빛을 발하는 것처럼 그분의 영광이 온 성을 빛나게 할 것이다. 요한은 "그 성의 빛이 지극히 귀한 보석 같고 벽옥과 수정 같이 맑더라"(계 21:11)고 말했다. 성의 중앙에 있는 하나님의 보좌로부터 "수정 같이 맑은" 생명의 강물이 흘러나온다(계 22:1).

'쿠어스'(세계에서 3번째로 규모가 큰 미국의 맥주 회사다 - 편집자 주)는 '순수한 록키산 샘물'로 맥주를 만든다고 광고한다(침례교 목사인 나는 그것이 사실인지 직접 확인해볼 수 없다). 그러나 하나님의 보좌에서 뿜어져 나오는 생명수와 비교하면 록키산의 샘물은 마치 흙탕물과 같을 것이다. "생명수의 강"(계 22:1)을 마시는 사람은 누구나 만족과 축복을 얻을 것이다. 우리의 육체적인 갈증과 영적인 갈증이 영원히 해갈될 것이다.

생명수의 강 좌우에는 "생명나무"가 있다(계 22:2). 아담과 하와는 죄를 짓고 나서 에덴 동산에서 추방되었기 때문에 더 이상 생명나무에 접근할 수 없었다. 그들은 낙원을 상실했다. 그러나 새 예루살렘에서는 누구나 자유롭게 생명나무에 접근할 수 있다. 낙원이 회복되었기 때문이다. 생명나무는 매달 종류가 다른 열매를 맺어 천국 시민들이 영생을 누릴 수 있게 해준다. 생명나무의 잎사귀들은 새 땅에 거주하는 사람들의 영원한 건강을 책임진다.

"강 좌우에 생명나무가 있어 열두 가지 열매를 맺되 달마다 그 열매를 맺고 그 나무 잎사귀들은 만국을 치료하기 위하여 있더라"(계 22:2). [12]

이 모든 것이 무엇을 의미하는지 온전히 알기는 불가능하지만 한 가지는 확실하다. 그것은 새 땅에는 질병이 없기 때문에 의사의 진료나 역겨움을 느끼게 하는 병원 음식이나 실랑이를 벌여야 할 보험회사들이 없을 것이라는 사실이다.

마지막으로, 성전이 중심을 차지했던 옛 예루살렘과는 달리 새 예루살렘에는 성전이 없을 것이다(계 21:22). 하나님과 예수님의 임재로 인해 온 도시가 성전이 되기 때문이다. 우리는 천국이라 불리는 그곳에

---

[12] 요한계시록 22장 2절에서 "치료"로 번역된 헬라어 '데라페이아'에서 영어 단어 'therapy'가 유래했다. '데라페이아'의 기본 개념은 "건강을 준다"는 것이다. 천국에는 질병이 없기 때문에(계 21:4) 이 말을 건강과 행복을 뜻하는 의미로 해석하는 것이 가장 좋을 듯하다. 아울러 선악을 알게 하는 나무가 언급되지 않았다는 사실에 주목하라. 천국에서는 인간을 시험할 필요가 없다. 구원받은 자들은 이미 죄와 그로 인한 황폐한 결과를 잘 알고 있을 뿐 아니라 시험을 완전하게 통과하신 그리스도의 보혈로 구원을 받았기 때문에 더 이상 선악에 관한 지식을 바라지 않는다.

서 살며, 놀며, 일하며, 하나님을 영원히 예배할 것이다.

천국은 상상을 초월한다

예수님은 우리를 위해 거처를 예비하러 가셨다. 그곳은 우리가 지금까지 보았던 그 어떤 곳보다 더 아름다울 것이다. 그곳은 평화와 보호의 장소요, 지상낙원일 것이다. 예수님은 우리 모두를 염두에 두고 그곳을 예비하고 계신다. 루이스는 "천국에 있는 우리의 거처는 오직 우리만을 위해 만들어질 것으로 보인다. 왜냐하면 우리가 그곳을 위해 만들어졌기 때문이다. 장갑이 손을 위해 만들어지는 것처럼 우리도 그곳을 위해 한 땀, 한 땀 만들어졌다"라고 말했다.[13] 최근 영화로도 만들어져 더 유명해진 찬송가 가운데 〈나는 겨우 상상할 수 있을 뿐이에요〉(I Can Only Imagine)라는 찬송가가 있다. 예수님이 우리를 위해 예비하시는 집은 상상을 초월한다.

---

[13] C. S. Lewis, *The Problem of Pain in The Complete C. S. Lewis Signature Classics* (New York: HarperCollins, 2002), 428.

3장

이미
천국에 가본 사람들이
있는가?

> 한 번 죽는 것은 사람에게 정해진 것이요
> 그 후에는 심판이 있으리니
> 히 9:27

"하나님이 나를 부르신다"

　미국의 위대한 복음 전도자 드와이트 무디가 마지막으로 남긴 말이다. 저명한 설교자인 그는 복음을 전하고 가르치는 일에 일생을 헌신했다. 무디도 자신의 뒤를 이은 빌리 그레이엄처럼 온 세상을 다니며 부흥 집회를 열어 그리스도의 죽음과 부활에 관한 좋은 소식을 전했다. 수많은 사람들에게 말씀을 전하던 그는 1899년 12월 22일에 고향인 매사추세츠 주 이스트 노스필드에서 세상을 떠났다.
　무디가 죽었다는 사실은 별로 특별한 일이 아니다. 우리도 모두 언젠가는 죽음을 맞이한다. 무디의 죽음이 흥미로운 이유는 그가 죽기 전에 어렴풋이 천국을 보았을지도 모르기 때문이다.
　〈뉴욕 타임스〉에 실린 이야기에 따르면 무디는 죽을 때 "땅이 물러나고 하늘이 열리는 것이 보인다. 하나님이 나를 부르신다"라고 말했다.[1] 임사 체험(Near-Death Experience)을 했다는 사람들과 그런 사람들을 연구한 사람들의 진술에 비춰보면, 무디가 마치 자신의 몸 밖으로 나와 공간을 여행하는 것처럼 땅이 물러나고 있다고 말한 것은 전형적인 임사 체험에 해당하는 것처럼 보인다.

임사 체험을 유행시킨 장본인은 무디 조카의 아들인 레이먼드 무디였다. 그는 삼촌이 임사 체험을 했다고 믿었고 1975년 베스트셀러였던 『다시 산다는 것』(Life After Life)에서 '임사 체험'이라는 말을 직접 만들었다. 임사 체험에 관한 그의 세미나와 책이 인기를 얻으면서 임사 체험 운동이 일어났다.

그런 운동의 결과로 연구 재단인 '국제 임사 체험 연구 협회'(IANDS)가 1981년에 세워지고 〈임사 체험 연구지〉(JNDS) 또한 등장했다. 임사 체험을 다룬 소비자 지향적인 책과 영화도 많이 쏟아져 나왔다. 그러나 레이먼드 무디가 묘사한 임사 체험과 그의 삼촌 무디의 경험 사이에는 한 가지 중요한 차이가 있다. 그것은 드와이트 무디는 죽었다가 다시 살아나서 천국에서 본 것을 사람들에게 알린 적이 없다는 사실이다.

사후 세계에 관한 관심이 지나치게 크고, 대중매체를 통해 너무나도 많은 이야기가 전해지는 상황에서 우리는 임사 체험을 어떻게 이해해야 할까? 성경은 임사 체험에 관해 무엇이라 말할까? 임사 체험을 했

---

[1] "Dwight L. Moody Is Dead", *New York Times*, December 23, 1899, http://query.nytimes.com/mem/archive-free/pdf?res=9B04E1DA153CE433A25750C2A9649D94689ED7CF.

다고 주장하는 사람들이 천국에 관해 말하는 내용은 과연 사실일까?

임사 체험이란 무엇인가?

임사 체험을 평가하려면 먼저 그것이 무엇인지를 이해해야 한다. 임사 체험의 정의에서부터 시작하는 것이 좋을 듯하다. 국제 임사 체험 연구 협회는 임사 체험을 가리켜 "죽음이 임박한 사람이나 죽음이 임박하지 않더라도 물리적 혹은 감정적 위기를 겪는 사람에게 일어날 수 있는 심원한 심리적 사건을 가리킨다.

임사 체험은 초월적이고 신비적인 요소를 포함하는 강력한 의식적 사건이다"라고 말했다. 그들은 그러고 나서 곧바로 "그것은 정신질환이 아니다"라고 덧붙였다.[2]

임사 체험을 했다고 주장하는 사람들은 사건들의 순서가 비슷한 공통된 경험담을 들려준다. 그들의 일반적인 경험과 사건의 순서는 다음과 같다.

- 몸이 위로 붕 뜨는 느낌이 들면서 '죽은' 육체 주위의 광경이 보인다.
- 터널이나 어두운 장소를 지나 빛을 향해 나아간다.

---

2) "Near-Death Experiences: Key Facts", International Association for Near-Death Studies (2017년 1월 12일 검색), http://iands.org/images/stories/pdf_downloads/Key%20Facts%20Handout-brochure-small-pdf.

- 세상과는 다른 아름다운 장소에서 시간을 보낸다.
- 하나님이나 예수님이나 천사를 만나거나 그들 전부를 본다.
- 사별한 사랑하는 사람들과 친척들과 친구들을 만난다.
- 마치 영화를 보듯 인생을 살아온 과정이 파노라마처럼 펼쳐진다.
- 주체할 수 없는 평화와 사랑의 감정을 느낀다. 일부 사람들은 귀신들의 두려운 모습을 보기도 하고, 심한 고통을 느끼기도 했다고 증언한다.
- 일단 넘어서면 다시 돌아갈 수 없다는 경계선에 도달한다.
- 돌아가라는 소리를 듣고, 마지못해 자신의 육체와 현세로 돌아온다.

그런 경험은 변화의 힘을 일으킬 수 있다. 임사 체험자들을 연구한 기자 기드온 리치필드는 "임사 체험은 나를 방해하는 것에서 벗어나 더 나은 것으로 변화할 수 있는 가능성을 제공한다. 만일 불행을 겪을 때 임사 체험을 하게 된다면 그 불행을 이해하고 삶을 재건할 수 있는 길을 발견할 수 있다. 질병이나 의심에 크게 시달릴 때 임사 체험을 하면 새로운 방향을 찾을 수 있다. 죽음 직전에 도달한 경험을 했기 때문에 무엇인가 변화가 일어날 수밖에 없다"라고 말했다.[3]

지금까지 임사 체험을 한 적이 없더라도 살다 보면 죽음 직전에 도달할 기회가 찾아올 수도 있다. 질병이나 구사일생의 경험을 하게 되면 인간의 유한성이 절실하게 느껴지기 마련이다. 죽음의 문턱에 다

---

[3] Gideon Lichfield, "The Science of Near-Death Experiences", Atlantic, April 2015, http://www.theatlantic.com/features/archive/2015/03/the-science-of-near-death-experiences/386231/.

다른 경험은 삶을 변화시킬 수 있다.

나의 동료 가운데 하나는 가족과 친구들과 함께 카누를 타러 갔다가 강 한복판에 있는 집채만 한 바위의 틈에 부딪혀 끼고 말았다. 눈 깜짝할 사이에 물이 카누 안으로 쏟아져 들어왔고 카누는 옆으로 기울었다. 그는 카누가 전복될 것을 알고는 거센 물살에 휩쓸려가기 직전에 있는 여섯 살 된 딸을 황급히 붙잡았다. 그러나 열 살 된 아들을 위해서는 아무것도 할 수 없었다. 그의 아들은 구명조끼를 입고 있었지만 물속으로 가라앉았다.

내 친구는 발 디딜 곳을 발견해 딸을 바위 위에 올려놓고는 정신없이 아들을 찾기 시작했다. 다행히도 그의 아들은 강 아래 몇 미터 떨어진 곳에서 솟구쳐 올라왔고, 사람들의 도움을 받아 다른 카누에 올라타고 있었다. 그날 저녁 야영지에 돌아온 친구는 잠을 이룰 수가 없었다. 그는 눈물의 기도로 그날 밤을 지새우며 자녀들의 생명을 구원해주신 하나님께 감사했다. 일, 채무, 대출금과 같은 세상의 일들에 대한 염려가 일순간에 모두 사라졌다. 하마터면 자녀들을 잃을 뻔했던 끔찍한 위기를 겪고 나자 그의 삶이 획기적으로 변화된 것이다.

자기 자신이든 사랑하는 사람이든, 죽다 살아난 경험을 하게 되면 큰 충격을 받기 마련이다. 그런 경험은 인생의 덧없음과 영원의 현실을 생생하게 일깨운다. 따라서 '죽어' 육체를 떠난 듯한 느낌으로 평화와 사랑의 세계를 방문한 경험이 있는 사람들이 세상에 '다시 돌아온' 이후에 이전과 사뭇 다르게 변화하는 것은 지극히 당연한 일이다.

물론 단지 임사 체험과 같이 삶을 변화시키는 경험을 했다고 해서 그 경험이 사실이라는 보장은 없다. 그러나 경험의 타당성 여부를 떠나 임사 체험의 대중적인 인기가 갈수록 높아지고 있는 것은 부인할 수 없는 사실이다.

임사 체험 이야기가 그토록 큰 인기를 누리는 이유는 무엇일까?

임사 체험을 다룬 책들이 베스트셀러 목록에서 상위권을 차지하는 이유는 그것들이 "죽음 이후에는 무엇이 기다리고 있을까? 죽음 이후에도 삶이 있을까? 만일 있다면 모두의 삶이 다 똑같을까? 임사 체험을 했다고 주장하는 사람들의 증언은 천국이나 지옥의 현실에 대해 무엇을 말하고 있는가?"라는 가장 신비로운 문제에 대한 해답을 제공하는 것처럼 보이기 때문이다.

돈 파이퍼가 2004년에 펴낸 『기적의 90분』(*90 Minutes in Heaven*)은 임사 체험에 관한 관심을 새롭게 고조시켰다. 그의 책에 이어 2006년에는 지옥의 두려운 현실을 묘사한 빌 위즈의 『지옥에서의 23분』(*23 Minutes in Hell*)이 출판되었다. 그 후로 낸시 보츠포드의 *A Day in Hell*(지옥에서의 하루, 2010), 이븐 알렉산더의 『나는 천국을 보았다』(*Proof of Heaven*), 메리 닐의 *To Heaven and Back*(천국을 다녀오다, 2012)을 비롯해 임사 체험에 관한 책들이 마구 쏟아져 나왔다.

그런 책들도 토드 부포와 린 빈센트의 『3분』(*Heaven is for Real*)의 인기를 능가하지는 못했다. 공전의 성공을 기록한 이 책은 네 살 된 콜튼 버포의 이야기를 전한다. 콜튼은 응급실에서 '사망했다가 다시 살아나서' 자기 가족들에게 3분 동안 천국을 방문했던 이야기를 들려주었다. 콜튼은 천국에 있는 동안 엄마가 유산한(부모는 그에게 그런 사실을 말해준 적이 없었다) 누이, 한 번도 본 적이 없는 증조부, 세례 요한, 예수님, (날개를 가진) 성부 하나님, 푸르스름하고 투명한 모습의 성령을 보았다고 말했다. 이 책은 1,000만 권 이상 팔렸고, 무려 200주 동안 〈뉴욕 타임스〉의 베스트셀러 목록에 올랐다.[4]

그러나 임사 체험을 다룬 책들이 모두 환영받은 것은 아니었다. 최소한 그 가운데 한 권은 날조된 것으로 드러났다. 케빈과 알렉스 말라키는 *The Boy Who Came Back from Heaven*(천국에서 돌아온 소년, 2010) 이라는 책을 통해 2004년에 교통사고를 당해 '죽은' 후 천국에 다녀온 알렉스의 이야기를 전했다. 알렉스는 뇌 외상과 척추와 목의 심한 부상으로 인해 사지가 마비되었다.

한 주요 기독교 출판사가 임사 체험을 다룬 책들의 인기에 편승해 2010년에 그 책을 출판했다. 그러나 책이 출판된 지 5년 후에 알렉스는 책의 내용을 철회한다는 공개서한을 발표해 자기가 거짓말을 했다고 고백했다. 그는 기독교 서적상들에게 그 책을 판매하지 말라고 요

---

4) "'Heaven Is for Real' Hit Major Sales Milestone", *Christian Retailing*, December 11, 2014, http://web.archive.org/web/20141218031545/http://christianretailing.com/index.php/newsletter/latest/27680-heaven-is-for-real-hits-major-sales-milestone.

구했다. 그는 "짧게 쓰는 것을 양해해주세요. 나의 한계 때문에 이렇게 짧게 쓸 수밖에 없습니다. 나는 죽지 않았고, 천국에 가지 않았습니다. 관심을 받고 싶어서 천국에 갔다 왔다고 말했습니다"라는 말로 서두를 열었다.[5]

그로부터 며칠 후, 출판사는 "슬프게도 *The Boy Who Came Back from Heaven*(천국에서 돌아온 소년)의 공동 저자인 알렉스가 죽었다가 천국에 다녀온 이야기를 거짓으로 꾸몄다고 고백했습니다. 이 사실을 알게 된 우리는 이 책을 더는 출판하지 않겠습니다"라는 공식 입장을 발표했다.[6]

임사 체험을 다룬 책들이 인기를 누리는 이유는 단지 미지의 세계에 대한 우리의 자연스러운 호기심 때문만이 아니다. 우리의 마음 깊은 곳에는 '천국이라고 불리는 장소'에 대한 갈망이 존재한다. 사람과 장소 등 세상에는 사랑할 것들이 많지만 우리는 그보다 더 나은 것이 존재한다는 사실을 본능적으로 직감한다. 솔로몬은 하나님이 "사람들에게는 영원을 사모하는 마음을 주셨느니라"고 말했다(전 3:11). 이것은 우리에게 죽음 저편에서 무엇이 우리를 기다리고 있는지를 알고 싶어

---

[5] Dustin Germain, "'The Boy Who Came Back from Heaven' Recants Story, Rebukes Christian Retailers", *Pulpit & Pen* (blog), January 13, 2015, http://pulpitandpen.org/2015/01/13/the-boy-who-came-back-from-heaven-recants-story-rebukes-christian-retailers/.

[6] Tyndale House Publishers' press release. Ron Charles, "'The Boy Who Came Back from Heaven' Actually Didn't; Books Recalled", *Washington Post*, January 16, 2015, https://www.washingtonpost.com/news/style-blog/wp/2015/01/15/boy-who-came-back-from-heaven-going-back-to-publisher/.

하는 자연스러운 호기심과 깊은 갈망이 존재한다는 것을 의미한다.

그렇다면 우리는 죽은 후에 실제로 일어나는 일에 관한 정보를 어디에서 찾아야 할까? 말라키의 고백을 주의 깊게 읽어보자.

> (The Boy Who Came Back from Heaven이라는 책에서) 나는 많은 것을 주장했지만 그때만 해도 성경을 읽어본 적이 한 번도 없었습니다. 사람들은 거짓말로 이익을 얻기 때문에 계속 거짓말을 합니다. 그들은 성경을 읽어야 합니다. 그것으로 충분합니다. 성경은 유일한 진리의 원천입니다. 인간이 쓴 것은 무엇이나 오류에서 자유로울 수 없습니다. 용서를 받고 … 천국에 대해 알 수 있는 길은 죄를 회개하고, (자기는 아무 죄도 짓지 않았지만) 우리를 대신해 죽으신 하나님의 아들 예수님을 믿는 것뿐입니다. … 성경이 충족하다는 사실을 온 세상이 알게 되기를 바랍니다.[7]

하나님은 사후에 무엇이 신자들과 불신자들을 기다리고 있는지에 대해 풍성한 정보를 알려주셨다. 하나님은 우리가 알고 싶어 하는 것을 모두 알려주지는 않으셨지만 우리가 알아야 할 필요가 있는 것은 빠짐없이 계시해주셨다. 말라키가 말한 대로 "성경은 충족하다."

성경이 충족한 이유는 그것이 사실이기 때문이다. 임사 체험을 평가하려면 성경의 가르침에 비춰 그 내용을 점검해야 한다. 그렇게 하는

---

7) Germain, "'The Boy Who Came Back from Heaven' Recants Story."

것이 "영을 다 믿지 말고 오직 영들이 하나님께 속하였나 분별하라"(요일 4:1)는 요한의 명령에 따르는 것이자 바울의 가르침이 사실인지를 판단하기 위해 신중히 성경을 살펴보았던 지혜로운 베뢰아 사람들의 습관을 본받는 것이다(행 17:11).

그러면 이제부터 성경이 임사 체험에 대해 어떻게 가르치고 있는지 자세히 살펴보기로 하자.

임사 체험은 성경적인가?

임사 체험을 헛된 상상의 산물로 여겨 무시해버리기는 그리 어렵지 않다. 사실 임사 체험은 흔치 않은 현상이고, 항상 감각적이고 주관적인 경향이 있다. 누군가의 임사 체험이 사실인지 아닌지를 어떻게 판단할 수 있을까? 임사 체험자들이 '스트레스를 받는 상황에서 일어나는 뇌의 화학적 반응' 때문에 실제로 천국에 다녀온 것처럼 착각하는 것이 아니라고 달리 확신할 만한 근거가 과연 있을까?

어떤 약물은 뇌의 화학작용에 영향을 미쳐 육체 밖으로 빠져나온 듯한 느낌을 주는 것으로 알려져 있다. 더욱이 우리가 아는 대로 우리의 원수 사탄은 거짓말쟁이요, 속이는 자다. 그렇다면 임사 체험의 일부 또는 전부가 본질상 마귀적인 성격을 띤 것이라고 말해도 무방하지 않을까?

그러나 다른 각도에서 보면 임사 체험의 이야기는 자신에게 닥친 죽음의 현실이나 사랑하는 사람과의 사별로 인해 고통을 느끼는 사람들에게 위로를 줄 때가 많다. 그런 사람들에게 죽음 너머에 희망이 존재한다는 진리를 부인해야 옳을까? 더욱이 임사 체험을 하고 나서 그리스도를 믿게 된 사람들에 대해서는 또 어떻게 생각해야 할까? 그들의 구원을 기뻐해야 옳지 않을까? 임사 체험을 하고 나서 더욱더 하나님 중심적인 삶을 살기 시작한 그리스도인들의 경우는 또 어떨까? 그들이 새로 발견한 열정을 무시하는 말을 굳이 해야 할 이유가 있을까?

오랫동안 교역자로 나와 함께 일한 한 친구는 정신적 외상에 의한 질병을 앓는 동안 천국의 문 앞까지 갔지만 하나님이 들어오도록 허락하지 않으신 경험을 했다고 말했다. 그에게는 너무나도 생생한 경험인지라 그는 병에서 회복한 후 삶의 모든 측면에 큰 영향을 미치는 몇 가지 중대한 결정을 내렸다. 그는 신학 학위도 있고 신앙심이 깊을 뿐 아니라 성경에도 정통한 사람이었다. 그런데도 그의 말이 주관적으로 들린다고 해서 그의 경험을 무시해야 옳을까?

임사 체험을 연구한 기독교 연구가 이사무 야마모토는 임사 체험을 무작정 무시하거나 액면 그대로 받아들이지 않도록 조심해야 한다고 강조했다.

임사 체험은 주관적인 성격을 띠고 있기 때문에 그 출처를 파악하는 것은 대부분 추측에 의존할 수밖에 없다. 신적인 요인이나 마귀적인 요인을 비롯해 여러 가지 자연적인 요인을 아울러 고려해야 한다. 임사 체험

을 설명할 수 있는 하나의 보편적인 요인을 찾으려는 시도는 매우 위험하다.[8]

우리는 임사 체험을 성경적인 관점에서 생각해야 한다. 즉 임사 체험이 성경의 가르침에 부합하는지 모순되는지, 하나님을 영화롭게 하는지 자아를 높이는지, 경험자가 하나님과 그분의 말씀을 더 많이 알려고 노력하게 되는지 아니면 그저 또 다른 경험을 추구하게 되는지를 엄밀히 따져봐야 한다. 구체적으로 말해 천국에 다녀왔다고 주장하는 사람들의 경험담을 평가할 때는 다음 일곱 가지 원칙을 염두에 두어야 한다.

1. 거의 죽은 것은 죽은 것이 아니다

영화 〈프린세스 브라이드〉에서 미라클 맥스는 이니고 몬토야에게 "여기 있는 네 친구는 거의 죽었어. 거의 죽은 것과 완전히 죽은 것은 큰 차이가 있지. … 완전히 죽은 경우에 네가 할 수 있는 일은 단 한 가지뿐이야. 그의 옷을 뒤져서 동전을 챙기는 것이지"라고 말했다.[9]

성경의 가르침도 이 점에 대해서는 분명하다.

---

[8] J. Isamu Yamamoto, "The Near-Death Experience, Part Two: Alternative Explanations", *Christian Research Journal*, Summer 1992, http://www.iclnet.org/pub/resources/text/cri/cri-jrnl/web/crj0098a.html.

[9] "Miracle Makers", *The Princess Bride*, directed by Rob Reiner (1987; Beverly Hills, CA: MGM Studios, 1999), DVD.

"한번 죽는 것은 사람에게 정해진 것이요 그 후에는 심판이 있으리니"(히 9:27).

이렇게 말하면 "그렇다면 나사로처럼 죽었다가 다시 살아난 사람은 어떻게 된 건가요?"라고 반문할지도 모른다. 앞으로 그런 사람들의 경험에 대해서는 좀 더 자세히 살펴볼 생각이다. 여기에서 기억해야 할 것은 죽음을 두 번씩 겪은 나사로와 같은 사람들은 매우 희귀한 예외에 해당한다는 것이다. 그들이 죽었다가 다시 살아난 것은 특별한 이유가 있다.

기적은 일어난다. 그러나 날마다 일어나지는 않는다. 기적이 날마다 일어난다면 기적이라고 부를 수 없다. 히브리서 9장 27절의 요점은 한 번 죽으면 영원히 살아나지 못한다는 것이 하나님이 정하신 인류의 운명이라는 것이다.

임사 체험은 말 그대로 임사 체험일 뿐이다. 거의 죽었을 뿐, 완전히 죽은 것이 아니다. 따라서 임사 체험자들이 전하는 이야기는 사후의 삶에 관한 이야기와는 아무런 상관이 없다. 이것은 도시 안으로 들어가지 않고 댈러스 근처까지만 여행한 사람이 생스기빙 광장, 클라이드 워렌 공원, 리유니온 타워와 같은 도시의 주요 지형지물에 관해 말할 수 없는 것과 같다.

두 가지 체험(곧 임사 체험과 댈러스 근처까지만 여행한 체험) 모두 확실성이 없다. 낯선 목적지를 여행할 계획을 세우는 사람들에게는 믿을 만한 지도가 필요하다. 영원한 세상을 여행하는 데 필요한 지도는 성경이다. 이런 사실은 임사 체험을 평가하는 데 필요한 두 번째 원칙과 자연스레 연결된다.

2. 성경은 충족하다

『3분』과 To Heaven and Back(천국을 다녀오다)과 같은 책들은 성경만으로는 사후의 삶에 대해 우리가 알아야 할 것을 다 알 수는 없다는 인상을 심어준다. 이런 책들은 사랑하는 사람들을 잃어버린 사람들에게 위로와 희망을 줄지는 모르지만, 슬픔과 고통을 겪는 동안에 하나님의 말씀을 도외시한 채 다른 것을 의지하려는 태도는 결코 바람직하지 못하다.

"성경은 충족하다"라는 알렉스 말라키의 말을 잊지 말라. 바울은 사랑하는 사람들이 세상을 떠나고 나서 당하게 될 일을 궁금해하는 사람들에게 다음과 같은 위로의 말을 전했다.

"형제들아 자는 자들에 관하여는 너희가 알지 못함을 우리가 원하지 아니하노니 이는 소망 없는 다른 이와 같이 슬퍼하지 않게 하려 함이라 우리가 예수께서 죽으셨다가 다시 살아나심을 믿을진대 이와 같이 예수 안에서 자는 자들도 하나님이 그와 함께 데리고 오시리라 우리가 주의 말씀으로 너희에게 이것을 말하노니 주께서 강림하실 때까지 우리 살아남아 있는 자도 자는 자보다 결코 앞서지 못하리라 주께서 호령과 천사

장의 소리와 하나님의 나팔 소리로 친히 하늘로부터 강림하시리니 그리스도 안에서 죽은 자들이 먼저 일어나고 그 후에 우리 살아 남은 자들도 그들과 함께 구름 속으로 끌어 올려 공중에서 주를 영접하게 하시리니 그리하여 우리가 항상 주와 함께 있으리라 그러므로 이러한 말로 서로 위로하라"(살전 4:13-18).

바울은 슬퍼하는 데살로니가 신자들에게 "하나님은 너희가 사랑하는 자들에게 일어난 일에 대해 모르기를 원하지 않으신다. 사후에 그리스도인에게 일어날 일에 관해 너희가 알아야 할 모든 것을 알려주겠다"라고 말했다.

나는 목회 사역을 하면서 슬퍼하는 자들을 위로하고, 절망하는 자들에게 희망을 주고, 의심하는 자들에게 확신을 주기 위해 임사 체험에 관한 책이 필요하다고 느낀 적이 단 한 번도 없었다. 지난 수십 년 동안, 나는 수많은 장례식을 치르면서 죽음의 아픈 현실을 막 경험한 신자 가족들의 얼굴을 직접 보았다. 그들은 성경을 통해 위로의 말씀을 듣는 순간, 즉시 안심하며 위로를 받았다.

3. 성경에 무엇을 더하거나 빼는 것은 죄다

성경은 하나님의 영감으로 기록된 무오하고 영원한 말씀이다. 하나님은 자신의 말씀에 무한한 가치를 부여하셨다. 말씀에 복종하는 사람은 축복을 받고, 복종하지 않는 사람은 저주를 받는다. 축복의 말씀과 저주의 말씀이 요한계시록의 처음과 끝을 장식한다. 요한계시록은 "이 예언의 말씀을 읽는 자와 듣는 자와 그 가운데에 기록한 것을 지키는 자는 복이 있나니"(계 1:3)라는 축복으로 시작해서 다음의 저주로 끝을 맺는다.

"내가 이 두루마리의 예언의 말씀을 듣는 모든 사람에게 증언하노니 만일 누구든지 이것들 외에 더하면 하나님이 이 두루마리에 기록된 재앙들을 그에게 더하실 것이요 만일 누구든지 이 두루마리의 예언의 말씀에서 제하여 버리면 하나님이 이 두루마리에 기록된 생명나무와 및 거룩한 성에 참여함을 제하여 버리시리라"(계 22:18-19).

요한계시록은 신자와 불신자를 막론하고 모든 사람이 사후에 당하게 될 일에 대한 하나님의 확실한 가르침을 전한다. 하나님은 요한계시록에서 우리가 알기를 바라는 것을 모두 알려주셨다. 요한계시록에 기록된 진리에 무엇을 더하거나 빼거나 그것을 왜곡하는 행위는 엄한 징벌을 피할 수 없는 중대한 죄에 해당한다.

천국에 관한 책을 쓰는 사람이면 누구나 이 경고를 진지하게 받아들여야 한다. 불행히도 임사 체험에 관한 책과 이야기(천국에 다녀왔다는 경험담) 가운데 대다수가 요한계시록 22장의 경고를 무시하고 있다. 예를 들어 네 살 된 어린 콜튼 버포가 주장한 대로 성령께서 색깔이 푸르스름하고, (아무도 본 사람이 없는) 성부 하나님이 날개를 달고 계신다는 것이 과연 사실일까?[10]

4. '빛의 존재'로 묘사된 존재의 정체를 의심해야 한다

임사 체험을 한 사람이 모두 다 빛의 존재를 만난 것은 아니다. 그러나 그런 경험을 했다는 사람들은 그 존재가 예수님이었다고 주장한다. 그런데 이상하게도 그들의 주장 가운데는 예수님이 하나님의 말씀과 모순되는 말씀을 하셨다는 내용이 발견된다. 예를 들면 다음과 같다.

"죄는 문제가 아니다."
"지옥은 없다."
"모든 사람이 천국에 간다."
"모든 종교가 다 참되다."

그러나 "예수 그리스도는 어제나 오늘이나 영원토록 동일"(히 13:8)하신데 이것이 어떻게 가능하단 말인가? 위의 말들은 예수님이 세상에 있는 동안 베푸신 가르침과 정면으로 모순된다. 따라서 우리는 임사 체험을 한 사람들이 만났다고 주장하는 존재가 적그리스도, 즉 거짓

---

10) 콜튼 버포가 성령과 성부 하나님을 묘사한 내용에 대해 자세히 알고 싶으면 다음의 자료를 참조하라. "Frequently Asked Questions", Heaven Is for Real Ministries, http://www.heavenlive.org/about/faq.

그리스도라고 결론지을 수밖에 없다.

이사무 야마모토는 이런 말에 반론이 제기될 것을 예상하고 먼저 다음과 같은 반론의 예를 제시했다.

"빛의 존재가 사랑과 기쁨과 평화를 넘치게 베풀고, 사람들에게 상호 간의 사랑을 독려하는데 어떻게 그런 결론을 내릴 수 있을까?"

그런 후 다음과 같은 적절한 대답을 내놓았다.

그런 주장을 비판하기는 어렵다. 그보다는 쇠스랑을 든 뿔이 난 마귀, 곧 사람들에게 "서로 미워하고 해치고 반역하라"고 부추기는 마귀를 비판하는 것이 훨씬 더 쉽다. 그러나 영적 전쟁은 대개 원수의 정체를 파악하기 어려운 싸움이다. 원수 마귀는 종종 사랑스러운 친구처럼 위장한다. 항상 그런 식의 속임수를 사용한다. 그는 에덴 동산에서 그 무기를 사용했고, 그 후로 그것은 그의 무기고에서 가장 치명적인 무기 가운데 하나가 되었다. 바울은 디모데에게 "후일에 어떤 사람들이 믿음에서 떠나 미혹하는 영과 귀신의 가르침을 따르리라"(딤전 4:1)고 경고했다. 물론 가장 악한 속임수는 마귀가 하나님을 가장하는 것이다. "사탄도 자기를 광명의 천사로 가장하나니"(고후 11:14)라는 바울의 말은 한 치도 틀리지 않은 사실이다.[11]

---

11) Yamamoto, "The Near-Death Experience, Part Two: Alternative Explanations."

사탄의 전략은 비전투 시민으로 가장해 연합군이 적과 아군을 구별하기 어렵게 만드는 테러분자의 전략과 흡사하다. 사탄이나 그의 수하인 귀신이 그리스도의 가면으로 적그리스도의 마음을 가리는 위장 전략을 사용해 누군가를 속인다면 결국 천국에 갈 사람이 하나 더 줄어드는 셈이다.

설상가상으로 인기 있는 사상가 디네시 디수자는 "우리는 문화적인 렌즈로 우리의 경험을 해석한다"라는 관찰 결과를 제시했다. 이 말은 우리가 보고 싶어 하는 것만 본다는 뜻이다. 디수자는 "그리스도인은 빛의 존재를 보고 그것이 예수님이라 말하고, 무슬림은 그것이 무함마드라고 말한다. 예수님이나 무함마드가 어떻게 생겼는지는 아무도 모르고, 또 빛의 존재가 명찰을 달고 있는 것도 아니기 때문에 그런 식으로 신분을 단정하는 것은 문화적인 투사에 의한 결과일 수밖에 없다"라고 덧붙였다.[12]

이것이 사실이라면 임사 체험을 통해 천국에 가서 빛의 존재를 보았다고 주장하는 사람들의 진정성은 의문시되어야 마땅하다. 천국에서는 빛의 존재의 신분에 관해 선택할 수 있는 여지가 예수님과 무함마드로 나뉘지 않을 것이 틀림없다. 천국에서 선택할 수 있는 신분은 오직 하나, 예수님밖에 없다.

---

12) Dinesh D'Souza, *Life After Death: The Evidence* (Washington, DC: Regnery, 2009), 68.

5. 신비주의를 경계하라

임사 체험 도중에 빛의 존재를 만났다고 주장하는 사람들은 그리스도를 가장한 귀신을 만났을 가능성이 매우 크다. 그것은 하나님을 체험한 것이 아니라 일종의 신비주의를 경험한 것이다. 실제로 임사 체험은 신비적인 주술 행위를 하는 사람들이 말하는 유체 이탈과 비슷하다. 두 경우 모두 "다른 세상과 접촉했고 그 결과 자신들의 세계관이 바뀌었다"고 주장한다. 그들은 또한 투시력(자연적인 수단을 초월해 과거나 현재나 미래에 관한 것을 예지하는 능력)과 텔레파시(다른 사람에게 생각을 전달하거나 그들의 생각을 읽는 능력)를 지니게 되었다고 주장한다.

예를 들어 국제 임사 체험 협회 대표 다이앤 코커랜은 캘리포니아 뉴포트 해변에서 개최된 2014년 연례 콘퍼런스의 개회 연설에서 임사 체험으로 인한 장기적인 심령 효과는 그 경험 자체만큼이나 중요하다고 강조했다. 당시의 콘퍼런스를 취재했던 기드온 리치필드는 〈디 애틀랜틱〉에 다음의 기사를 게재했다.

코커랜은 임사 체험을 하고서도 수년 동안 그 사실을 의식하지 못하고 있다가 그로 인한 효과를 감지하고 나서야 비로소 전후 상황을 이해하게 된 사람들이 많다고 말했다. 그런 효과에는 빛이나 소리나 특정한 화학물질에 대한 감수성이 가일층 강화되거나, 때로는 잘못을 너그럽게 받아주는 등 성품이 좀 더 관대하고 자상하게 바뀌거나, 시간 의식 혹은 경제관념이 흐릿해지거나, 모든 사람을 무조건 사랑하는 까닭에 가족친지와 친구들에게 부담을 주거나, 전자 장비에 이상한 영향을 미치는 것과 같은 현상들이 포함된다. 코커랜에 따르면 한 임사 체험 콘퍼런스에서 호텔의 컴퓨터 시스템이 다운되는 일이 있었다고 한다. 그녀는 "임사 체험자들이 한 호텔에 400명이 모여 있으면 무엇인가가 일어난다"라고 말했다.[13]

즉 코커랜은 누군가의 발에 걸려 벽의 콘센트에서 플러그가 우연히 빠진 게 아니라는 말이다. 그녀의 말은 400명의 임사 체험자들에게서 발산되는 심신 통합적 에너지가 호텔 컴퓨터들의 기능을 마비시켰다는 뜻이다. 만일 그런 일이 실제로 일어났다면 그것을 일으킨 힘은 빛의 왕국인 하나님의 나라가 아닌 어둠의 나라에서 비롯한 것으로 이해해야 한다. 신비주의나 점술은 신구약 성경의 가르침과 정면으로 배치되는 영적 전염병과 같은 것이기 때문에 반드시 피해야 한다.[14]

6. 하나님에게서 비롯한 계시는 무엇이든 예수님의 죽음과 부활이 그 중심을 차지한다

어떤 사람들은 사울(바울)이 땅에 엎드러졌을 때 임사 체험을 했고, 그 순간 눈을 멀게 하는 빛을 보고 회심을 경험했다고 주장한다. 누가는 사울의 경험을 다음과 같이 증언했다.

---

13) Lichfield, "Science of Near-Death Experiences."
14) 신 18:10-13; 갈 5:19-21; 계 21:8 참조.

"사울이 길을 가다가 다메섹에 가까이 이르더니 홀연히 하늘로부터 빛이 그를 둘러 비추는지라 땅에 엎드러져 들으매 소리가 있어 이르시되 사울아 사울아 네가 어찌하여 나를 박해하느냐 하시거늘 대답하되 주여 누구시니이까 이르시되 나는 네가 박해하는 예수라 너는 일어나 시내로 들어가라 네가 행할 것을 네게 이를 자가 있느니라 하시니"(행 9:3-6).

임사 체험자들이 보기에는 사울의 회심이 임사 체험처럼 보일는지도 모른다(찬란한 빛, 예수님과의 만남, 삶의 변화, 임사 체험자들이 종종 듣곤 하는 '미치광이'라는 비난 등). 그러나 그렇게 생각하기에는 많은 문제가 뒤따른다.

첫째, 바울은 건강한 상태였으며, 죽음을 앞두고 회심하지 않았다.

둘째, 그가 본 빛은 임사 체험의 전형적인 빛과 다르다. 왜냐하면 그 빛은 실제로 바울의 눈을 멀게 했기 때문이다(그는 나중에 시력을 되찾았다).

셋째, 바울은 아그립바 왕에게 자신의 경험담을 들려주면서 임사 체험과 비슷한 현상을 암시하는 말을 단 한마디도 하지 않았다.

넷째, 바울이 만난 예수님은 임사 체험자들이 만난 예수님과는 달리, 자신의 이름으로 복음을 전하라는 사명(즉 사람들에게 회개의 말씀을 전해 겸손히 그리스도의 주재권을 인정하게 하라는 사명)을 부여하셨다.[15]

마지막에 언급한 차이가 특별히 중요하다. 임사 체험을 했다고 주장하는 사람들도 나중에 그리스도를 믿고 그분의 죽음과 부활을 자신

---

15) Rhodes, *Wonder of Heaven*, 241.

들이 전하는 이야기의 핵심으로 삼기는 하지만 그들의 경험의 초점은 대부분 그들 자신이나 이렇다 할 특징이 없는 천상의 존재에 있다. 그러나 바울의 경우는 그렇지 않았다. 그는 다메섹 도상에서 예수님을 처음 만난 순간부터 마지막 숨을 거둘 때까지 하나님의 유일한 아들이신 예수 그리스도에게만 초점을 맞추었다.

그는 고린도 신자들에게 "내가 너희 중에서 예수 그리스도와 그가 십자가에 못 박히신 것 외에는 아무 것도 알지 아니하기로 작정하였음이라"(고전 2:2)고 말했다. 이 말에는 그가 일평생 어떤 신념을 지니고 살았는지가 분명하게 드러나 있다. 예수 그리스도와 그분을 믿는 사람들에게 구원을 가져다주는 유일무이한 복음의 메시지를 배제하는 임사 체험담은 참으로 수상쩍기 그지없다.

7. 성경은 임사 체험담을 기록하고 있지 않다

임사 체험담을 평가할 때 물어야 할 질문은 "성경이 임사 체험담을 기록하고 있는가?"라는 것이다. 어떤 사람들은 나사로, 예수님, 스데반, 바울, 요한을 예로 들어 "그렇다"고 대답한다. 나중에 이들의 경험을 하나씩 살펴볼 생각이다. 그러나 그러기 전에 한 가지 분명히 말해두어야 할 것이 있다. 즉 하나님이 과거에 이따금 죽은 자를 살리신 이유는 영적 진리를 확실하게 뒷받침하기 위해서였다는 것이다(그들은 실제로 죽었다). 하지만 신약성경 시대 이후 하나님은 죽은 자를 살리던 일을 중단하셨다. 그 이유는 사도들이 전하는 메시지의 진실성을 더 이상 확증할 필요가 없었기 때문이다. 일단 신약성경이 완성된 후부터는 누가 하나님에게서 메시지를 받았다고 주장하더라도 그 주장의 진위를 '죽은 사람을 살리는 능력'이 아닌 '성경을 믿는 믿음'으로 판별해야 했다. 이 원칙은 오늘날에도 똑같이 적용된다. 그러나 신약성경이 완성되기 전에는 하나님이 죽은 자를 살리신 적이 더러 있었다.

- 엘리야와 사렙다 과부의 아들(왕상 17:18-37)
- 엘리사와 수넴 여인의 아들(왕하 4:18-37)
- 에스겔과 마른 뼈가 가득한 골짜기(겔 37:1-14)
- 예수님과 야이로의 딸(마 9:18-19, 23-26; 막 5:22-24, 35-43; 눅 8:41-42, 49-56)
- 예수님과 나인 성 과부의 아들(눅 7:11-15)
- 베드로와 다비다(행 9:36-43)
- 바울과 유두고(행 20:6-12)
- 이름이 알려지지 않은 성도들(히 11:35)

그러나 이런 사례들 가운데 임사 체험과 비슷한 것은 하나도 없다. 왜냐하면 임사 체험의 기본 특징인 죽음 저편의 세계에서 무엇을 보았다는 말이 전혀 발견되지 않기 때문이다.

나사로가 다시 살아난 극적인 사건을 생각해보라. 예수님은 죽은 지 나흘이나 된 그를 다시 살려내셨다(요 11:17, 39, 43-44). 나사로가 천국에서 무엇을 보았다거나 들었다거나 경험했다는 말이 요한복음 어디에서도 발견되지 않는다.

예수님은 죽은 자 가운데서 다시 살아난 가장 대표적인 사례에 해당하신다. 사복음서가 모두 예수님이 죽어 장사되었다가 사흘 만에 죽은 자 가운데서 부활하셨다고 증언한다. 그러나 예수님은 십자가에 매달려 죽어가는 동안 전형적인 임사 체험의 현상을 단 한 가지도 경험하지 않으셨다. 그분은 상식을 벗어난 유체 이탈을 경험하지도 않았고, 터널을 지나 빛을 향해 나가지도 않았으며, 말로 다할 수 없는 평화도 느끼지 않으셨다.

오히려 예수님은 모든 의식이 또렷했고, 자기를 십자가에 못 박은 자들을 용서했으며, 강도 가운데 한 사람에게 낙원을 약속했고, 모친과 제자 요한에게 말씀했으며, 성부 하나님께 자신의 영혼을 의탁하는 기도를 드리셨다. 또한 예수님은 죽은 자 가운데서 다시 살아난 후에 천국에서의 경험담을 들려주지도 않으셨다(그분은 거의 죽은 것이 아니라 완전히 죽었다가 부활하셨다). 그분은 제자들에게 "하나님 나라의 일을 말씀" 하심으로써(행 1:3) 앞으로의 사역을 위해 그들을 준비시키셨다.

아마도 성경에서 임사 체험과 가장 유사한 경험을 기록한 내용이 있다면 돌에 맞아 죽어가는 스데반에 관한 기록일 것이다.

"그들이 이 말을 듣고 마음에 찔려 그를 향하여 이를 갈거늘 스데반이 성령 충만하여 하늘을 우러러 주목하여 하나님의 영광과 및 예수께서 하나님 우편에 서신 것을 보고 말하되 보라 하늘이 열리고 인자가 하나님 우편에 서신 것을 보노라 한대"(행 7:54-56).

예수님을 만나고, 하나님을 보고, 천국의 문이 열린 것을 목격하는 등 임사 체험의 특징 가운데 일부가 스데반의 사건에 나타난다. 그러나 스데반의 사건에서는 그것을 임사 체험으로 분류할 수 없는 중요한 특징이 몇 가지 발견된다.

첫째, 스데반이 예수님과 천국을 본 것은 돌에 얻어맞기 전에 일어난 일이다. 스데반의 경험이 임사 체험이었다면 돌에 얻어맞은 후, 곧 죽기 직전에 그런 광경을 보았어야 한다.

둘째, 성경은 스데반이 예수님과 천국을 보게 된 이유는 '성령이 충만했기' 때문이라고 말씀한다. 이것은 하나님의 성령께서 그의 눈을 열어 하늘의 영역을 볼 수 있게 하셨다는 뜻이다. 나는 임사 체험을 했다고 주장하는 사람들이 자신의 경험을 성령에게서 기인한 것으로 말하는 소리를 들어본 적이 없다.

셋째, 스데반의 환상은 이사야, 에스겔, 다니엘과 같은 사람들이 보았던 환상과 다르지 않다. 그들 가운데 거의 죽은 상태에서 천국의 영광스러운 광경을 본 사람은 아무도 없다.

넷째, 스데반이 거의 죽어갈 즈음, 누가는 예수님과 천국에 대한 그의 환상이 아니라, 자신의 영혼을 의탁하며 돌을 던진 사람들을 위해 용서를 구했던 그의 기도에 초점을 맞추었다.

"그들이 돌로 스데반을 치니 스데반이 부르짖어 이르되 주 예수여 내 영혼을 받으시옵소서 하고 무릎을 꿇고 크게 불러 이르되 주여 이 죄를 그들에게 돌리지 마옵소서 이 말을 하고 자니라"(행 7:59-60).

마지막으로 스데반은 '거의 죽은 것'이 아니라 실제로 죽었다. '완전히 죽었거나 거의 죽은' 사람이 천국을 잠시 돌아보고 와서 자신의 경험담을 기록한 베스트셀러 책을 펴냈다는 내용이 성경 어디에서도 발견되지 않는다는 사실은 아무리 강조해도 지나치지 않다.

어떤 사람들은 "하지만 바울 사도는 그런 경험을 했다고 말하지 않습니까?"라고 반문할지도 모른다. 바울 사도가 "셋째 하늘에 이끌려 간" 것은 사실이다(고후 12:2). 이것을 임사 체험과 동일시하는 사람들이 있다. 그러나 바울의 경험은 두 가지 이유에서 임사 체험과 완연히 다르다.

첫째, 바울이 그런 경험을 했을 때 거의 죽기 직전에 이르렀다고 암시하는 내용이 전혀 없다. 그는 자신이 천국에 육체의 상태로 간 것인지("몸 안에 있었는지"), 영혼의 상태로 간 것인지("몸 밖에 있었는지") 확실히 알 수 없다고 말했지만, 그가 '완전히 죽었거나 혹은 거의 죽어가는' 상태가 아니었던 것은 확실하다.

둘째, 바울은 자신의 경험담이나 천국을 본 목격담을 자세하게 기록하지 않았다. 그는 본 것과 들은 것을 말하지 말라는 지시를 받았다. 신약성경의 거의 절반을 기록한 가장 위대한 기독교 신학자 바울에게도 '천국 목격담'을 기록하지 말라는 명령을 하셨는데, 하나님이 오늘날 누구에게 "직접 목격한 천국 이야기를 책으로 쓰라"는 권위를 주셨겠는가? 그럴 리가 만무하지 않겠는가? 이것은 확실히 깊이 생각해볼 가치가 있는 물음이다. 만일 거의 죽은 상태에서 천국에 다녀온 경험담을 쓸 만한 자격을 갖춘 사람이 있다면 그건 바로 바울 사도일 것이다.

이 모든 사실이 의미하는 것은 무엇일까? 간단히 말해 우리가 오늘날 종종 듣곤 하는 임사 체험과 같은 이야기는 성경에 전혀 존재하지 않는다는 것이다. 물론 하나님은 얼마든지 누군가에게 그런 경험을 허락하실 능력이 있고, 또 기꺼이 그렇게 하실 수도 있다. 그러나 성경은 임사 체험을 인정하지 않는 것처럼 보인다.

회의주의자들은 임사 체험이 외계인에 의한 납치나 심리적 능력이나 초심리학과 마찬가지로 사실이 아니라고 주장한다. 그들은 그런 것들이, 쉽게 속아 넘어가는 어리석은 사람들을 이용해 손쉽게 돈을 벌려는 사기꾼들의 농간에 지나지 않는다고 생각한다. 그들에게 임사 체험자들은 엉터리 약을 만병통치약이라고 선전하는 협잡꾼과 아무런 차이가 없다.

일반적인 회의주의자들처럼 임사 체험을 냉소적으로 무시할 필요까지는 없더라도, 누군가가 임사 체험을 했다고 주장하며 천국이 사실이라고 말할 때는 경각심을 가지고 대해야 할 충분한 이유가 있다. 이미 살펴본 대로 예수님은 우리를 위해 천국에 거처를 마련할 것이라고 약속하셨다.

우리가 '천국이라고 불리는' 놀라운 장소에 관해 알아야 할 모든 것은 전부 성경에 계시되어 있다. 다음 장부터는 우리의 미래의 고향에 관해 성경이 가르치는 놀랍고도 감격스러운 진리들을 집중적으로 살펴볼 생각이다.

4장

그리스도인은 죽으면 즉시 천국에 가는가?

> "
> 우리가 … 몸으로 있을 때에는
> 주와 따로 있는 줄을 아노니 …
> 우리가 담대하여 원하는 바는
> 차라리 몸을 떠나 주와 함께 있는 그것이라
> 고후 5:6, 8
> "

한 부부는 미네소타의 겨울이 기승을 부리자 플로리다 해변에 가서 몸을 녹이기로 했다. 그러나 아내는 개인적인 일 때문에 하루를 더 집에 머물다가 남편이 떠난 다음 날에 뒤따라갈 계획을 세웠다. 키웨스트에 도착한 남편은 호텔에 가서 짐을 풀고 해변에 나가기 전에 아내에게 짧은 이메일을 보냈다. 불행히도 그는 빨리 밖에 나가려고 서두르다가 아내의 이메일 주소의 문자 두 개를 뒤바꾸어 적고 말았다.

그러는 사이 시카고에 있는 한 목회자의 아내는 42년 동안 함께 살아온 남편의 장례를 막 치르고 난 뒤였다. 장례식을 마치고 집에 돌아온 그녀는 남편을 잃은 상실감과 피로로 인해 심신이 녹초가 된 상태에서 혹시나 자신의 슬픈 마음을 달래줄 위로의 메시지가 있지 않을까 싶어 이메일을 열어보았다. 발신자의 주소를 확인하지 않은 그녀는 첫 번째 메일을 확인하는 순간 놀라 비명을 지르고는 정신을 잃고 쓰러졌다. 황급히 방 안으로 뛰어 들어온 딸은 바닥에 쓰러진 그녀를 발견하고 흔들어 일으켰다. 그러고는 메일을 읽었다.

사랑하는 아내에게,

이 메일을 보면 틀림없이 놀랄 거요. 나는 막 도착해서 숙박 수속을 마쳤소. 당신이 이곳에 올 때까지 기다리기 어렵다는 짧은 메일을 보내고 싶었소. 직원들이 모든 것을 당신을 위해 준비해 놓았다오. 내일 당신을 보기를 기대하오. 모든 것이 계획대로 된다면 당신도 나처럼 이곳에 신속하게 오게 될 것이요.

추신: 이 밑은 확실히 뜨겁소. 당신도 좋아할 것이오.

신학자 라인홀드 니버는 "그리스도인이 천국의 가구들이나 지옥의 온도를 안다고 주장하는 것은 지혜롭지 못한 일이다"라고 말했다.[1] 니버의 경고에는 상당한 진실이 담겨 있지만 나는 지옥이 키웨스트보다 무한히 더 뜨거울 것이라고 자신 있게 말할 수 있다.

또한 새 하늘과 새 땅에 관한 성경의 가르침에 비춰볼 때 키웨스트는 하나님이 우리를 위해 예비하고 계시는 미래의 고향에 견주면 그 아름다움이 태양 앞의 반딧불조차도 되지 않을 것이다. 한 가지 분명한 사실은 모든 인간은 죽을 때 천국과 지옥, 둘 중 한 곳에 간다는 것이다.

---

1) David L. Chappell, *A Stone of Hope: Prophetic Religion and the Death of Jim Crow* (Chapel Hill: University of North Carolina Press, 2004), 50.

랜디 알콘은 『천국』이라는 책에서 이렇게 말했다.

"전 세계적으로 1초당 3명, 1분당 180명, 1시간당 1만 1,000명이 죽는다. 사후에 우리에게 일어날 일에 관한 성경의 가르침이 옳다면 매일 최소한 25만 명 이상이 천국이나 지옥으로 가고 있는 셈이다."[2]

매일 25만 명이 지구를 떠나 두 곳 중 한 곳으로 향한다니, 참으로 정신이 번쩍 드는 통계가 아닐 수 없다. 이런 수치는 "그 누구도 살아서 세상을 떠날 수 없다"라는 옛 격언이 한 치도 틀림없음을 보여준다. 그렇다면 신자와 불신자를 막론하고 그 누구도 죽음을 피할 수 없는 이유는 무엇일까?

살아 있는 자들이 죽어야 하는 이유

죽음은 우리 모두를 감염시킨, 우주적인 질병인 죄의 결과다. 솔로몬은 죽음을 모든 사람의 운명이라고 선언했다(전 9:3). "의인과 악인 … 깨끗한 자와 깨끗하지 아니한 자 … 선인과 죄인" 모두가 죽는다(전 9:2). 죽음의 보편성이 세계 전역에서 이루어지는 장례식과 공동묘지에서 구체적으로 확인된다. 시드로 백스터는 이렇게 말했다.

수많은 공동묘지가 인간은 유한하며, 살아 있는 자는 모두 죽어가고 있

---

2) Alcorn, *Heaven*, xix.

다고 쉴 새 없이 외친다. 죽음이 남긴 인류의 잔해들이 즐비하다. 우리가 살고 있는 이 행성은 인류의 거대한 공동묘지가 아니고 무엇인가?[3]

죽음이 모든 사람의 운명인 이유는 남녀노소를 막론하고 모두가 하나님께 죄를 지었기 때문이다. 바울은 로마서 3장 23절에서 "모든 사람이 죄를 범하였으매 하나님의 영광에 이르지 못하더니"라고 말했다. "죄의 삯은 사망이요"(롬 6:23)라고 바울이 말한 대로, 죄(하나님의 도덕법을 어기는 행위)의 형벌은 죽음이다.

인류 역사의 시작부터 죽음은 죄에 대한 정당한 형벌이었다. 하나님은 아담과 하와에게 선악을 알게 하는 나무의 열매를 따 먹지 말라는 명령을 어길 경우에는 죽을 것이라고 경고하셨다. 그 경고대로 그들은 죽었다.

에녹과 엘리야처럼 살아서 종말에 공중으로 들릴 신자들을 제외하고는 아담과 하와 이후로 그 누구도 죽음을 피할 수 없다. 죽음이 우리 모두를 기다리고 있다는 사실은 많은 사람들에게 두려움을 불러일으킨다. 욥은 죽음을 "공포의 왕"(욥 18:14)으로 일컬었다. 시편 저자는 자신의 마음이 심히 아픈 이유가 '사망의 위험이 … 이르렀기 때문'이라고 말했다(시 55:4). 히브리서 저자는 죽음을 가리켜 인류를 두려움으로 옥죄는 노예 주인에 빗대었다(히 2:15).

---

[3] J. Sidlow Baxter, *The Other Side of Death: What the Bible Teaches About Heaven and Hell* (Grand Rapids: Kregel Publications, 1987), 22.

예수 그리스도를 믿는 믿음 없이 죽음에 직면한 사람들에게는 죽음이 그야말로 악몽 중에 가장 무서운 악몽이 아닐 수 없다. 영화배우 잭 니콜슨은 죽음의 공포를 알고 있다. 그는 두 사람의 말기 암 환자가 '양동이를 걷어차기 전에' 즉 '죽기 전에' 항상 해보고 싶었던 일을 하기 위해 병원에서 나와 여행을 떠나는 과정을 그린 영화 〈버킷 리스트〉에서 연기를 하는 동안, 자신의 유한성을 깊이 고민했다. 그는 영화를 선전하는 인터뷰에서 이렇게 말했다.

> 나는 너무나도 자유롭게 살았다. 우리 세대의 표어는 "줏대 있게 살라"였다. 나는 항상 "이봐요. 당신이 원하는 대로 규칙을 세워요. 나는 내 규칙을 세울 테니까요. 그로 인한 결과는 무엇이 되든 기꺼이 치를 것이요"라고 말했다. 나는 나의 길을 선택했다. 그것이 50대가 한참 지날 때까지 내가 지녔던 철학적 입장이었다. 그런데 나이를 먹어가면서 조정이 필요했다. … 우리 모두는 영원히 살기를 원한다. 그렇지 않은가? 우리는 미지의 세계를 두려워한다. 모든 사람이 그 벽에 부딪치지만 그 너머에 무엇이 있는지 아는 사람은 아무도 없다. 그것이 우리가 죽음을 두려워하는 이유다.[4]

불신자들이 죽음을 두려워하는 것은 충분히 이해할 수 있는 일이다.

---

4) Rhodes, *Wonder of Heaven*, 26–27.

그들은 무덤 저편에서 무엇이 자기들을 기다리고 있는지 알지 못한다. 그러나 심지어 신자들에게도 죽음과 노쇠에 대한 전망은 두렵게 느껴질 수 있다. 조니 에릭슨 타다는 이렇게 말했다.

> 쇠약해지는 나의 육체를 보면 그 마지막 단계가 어떻게 될지 궁금해진다. 짧고 달콤할까? 아니면 길고 고통스러울까? 남편이 나를 돌봐줄 수 있을까? 아니면 사지가 마비된 상태라서 요양원에서 지내는 것이 더 나을까? 나는 죽음이 아닌 죽어가는 것이 두렵다.[5]

죽음에 대한 생각은 우리 모두에게 두려움과 공포를 불러일으킨다. 그러나 우리가 이 세상을 떠날 때 어떤 운명을 맞이하게 될 것인지를 알면 그런 두려움이 크게 줄어들 것이다.

죽은 자들이 가는 곳

신학교 시절 나의 정신적 스승 가운데 하나였던 하워드 헨드릭스는 항상 학생들에게 천국에 대한 희망을 말씀 선포의 핵심으로 삼으라고 조언했다. 그 이유는 생명을 발견할 수 있는 곳이 천국이기 때문이다. 그는 "우리는 산 자의 땅에서 죽은 자의 땅으로 가는 중이 아니라 죽

---

[5] Tada, *Heaven: Your Real Home*, 201.

은 자의 땅에서 산 자의 땅으로 가는 중이다"라고 말하곤 했다. 너무나도 분명한 사실이 아닐 수 없다.

그리스도인들에게 죽음은 삶의 끝이 아닌 시작, 곧 진정한 삶의 시작이다. 그러나 불신자들에게 죽음은 성경이 "둘째 사망"으로 일컫는 것의 시작이다(계 20:14). 그것은 하나님으로부터 영원히 소외된 존재 양식을 의미한다.

세상에 태어난 모든 사람에게는 예수 그리스도를 통해 값없이 주어지는 구원을 받아들일 것인지 거부할 것인지를 선택할 기회가 주어진다. 그것은 현세에서만 결정할 수 있는 선택이다. 일단 죽음의 문을 지나 사후 세계에 들어간 뒤에는 더는 선택의 기회가 없다.

인디애나 공동묘지에 가면 100년 된 묘비에 쓰인 비문이 하나 발견된다. 그 비문은 모두에게 주어지는 죽음의 확실성을 생생하게 상기시킨다.

낯선 이여, 내 옆을 지나거든 잠시 멈추라.
지금 그대가 살아 있듯 나도 한때는 살아 있었다.
지금 내가 누워 있듯 그대도 언젠가는 이렇게 될 것이다.
그러니 죽음을 맞이할 준비를 하고 나를 따라오라.

신원 불명의 묘지 방문객은 그 묘비를 보고 잠시 생각에 잠기더니 다음과 같이 대답을 적었다.

그대가 어디로 갔는지를 알기 전에는

그대를 선뜻 따를 마음이 없다.[6]

죽을 것인지 아닌지는 왈가왈부할 문제가 못 된다. 진정한 문제는 "죽은 후에 어디로 가느냐?" 하는 것이다. 이 질문에 대한 대답은 "예수 그리스도를 믿고 죄 사함을 받았는가?"라는 또 다른 질문을 통해서만 알 수 있다. 우리의 영원한 운명은 이 질문에 어떻게 대답하느냐에 달려 있다.

가능한 두 가지 운명

성경은 스올, 음부, 아브라함의 품, 낙원 등 다양한 표현을 사용해 죽은 자들이 가게 될 미래의 장소를 묘사하지만 궁극적으로는 천국과 지옥이라는 두 장소뿐이다.

앞서 2장에서 말한 대로 천국은 현재의 천국(하나님이 거하시는 "셋째 하늘"-고후 12:2)과 우리를 위해 건설 중인 미래의 천국(계 21:1-2)으로 나뉜다. 현재의 천국은 '일시적인 천국'이고 미래의 천국은 '영원한 천국'이다(9장에서 지옥에 대해 좀 더 자세히 살펴볼 예정이다. 지옥도 천국처럼 일시적인 고통의 장소와 영원한 고통의 장소로 나뉜다).

---

[6] Rhodes, *Wonder of Heaven*, 48.

그리스도인은 죽으면 어디로 가는가?

죽음 직후 신자들의 영혼은 하나님이 계시는 셋째 하늘로 간다. 큰 위로와 희망이 되는 이 사실에 대해 우리는 예수님의 약속을 근거로 확신을 가질 수 있다. 예수님은 믿음을 고백한 십자가의 강도에게 "내가 진실로 네게 이르노니 오늘 네가 나와 함께 낙원에 있으리라"(눅 23:43)고 말씀하셨다.

스데반은 돌에 얻어맞으면서 죽는 즉시 예수님과 함께 있을 것을 예상했다. 그래서 "주 예수여 내 영혼을 받으시옵소서"(행 7:59)라고 부르짖었다. 바울은 "세상을 떠나서 그리스도와 함께 있는 것"을 원했다(빌 1:23). "떠나서"로 번역된 헬라어는 항해를 하기 위해 밧줄을 풀고 항구를 떠나는 배를 가리킬 때 사용되었다. 바울을 세상에 붙잡아 매어놓은 밧줄은 복음 사역에 대한 그의 열정이었다. 그러나 그의 궁극적인 바람은 그리스도를 향해 '떠나는 것'이었다.

신자가 죽는 순간에 일어나는 일은 고린도후서 5장에서 가장 정확하게 설명된다.

"그러므로 우리가 항상 담대하여 몸으로 있을 때에는 주와 따로 있는 줄을 아노니 이는 우리가 믿음으로 행하고 보는 것으로 행하지 아니함이로라 우리가 담대하여 원하는 바는 차라리 몸을 떠나 주와 함께 있는 그것이라"(고후 5:6-8).

원문의 복잡한 문법을 일일이 따질 생각은 없고, 다만 두 가지 중요한 사실만을 간단히 언급하고 싶다.

첫째, 6절의 "우리가 … 몸으로 있을 때에는"과 "주와 따로 있는 줄을 아노니"라는 문구는 지속적인 상태를 뜻하는 현재 시제를 사용하고 있다. 따라서 6절은 "그러므로 우리가 항상 담대하여 '계속해서' 몸으로 있을 때에는 '계속해서' 주와 따로 있을 줄을 아노니"라고 고쳐 말할 수 있다.

다시 말해 우리의 몸이 이곳 세상에 있는 동안에는 하늘에 계시는 그리스도와 함께 있을 수 없다. 이것은 내가 댈러스에서 아내와 함께 집에 있으면서 동시에 뉴욕의 외진 호텔에 있을 수 없는 이치와 같다.

둘째, "몸을 떠나 주와 함께 있는"은 지속 상태가 아닌 완료 상태를 의미한다. 따라서 8절은 "우리가 담대하여 원하는 바는 차라리 몸을 '완전히' 떠나 '마침내' 주와 함께 있는 그것이라"고 고쳐 말할 수 있다.

나는 집을 떠나 있는 동안 정확히 그런 심정을 느낀다. 뉴욕을 완전히 떠나 집에서 아내와 함께 있기를 원한다. 집을 떠나 있는 동안, 나는 항상 아내를 생각하며 서둘러 그녀에게로 돌아갈 생각만 한다. 그리고 일단 집에 돌아오면 낯선 도시의 외진 호텔에 있기를 더 이상 바라지 않는다.

이것이 바울이 고린도후서 5장 6-8절에서 말하고자 했던 요점이다. 세상에 있는 것은 하늘에 없는 것이고, 세상에 없는 것은 곧 하늘에 있는 것이다. 일단 세상에서의 육체를 떠나면(육체는 나비가 찢고 날아가는 고치에 불과하다) 우리의 영혼은 즉시 그리스도께서 계시는 하늘로 올라간다. 우리는 그곳에서 영원한 육체를 얻게 될 때를 기다린다. 이 점에 대해서는 뒤에서 좀 더 자세히 살펴볼 생각이다.

셋째 하늘_ 우리의 일시적인 참된 고향

새 하늘과 새 땅이 완성되기까지, 세상을 떠난 그리스도인은 모두 하나님이 계시는 셋째 하늘로 즉시 올라간다. 바울 사도는 휴거가 일어날 때 모든 그리스도인들이 영화롭게 된 새 육체를 얻어 영원히 살게 될 것이라고 말했다. 여기에서 '모든 그리스도인'이란 휴거가 일어날 당시 세상에 살고 있는 그리스도인들을 비롯해(이들은 죽음을 경험하지 않는다) 휴거 이전에 죽은 그리스도인들까지 모두 포함한다(바울은 그들을 "그리스도 안에서 죽은 자들"로 일컬었다).

> "주께서 호령과 천사장의 소리와 하나님의 나팔 소리로 친히 하늘로부터 강림하시리니 그리스도 안에서 죽은 자들이 먼저 일어나고 그 후에 우리 살아 남은 자들도 그들과 함께 구름 속으로 끌어 올려 공중에서 주를 영접하게 하시리니 그리하여 우리가 항상 주와 함께 있으리라 그러므로 이러한 말로 서로 위로하라"(살전 4:16-18).

바울은 휴거가 일어날 때 살아 있는 그리스도인들과 "그리스도 안에서 죽은 자들"이 경험하게 될 즉각적인 변화를 다음과 같이 묘사했다.

"보라 내가 너희에게 비밀을 말하노니 우리가 다 잠 잘 것이 아니요 마지막 나팔에 순식간에 홀연히 다 변화되리니 나팔 소리가 나매 죽은 자들이 썩지 아니할 것으로 다시 살아나고 우리도 변화되리라"(고전 15:51-52).

모든 그리스도인이 다 죽는 것은 아니지만(바울은 죽을 때 그리스도인의 육체에 일어나는 일을 '잠드는 것'으로 표현했다), 휴거가 일어날 때 살아 있는 신자들이나 그리스도의 강림 이후로 죽은 신자들이 모두 영원한 삶을 살도록 설계된, 썩지 않고 쇠하지 않는 새 육체를 얻게 될 것이다.

구약시대의 신자들은 죽은 뒤에 어디로 갔을까?

그리스도의 강림 이후에 태어난 신자들은 죽으면 즉시 천국에 간다. 그렇다면 그리스도의 강림 이전에 살다가 죽은 신자들은 어디로 간 것일까? 이것은 오늘날에 죽은 그리스도인들에 관한 질문의 대답을 찾는 것보다 좀 더 복잡하고, 또 논란의 여지가 있는 문제가 아닐 수 없다.

첫째, 누가 구약시대의 신자 또는 '성도'로 불릴 만한 자격을 지니고 있는지부터 생각해봐야 한다. 구약시대의 성도란 유대인이나 이방인을 막론하고 하나님이 '의롭다'고 선언하신 사람들을 가리킨다. 나는 『예수 말고 다른 길은 없다』(Not All Roads Lead to Heaven)라는 책에서 그리스도 이전에 살았든 이후에 살았든 상관없이 모든 신자가 똑같은 방법으로(즉 예수님의 죽음을 통해) 구원받는다는 사실을 자세하게 설명했다.

그리스도 이전에 살았던 사람들은 하나님의 계시를 믿는 순간에 예수님의 속죄가 그들의 공로로 인정된다. 아브라함은 그리스도께서 오시기 수천 년 전에 살았지만 "여호와를 믿으니 여호와께서 이를 그의 의로 여기"셨다(창 15:6).

둘째, 죽은 자들이 가는 장소를 가리키는 두 개의 중요한 성경 용어(히브리어 '스올'과 헬라어 '하데스')를 이해할 필요가 있다. 어떤 학자들은 스올이 두 개의 장소, 곧 의인들이 거하는 '낙원'(또는 아브라함의 품)과 불의한 자들이 거하는 '고통의 장소'로 이루어져 있다고 말한다. 그들은 아브라함의 품과 고통의 장소가 구분된 것을 가장 잘 예시한 내용이 누가복음 16장에서 발견된다고 말한다.

"한 부자가 있어 자색 옷과 고운 베옷을 입고 날마다 호화롭게 즐기더라 그런데 나사로라 이름하는 한 거지가 헌데 투성이로 그의 대문 앞에 버려진 채 그 부자의 상에서 떨어지는 것으로 배불리려 하매 심지어 개들이 와서 그 헌데를 핥더라 이에 그 거지가 죽어 천사들에게 받들려 아브라함의 품에 들어가고 부자도 죽어 장사되매 그가 음부에서 고통중에 눈을 들어 멀리 아브라함과 그의 품에 있는 나사로를 보고 불러 이르되 아버지 아브라함이여 나를 긍휼히 여기사 나사로를 보내어 그 손가락 끝에 물을 찍어 내 혀를 서늘하게 하소서 내가 이 불꽃 가운데서 괴로워하나이다 아브라함이 이르되 얘 너는 살았을 때에 좋은 것을 받았고 나사로는 고난을 받았으니 이것을 기억하라 이제 그는 여기서 위로를 받고 너는 괴로움을 받느니라 그뿐 아니라 너희와 우리 사이에 큰 구렁텅이가 놓여 있어 여기서 너희에게 건너가고자 하되 갈 수 없고 거기서 우리에게 건너올 수도 없게 하였느니라"(눅 16:19-26).

어떤 사람들은 이 이야기가 다른 비유에서는 한 번도 사용하지 않은 고유 명사(나사로라는 이름)까지 사용하고 있고 또 그 내용이 매우 상세하다는 점을 들어 비유가 아니라 서로 다른 운명에 처한 두 사람의 죽음을 다룬 실제 사건이라고 믿는다. 이것이 비유든 아니든, 예수님은 이 이야기를 통해 사후 세계에 대한 기본적 진리를 몇 가지 알려주셨다.

이 이야기에서 발견되는 가장 명백한 진리는 모든 사람이 죽은 후에 똑같은 운명을 겪지 않는다는 것이다. 나사로처럼 안식의 장소에 들어가는 사람들도 있고, 부자처럼 무서운 고통을 당하는 사람들도 있다. 위로냐 고통이냐는 아브라함의 품에 있으냐 없느냐에 달려 있다.

구약시대의 신자들에게, 유대인의 위대한 조상이 있는 곳은 곧 하나님이 계시는 곳을 의미했다. 신약시대의 신자들과 죄인들, 즉 그리스도의 십자가와 부활을 통해 나타난 하나님의 은혜를 받아들이는 사람들과 거부하는 사람들의 사후 운명은 예수님이 계시는 곳에 있느냐 없느냐에 따라 결정된다.

앞서 말한 대로 어떤 성경 학자들은 "아브라함의 품"이라는 표현이 죽은 자들이 거하는 스올을 구성하는 두 개의 장소 가운데 하나를 가리킨다고 믿는다. 그곳은 예수님의 비유에 나오는 나사로처럼 예수 그리스도의 부활 이전에 죽은 신자들이 가는 장소다. 나사로는 천사들에게 이끌려 아브라함의 품에 안겼고, 그곳에서 구약시대의 족장인 그와 친밀한 교제를 나누며 위로와 축복을 누렸다.

그러나 내가 생각하기에 이 표현은 신자와 불신자를 수용하는 '두 개의 장소' 가운데 하나라기보다는 하나님이 거하시는 현재의 천국(셋째 하늘)과 매우 흡사하게 들린다. 누가복음 16장 본문은 아브라함의 품이 불신자들이 고통을 당하는 장소에 인접해 있는 것이 아니라 그곳에서 "멀리 떨어져 있다"고 말씀한다. 예수님도 자신의 부활 이전에 죽은, 회개한 강도에게 그가 낙원에서 단지 아브라함이 아닌 자기와 함께 있을 것이라고 말씀하셨다(눅 23:43).

게다가 성경의 가르침은 아브라함의 품을 천국을 뜻하는 의미로 해석하는 것을 지지한다. 예를 들어 하나님이 충실한 에녹을 '데려가셨을 때' 그는 스올이나 하데스에 속한 장소에 머물지 않고 곧장 하늘로 올라갔다(창 5:24; 히 11:5). 열왕기하 2장 1절과 11절도 엘리야가 "회오리바람으로 하늘로 올라갔다"고 말씀한다.

다윗은 하나님이 자기의 영혼을 "스올에 버리지 아니하시며" 그분 앞에 "충만한 기쁨"을 두신다고 믿었다(시 16:10-11). 또한 "평생"을 살고 나서는 "여호와의 집에 영원히 살" 것이라고 확신했다(시 23:6). 그곳은 단지 하나의 장소, 곧 천국을 가리킨다. 다윗의 아들 솔로몬은 "흙은 여전히 땅으로 돌아가고 영은 그것을 주신 하나님께로 돌아가기 전에 기억하라"(전 12:7)고 말했다.

다시 말해 구약시대 성도들의 육체는 썩어 먼지와 흙으로 돌아갔지만 그들의 영은 "아브라함의 품"으로 알려진 하나님이 거하시는 장소에서 계속해서 삶을 영위하고 있다.

불신자들은 죽으면 어디로 가는가?

지금까지 살펴본 대로 구약시대와 신약시대의 신자들은 죽으면 즉시 하나님이 계시는 곳으로 간다. 죽은 성도들은 지금도 여전히 살아 있으면서 '셋째 하늘'로 불리는 곳에서 장차 영원히 거하게 될 새 하늘과 새 땅을 기다린다.

그러면 불신자들은 죽으면 어떻게 될까? 예수님이 가르친 부자와 나사로 이야기에 따르면 그들은 음부, 곧 견딜 수 없는 고통과 고뇌의 장소로 간다. 음부는 불신자들이 죽을 때 즉시 가서 일시적으로 형벌을 받는 장소다. '일시적'이라는 말의 의미를 설명하면 다음과 같다.

아브라함의 품, 곧 '셋째 하늘'이 신자들이 영원히 머무는 장소가 아닌 것처럼 음부도 불신자들이 머무는 최종적인 장소가 아니다. 요한계시록 20장 11-15절이 말씀하는 대로, 음부는 불신자들이 일시적으로 머무르면서 '크고 흰 보좌 심판'을 위해 육체가 부활할 때를 기다리는 장소다.

"또 내가 보니 죽은 자들이 큰 자나 작은 자나 그 보좌 앞에 서 있는데 책들이 펴 있고 또 다른 책이 펴졌으니 곧 생명책이라 죽은 자들이 자기 행위를 따라 책들에 기록된 대로 심판을 받으니 바다가 그 가운데에서 죽은 자들을 내주고 또 사망과 음부도 그 가운데에서 죽은 자들을 내주매 각 사람이 자기의 행위대로 심판을 받고 사망과 음부도 불못에 던져지니 이것은 둘째 사망 곧 불못이라 누구든지 생명책에 기록되지 못한 자는 불못에 던져지더라"(계 20:12-15).

새 하늘과 새 땅이 신자들의 영원한 거처인 것처럼 불신자들의 영원한 거처는 (성경에서 '게헨나'로 표현되는) 불못이다. 아울러 신자들이 셋째 하늘에 일시적으로 머물면서 새 하늘과 새 땅을 기다리는 것처럼 불신자들은 음부에 일시적으로 머물면서 영원한 불못을 기다린다.

그러나 셋째 하늘이나 음부는 죽은 자들이 단지 중립적인 상태로 '가만히 기다리는' 장소가 아니다. 음부는 불신자들이 일시적으로 머무는 장소일 뿐 아니라 말로 다할 수 없는 고통의 장소이기도 하다. 신자들이 죽는 순간에 즉각 하나님 앞에서 깨어 있는 의식으로 큰 위로를 느끼는 것처럼 불신자들도 죽는 순간에 즉각 하나님과 온전히 분리되는 무서운 고통을 맛본다.

예수님의 비유에 등장하는 부자가 "나사로를 보내어 그 손가락 끝에 물을 찍어 내 혀를 서늘하게 하소서 내가 이 불꽃 가운데서 괴로워하나이다"(눅 16:24)라며 긍휼을 애원했던 것에 주목하라. 부자의 간청은 서로의 처지가 완전히 뒤바뀐 것을 분명하게 보여준다. 그는 살아 있을 때 나사로와 그의 고통을 잘 알고 있었다. 나사로는 음식을 사 먹을 능력도 없고, 헌 상처를 핥는 개들을 쫓아낼 힘도 없이 매일 부자의 문 앞에 앉아 그의 상에서 떨어지는 음식 부스러기로 허기를 달래려고 했다(눅 16:20-21). 부자는 그렇게 고통받는 나사로를 돕기 위해 손가락 하나 까딱하지 않았다.

그러나 죽고 난 후 부자는 자신을 구원해줄 방도를 찾을 수가 없었다. 그는 살았을 때 홀대했던 나사로에게 긍휼을 애원하는 신세로 전락했다. 찰스 디킨스의 『크리스마스 캐럴』(A Christmas Carol)에 나오는 제이콥 말리처럼 부자는 죽음을 통해 자기가 현세에서 뿌린 씨앗의 열매를 거두어들였다.

말리의 유령은 스크루지에게 "나는 내가 살아 있을 때 만든 사슬에 묶여 있다네. ⋯ 한 고리, 한 고리, 한 뼘, 한 뼘 모두 내가 만든 것이네. 나는 나의 자유로운 의지로 그것으로 나를 졸라맸고, 나의 자유로운 의지로 그것을 내게 치렁치렁 감았다네"라고 말했다.[7]

이것이 구원자이신 주님이 아닌 자아를 따라 인생을 살다간 사람들의 운명이다. 예수님은 "너희가 헤아리는 그 헤아림으로 너희도 헤아림을 도로 받을 것이니라"(눅 6:38)고 말씀하셨다. 부자가 되돌려 받은 것은 '괴로움'이었다(헬라어 '오뒤나오마이'는 지속적인 고통과 슬픔을 의미한다).

그러나 나사로가 아브라함의 품을 떠나 음부에 와서 긍휼을 베풀 수

---

[7] Charles Dickens, *A Christmas Carol* (New York: Barnes & Noble, 2005), 17.

있을 것이라는 부자의 생각은 착각이었다. 아브라함이 나사로를 보내 부자에게 긍휼을 베풀게 하고 싶어도 그렇게 할 수가 없었다. 하나님이 의로운 자들과 불의한 자들 사이에 서로 넘나들 수 없는 장애물을 설치해놓으셨기 때문이다. "큰 구렁텅이"(눅 16:26)는 천국에 있는 자들이 음부에 가거나 음부에 있는 자들이 천국에 오는 것을 가로막는다. 따라서 죽은 후에는 구원받을 가능성이 전혀 없다.

베드로후서 2장 9절은 "주께서 … 불의한 자는 형벌 아래에 두어 심판 날까지 지키신다"고 말씀한다. '지키신다'라는 동사의 시제는 현재다. 이것은 간수가 사형선고를 받고 형 집행을 기다리는 죄수를 주의 깊게 감시하는 것처럼 악인을 계속해서 꼼짝 못하게 가두어둔다는 의미를 지닌다. 불신자들이 일단 죽어 마지막 심판을 기다리는 신세가 되면 운명을 다시 되돌릴 방법이 없다.

그러나 부자는 음부에 있으면서도 가족에 대한 생각만큼은 애틋했다. 그는 아직 세상에 살고 있는 자기 형제들이 자신과 같은 고통을 당하기를 원하지 않았기 때문에 아브라함에게 나사로를 보내 회개하지 않을 때 겪게 될 운명에 대해 경고하게 해달라고 간청했다. 그러나 아브라함은 또 다시 그의 요구를 거절했다. 부자의 형제들에게는 구원을 받는 데 필요한 모든 것을 알려주는 성경이 있으니 그것으로 족하다는 것이 그의 대답이었다.

부자는 그 대답을 듣고서도 포기하지 않고, 자신의 형제들이 죽은 자가 다시 살아난 기적을 보면 회개할지도 모른다고 주장했다. 그 말에 아브라함은 "모세와 선지자들에게 듣지 아니하면 비록 죽은 자 가운데서 살아나는 자가 있을지라도 권함을 받지 아니하리라"(눅 16:31)고 대답했다. 예수님의 이 비유는 예언적인 의미를 지녔다. 왜냐하면 예수님이 죽은 자 가운데서 살아나셨는데도 수많은 사람들이 여전히 불신앙에 사로잡혀 있기 때문이다.

영원한 선택_ 천국이냐 지옥이냐?

예수님이 말씀하신 부자와 나사로의 비유를 통해 우리가 알게 되는 진리는, 죽는 즉시 하나님이 계시는 곳에 가서 영원한 축복을 맛보기 시작하거나, 아니면 즉시 하나님으로부터 완전히 분리되어 끝없는 고통을 맛보기 시작하거나 둘 중에 하나라는 것이다.

죽고 나서 일정한 기간이 지나면 신자들은 하나님이 거하시는 셋째 하늘에서 새 하늘과 새 땅으로 옮겨갈 것이고, 불신자들도 크고 흰 보좌 심판을 받고 난 후 일시적인 고통의 장소(음부)에서 영원한 고통의 장소(불못)로 옮겨가게 될 것이다.

그러나 두 경우 모두 장소만 바뀔 뿐, 경험하는 것은 똑같을 것이다. 예수님이 비유를 통해 가르치신 가장 근본적인 진리는, 죽는 순간에 우리의 운명이 영원히 결정된다는 것이다.

내 친구 어윈 루처가 쓴, 정신이 번쩍 들게 하는 말을 읽어보면 지금 스스로가 천국을 향해 가고 있는지, 지옥을 향해 가고 있는지를 생각하는 데 큰 도움이 될 것이다.

죽는 순간 더없는 희열과 축복을 느끼게 하는 천국의 모습이 어렴풋이 보이기 시작하거나, 아니면 무자비한 공포와 후회가 물밀 듯 생생하게 몰려오기 시작할 것이다. 어떤 경우가 되었든 우리의 미래는 일단 정해지면 영원히 변하지 않는다. 그 처음 순간의 의식이 어느 때보다 더 생생할 것이다. 세상에서 살아온 삶과 친구들에 대한 또렷한 기억과 영원이라는 현실에 대한 아찔한 기대가 뒤섞일 것이다. 그리스도를 처음으로 어렴풋하게 보게 되거나 전에 알지 못했던 악과 처음으로 마주칠 것이다. 그때가 되면 영원한 거주지를 바꾸기에는 너무 늦다.[8]

만일 죽는 순간까지 영원한 목적지를 결정하지 못하고 미적거린다면 돌이킬 수 없는 운명에 처하게 될 것이다.

---

[8] Erwin W. Lutzer, *How You Can Be Sure You Will Spend Eternity with God* (Chicago: Moody Publishers, 2015), 9.

5장

우리는 천국에서 무슨 일을 할까?

> 그 주인이 이르되 잘하였도다
> 착하고 충성된 종아 네가 적은 일에 충성하였으매
> 내가 많은 것을 네게 맡기리니
> 네 주인의 즐거움에 참여할지어다 하고
> 마 25:23

어느 만찬 모임에서 손님들이 사후에 받게 될 보상과 형벌의 가능성에 대해 대화를 나누고 있었다. 샘은 조용히 침묵을 지켰다. 평소에 말하기를 좋아하는 그가 입을 다물고 있는 것은 매우 드문 일이었다. 여주인은 그가 대화에서 소외되는 느낌을 받지 않게 하려고 고개를 돌려 천국과 지옥에 대한 그의 견해를 물었다. 샘은 "나는 내 의견을 밝히고 싶지 않습니다. 조용히 침묵을 지키는 것이 현명할 것 같습니다. 두 곳에 모두 친구들이 가 있거든요"라고 대답했다.[1]

여기에서 '샘'은 마크 트웨인으로 더 잘 알려진 새뮤얼 클레멘스를 말한다. 사실 그는 두 장소에 관해 종종 말했다. 예를 들어 그는 연설 중에 다음과 같은 농담을 건넸다.

---

1) Archibald Henderson, *Mark Twain* (New York: Frederick A. Stokes Co., 1912), 109.

선택은 죽어가는 한 사람의 이야기를 생각나게 합니다. 그는 살아 있는 시간이 단 2분밖에 남지 않았기 때문에 서둘러 성직자를 불러오게 했습니다. 그러고는 그에게 "내가 갈 수 있는 가장 좋은 곳이 어디입니까?"라고 물었습니다. 그는 아직 어느 곳에 가야 할지 결정하지 못한 상태였습니다. 그래서 성직자는 그에게 천국은 기후가 좋고, 지옥은 사교 활동을 하기에 좋다며 양쪽 다 이점이 있다고 말해주었습니다.[2]

트웨인의 우스갯소리는 많은 사람들이 천국에 대해 믿고 있는 거짓을 구체적으로 보여준다. 사람들은 천국을 따분한 사람들이 모여 사는 지루한 장소로 생각한다.

하나님과 천국에 대한 세 가지 통념

공상과학 소설가이자 무신론자이던 아이작 아시모프도 그런 신념을 지니고 있었다. 그는 "나는 사후 세계를 믿지 않기 때문에 지옥을 두려워하거나 천국을 두려워하면서 내 인생을 허비하지 않는다. 지옥의 고통이 어떻든 간에 나는 천국의 지루함이 그보다 훨씬 더 심할 것이라고 생각한다"라고 말한 적이 있다.[3]

---

[2] Mark Twain, "Tammany and Croker", *Mark Twain's Speeches* (New York: Harper & Brothers Publishers, 1910), 117.
[3] Alcorn, *Heaven*, 409.

만일 하나님과 천국과 영원에 관한 이런 통념들을 믿는다면 누구나 그런 결론에 동의하게 될 것이 분명하다.

통념 1_ 하나님은 남의 흥을 깨는 고약한 존재다

마크 트웨인은 천국의 이점은 좋은 기후이고 지옥의 이점은 사교 활동이라고 농담했다. 그러나 천국과 지옥은 농담의 소재가 못 된다. 많은 사람들이 아이작 아시모프처럼 파티가 끝없이 계속될 것인지 아닌지를 근거로 자신의 영원한 운명을 결정한다.

그들은 하나님은 흥을 깨는 고약한 존재로, 사탄은 마음껏 파티를 즐기며 사는 존재로 생각한다. 그런 결론에 도달한 사람들은 천국은 페인트가 마르기를 지켜보는 것처럼 지루한 장소이고 지옥은 자동차 경주에 참가하는 것처럼 신나는 장소라고 믿는다. 그러나 그런 잘못된 결론은 하나님과 사탄에 대한 심각한 오해에서 비롯한 것이다.

만찬 석상에서 따분하기 짝이 없는 사람의 곁에 앉아본 적이 있는가? 그런 경우는 1분이 몇 시간처럼 느껴져 저녁 시간이 영원히 지속될 것처럼 느껴질 게 틀림없다. 사탄이 바로 그런 존재다. 그에게 흥미로운 것은 아무것도 없다. 그는 자신이 존재하는 동안 어느 것 하나도 창조한 적이 없다. 누가 그런 존재와 영원히 함께 어울리기를 원하겠는가?

그러나 하나님에게서는 따분한 것이 아무것도 발견되지 않는다. 그분은 영원토록 더할 나위 없이 매혹적이시다. 하나님이 우리를 위해 창조하신 세상을 한번 둘러보라. 천국은 모든 것이 영원히 선하고, 아름답고, 즐겁고, 신선하고, 매력적이고, 신나는 곳이다. 그 이유는 천국의 창조주께서 그런 분이시기 때문이다.

통념 2_ 천국은 단조로울 것이다

어떤 사람들은 천국에서의 활동이 아무리 흥미롭다고 해도 똑같은 일만 영원히 되풀이한다면 매우 단조로울 것이라고 믿는다. "좋은 것도 너무 많으면 좋지 않다. 그런 것은 따분하다"라는 것이 그들의 생각이다.

그러나 문제는 천국이 아닌 우리에게 있다. 내 친구 하나는 자기 자녀들이 지루하다고 불평할 때마다 "지루한 사람만이 지루함을 느끼는 법이란다"라고 말하곤 했다. 내 친구의 자녀들이 지루함을 느꼈던 이유는 할 일이 별로 없어서가 아니었다. 그들에게는 비디오게임, 텔레비전, 영화, 보드게임, 스포츠 장비, 애완동물, 친구들이 가득했다. 그들은 단지 똑같은 일을 매일 되풀이하는 것이 지루했을 뿐이다.

아이러니하게도 미국인은 남녀노소를 막론하고 수천 달러의 가치가 있는 비디오 장비를 가지고 놀면서도 달랑 나무막대 두 개와 돌멩이 하나만 가지고 노는 아프리카의 어린아이보다 사는 것을 더 지루하게 생각한다.

우리가 천국에서의 삶이 단조롭고 지루할 것이라고 생각하는 이유는 세상에 갖가지 오락과 재미가 가득한데도 인생의 단조로움을 잘

견뎌내지 못하기 때문이다. 그러나 체스터턴이 말한 대로 단조롭다고 해서 꼭 지루할 것이라고 속단할 필요는 없다.

어린아이가 규칙적으로 반복해서 발을 차는 이유는 생명력이 없어서가 아니라 차고 넘치기 때문이다. 어린아이의 기력은 놀랍도록 왕성하며 그 정신은 강하고 자유롭다. 그러기 때문에 변함없고 반복적인 것을 좋아한다. 그들은 항상 "다시 해봐"라고 말한다. 어른들은 죽음이 임박할 때까지 똑같은 일을 반복하지만 단조로운 것을 크게 즐거워할 만큼 강하지 못하다. 그러나 하나님은 단조로운 것을 크게 즐거워할 만큼 강하실 것이 틀림없다. 하나님은 아침마다 태양을 향해 "다시 밝혀라"고 말씀하고 저녁마다 달을 향해 "다시 밝혀라"고 말씀하신다. 그분은 영원히 어린아이와 같은 열정을 지니고 계신 것처럼 보인다. 왜냐하면 우리는 죄를 지어 늙었지만 성부께서는 우리보다 훨씬 젊으시기 때문이다.[4]

천국에서의 활동은 똑같은 일을 거듭 반복해도 조금도 단조롭지 않을 것이다. 왜냐하면 쉽게 피로를 느끼는, 쇠퇴하는 육체를 더 이상 지니고 있지도 않고 삶을 지루하게 만드는 죄로 물든 세상에 살지도 않을 것이기 때문이다. 천국에서는 '생명이 차고 넘칠 것이다.' 우리는 어린아이처럼 성부 하나님을 향해 "다시 해보세요"라고 말할 것이다.

---

4) G. K. Chesterton, *Orthodoxy* (Wheaton, IL.: Harold Shaw Publishers, 1994), 61.

통념 3_ 천국은 영원히 예배만 드리는 장소일 것이다

천국은 영원히 예배만 드리는 장소일 것이라는 생각이 사람들의 뇌리에 박혀 있다. 몇 년 전, 우리 교회에서 설교자를 한 사람 초청한 적이 있다. 그때 그는 "여기 세상에서 두 시간 동안 예배를 드리는 것을 어려워한다면 장차 천국에 가서 참으로 힘들 것입니다. 왜냐하면 그곳에서는 모두가 영원히 하나님을 찬양해야 할 것이기 때문입니다"라고 말했다. 그 말을 듣는 순간, 나는 조금 당황스러웠다. 왜냐하면 천국을 마치 크게 하품만 하게 되는 지루한 장소처럼 보이게 했기 때문이다. 내 말을 오해하지 말기 바란다.

나는 신자들과 더불어 하나님을 찬양하는 것을 좋아하는 목회자다. 하나님이 우리를 창조하신 이유는 단지 예배를 드리게 하기 위해서가 아니다. 우리는 예배 외에도 다른 여러 활동을 하도록 창조되었다.

우리는 천국에서 하나님을 영원히 예배할 테지만 그것이 우리의 유일한 활동은 아닐 것이다. 이 세상의 신자들이 하나님을 예배하면서 주중에 다른 여러 가지 일을 하는 것처럼 새 하늘과 새 땅의 신자들도 특별히 정해진 시간에 하나님을 예배하고, 나머지 시간에는 다른 활동을 할 것이 분명하다.

두 가지 중요한 책임_ 예배와 일

하나님은 아담을 창조하시고, 그에게 두 가지 책임(예배와 일)을 맡기셨다. 성경은 "여호와 하나님이 동방의 에덴에 동산을 창설하시고 그 지으신 사람을 거기 두시니라 … 여호와 하나님이 그 사람을 이끌어 에덴 동산에 두어 그것을 경작하며 지키게 하시고"(창 2:8, 15)라고 말씀한다. 그것이 아담이 해야 할 일이었다.

또한 아담은 하나님을 예배하기 위해 창조되었다. 창세기 3장 8절은 아담과 하와가 매일 하나님과 교제를 나누었다고 암시한다. 그들은 "바람이 불 때" 하나님과 함께 동산을 거닐었다. 장차 그리스도께서 새 땅에 우리의 영원한 거처를 마련하시면 우리는 에덴 동산에서 사는 것처럼 살게 될 것이다. 아담이 에덴 동산에서 두 가지 중요한 책임을 이행했던 것처럼 우리도 새 하늘과 새 땅에서 두 가지 중요한 책임을 이행하게 될 것이다.

한 번도 경험한 적 없는 가슴 벅찬 예배

천국에서 드리는 예배의 가장 뚜렷한 특징 가운데 하나는 예수님을 직접 보면서 예배를 드린다는 것이다. 그것은 세상에서는 짐작조차 할 수 없는 경험일 것이다. 이 점을 생각하면 어렴풋하게나마 천국에서 드리는 예배가 어떨 것인지를 상상해볼 수 있다.

잘 알다시피 천사들이 찬양을 높이 외치며 성부와 성자를 쉬지 않고 예배한다. "그 수가 만만이요 천천이라"(계 5:11)는 요한의 말대로 천사들의 숫자는 그야말로 어마어마할 것이다. 그 소리는 세상에서 결코 들어볼 수 없는 소리일 것이다.

몇 년 전, 시애틀 시호크스 풋볼팀을 응원하는 팬들이 내셔널풋볼리그(NFL)에서 가장 크게 소리를 질렀다는 기록을 수립했다. 시애틀 시호크스가 뉴올리언스 세인츠와 맞대결을 펼칠 때 시호크스 팬들은 귀청을 찢는 듯한 함성을 질렀다(그들의 함성은 137.6데시벨을 기록했다. 30미터 떨어진 곳에 있는 제트 여객기의 소리가 140데시벨이라는 점을 생각하면 참으로 놀라운 수치다). 그들의 함성은 작은 지진을 일으킬 만큼 컸다.[5]

열렬한 풋볼 팬들이 지르는 함성도 셋째 하늘에서 하나님을 찬양하는 소리와는 비교조차 될 수 없다. 때로 우리 교회 교인들은 예배를 드릴 때 음악 소리가 너무 크다고 불평한다. 하늘에서의 예배는 조용하고 부드럽고 명상적인 예배와는 거리가 멀 것이다. 그것을 어떻게 알 수 있는지 궁금하다면 하늘에서 지금 하나님께 드리는 예배를 묘사한 이사야의 글을 읽어보면 된다.

"이같이 화답하는 자의 소리로 말미암아 문지방의 터가 요동하며 성전에 연기가 충만한지라"(사 6:4).

언젠가는 우리도 지축을 흔드는 천사들의 합창에 "할렐루야!"를 외

5] Katy Sharp, "A Tour of the NFL's Loudest Stadiums," *SB Nation*, September 18, 2014, http://www.sbnation.com/nfl/2014/9/18/6257281/nfl-loudest-stadiums; and Kevin Lynch, "Seattle Seahawks Fans 'Cause Minor Earthquake' with World Record Crowd Roar," *Guinness World Records*, December 4, 2013, http://www.guinnessworldrecords.com/news/2013/12/seattle-seahawks-fans-cause-minor-earthquake-with-world-record-crowd-roar-53285/.

치며 목소리를 보탤 것이다.

"이 일 후에 내가 보니 각 나라와 족속과 백성과 방언에서 아무도 능히 셀 수 없는 큰 무리가 나와 흰 옷을 입고 손에 종려 가지를 들고 보좌 앞과 어린 양 앞에 서서 큰 소리로 외쳐 이르되 구원하심이 보좌에 앉으신 우리 하나님과 어린 양에게 있도다 하니"(계 7:9-10).

천국에서 예배를 드리는 사람들의 숫자와 음성은 세상에서 예배를 드리는 사람들에 비해 무한히 월등할 것이다. 그러나 천국에서의 예배는 규모와 소리만 큰 것이 아니다. 천국에서는 마음에 없이 입술로만 예배를 드리거나 예배를 드리는 시늉만 하는 사람이 아무도 없을 것이다. 모두가 감격에 겨운 마음으로 찬양을 부를 것이다.

천국의 예배는 참되고 자발적이며 열정이 가득할 것이다. 조니 에릭슨 타다는 "찬양이 우리에게 부여된 책임이나 지시된 의무로서가 아니라 천국에 적합하도록 새롭게 거듭난 피조물의 열광적이고도 불가사의한 반응으로서 자연스럽게 흘러나올 것이다"라고 말했다.[6]

입술의 표현과 마음의 찬양이 하나로 일치되는 놀라운 예배를 경험해본 적이 있다면 조니가 무엇을 말하는지 익히 짐작할 수 있을 것이다. 많은 사람들이 마치 미리 주입된 것처럼 기계적으로 주일 예배를

---

6) Tada, *Heaven: Your Real Home*, 64.

드리는 세상에서는 그런 예배 경험이 매우 예외적일 수밖에 없다. 그러나 새 하늘과 새 땅에서 하나님 앞에서 예배를 드릴 때는 항상 마음 깊은 곳에서 우러나오는 예배가 이루어질 것이다.

아울러 새 하늘과 새 땅에서의 예배는 하나님을 찬양하는 공식적인 시간에만 국한되지 않을 것이다. 랜디 알콘은 우리가 "항상 예배를 드릴 것인가?"라고 물었다.[7] 그 대답은 예배를 어떻게 정의하느냐에 따라 "그렇다"일 수도 있고 "그렇지 않다"일 수도 있다. 만일 예배를, 하나님을 찬양하고 기도하고 설교하는 일에만 국한한다면 그 대답은 "아니다"일 것이다. 우리는 공식적인 예배를 드릴 때 외에는 다른 활동을 하며 살아갈 것이다.

그러나 예배를 바울이 말한 대로 정의한다면 그 대답은 "그렇다"일 것이다. 바울은 "그런즉 너희가 먹든지 마시든지 무엇을 하든지 다 하나님의 영광을 위하여 하라"(고전 10:31)고 말했다. 다시 말해 우리는 음식을 먹을 때나 배우자와 친구들과 대화를 나눌 때나 자녀들과 손자들과 놀아줄 때나 자동차를 몰고 일터에 갈 때나 휴가를 즐길 때나 항상 하나님을 예배해야 한다.

예배란 무슨 일을 하든 항상 하나님께 감사하며 그분께 복종하는 마음을 갖는 것을 의미한다. 예를 들어 내가 딸들과 저녁을 먹으면서 하나님께 감사하거나 해변에 앉아서 하나님의 장엄한 능력을 묵상하거

---

7) Alcorn, *Heaven*, 196.

나 어려운 대화를 나눌 준비를 하면서 하나님의 관점이 무엇인지를 생각할 때도 예배로 그분을 영화롭게 할 수 있다. 다른 활동을 중단해야만 하나님을 예배할 수 있다는 생각은 버려야 한다. 우리는 무슨 일을 하든지 하나님을 예배할 수 있다.

즐겁고 활력 넘치는 일

하나님은 항상 일하신다. 하나님은 세상을 창조하고 나서 은퇴하지 않으셨다. 그분은 죄가 세상에 들어오기 전에도 일하셨고, 죄가 세상에 들어온 이후에도 계속해서 일하신다. 예수님은 "내 아버지께서 이제까지 일하시니 나도 일한다"(요 5:17)고 말씀하셨다. 우리도 하나님의 형상으로 창조되었기 때문에 일을 하며 살도록 설계되었다.

많은 사람들이 생각하는 것과는 달리 일은 아담과 하와가 에덴 동산에서 죄를 지은 결과로 주어진 하나님의 '저주'가 아니다. "여호와 하나님이 그 사람을 이끌어 에덴 동산에 두어 그것을 경작하며 지키게 하시고"(창 2:15)라는 말씀대로, 인류 최초의 부부가 금단의 열매를 따먹기 전에도 하나님은 그들에게 노동의 의무를 부여하셨다.

에덴 동산은 완전했지만 스스로를 가꾸어나갈 수 없었다. 하나님은 세상에 에덴 동산이라는 낙원을 창조하시고 인간에게 그것을 경작할 책임(땅을 갈고, 식물을 심고, 수확물을 거두는 것)을 부여하셨다. 타락 이후 하나님의 심판으로 인해 아담과 하와의 일이 훨씬 더 어려워진 건 사실이지만 노동은 하나님이 우리를 위해 계획하신 일 가운데 하나였다. 이 사실은 앞으로도 변하지 않을 것이다.

나의 가장 친한 친구 하나가 내게 십대 시절에 겪었던 일을 말해주었다. 그의 아버지는 그가 때로 소파에 앉아 텔레비전을 보고 있을 때면 늘 한결같이 "소파에서 당장 일어나 무언가를 해라. 너는 네 자신을 국제적인 한량으로 생각하는 것이냐?"라고 말했다고 한다.

성부께서는 우리를, 그저 가만히 앉아 아무 일도 하지 않는 존재로 창조하지 않으셨다. 이것이 오늘날 은퇴 개념이 잘못된 이유다. 아무 일도 하지 않는 것은 우리를 위한 하나님의 기본적인 계획(곧 사는 동안 항상 무엇이든 생산적인 일을 하라는 것)에 역행한다.

새 하늘과 새 땅에서의 삶은 현재 삶의 연장이기 때문에 그곳에서도 계속해서 일하는 것이 하나님의 계획이다. 천국은 영원히 고갈되지 않을 연금을 받으면서 아무 일도 하지 않은 채 골프를 치거나 악기를 연주하며 노는 곳이 아니다.

혹시 이 말을 듣고 "잠깐요, 영원히 일한다고요? 천국이라기보다는 지옥처럼 들리는군요"라고 말할 사람이 있을지 모른다. 우리가 영원히 일한다는 것에 놀라는 이유는 죄의 저주로 인해 노동이 힘겨운 일이 되었기 때문이다. 육체는 피로를 느끼고, 인간관계는 껄끄럽고, 정부의 규칙은 성가시고, 환경은 비협조적인 것이 세상의 상황이다.

그러나 새 하늘과 새 땅에는 '다시 저주가 없기' 때문에(계 22:3) 그런 것들이 모두 사라질 것이다. 이 세상에서의 일은 (우리가 아무리 그것을 즐겨 한다고 하더라도) 심신을 피로하게 할 수밖에 없다. 그러나 새 세상에서의 일은 항상 활력을 넘치게 할 것이다.

세상에서 죄의 저주가 사라지면 어떤 직업들은 저절로 없어질 것이다. 예를 들면 질병이 없을 것이기 때문에 의사도 없을 것이고, 충치가 없을 것이기 때문에 치과 의사도 없을 것이고, 파괴나 죽음이 없을 것이기 때문에 소방관이나 장의사도 없을 것이다. 앞서 언급한 대로 더 이상 회개를 촉구해야 할 죄가 존재하지 않고, '여호와의 영광을 인정하는 것이 세상에 가득할 것'이기 때문에(합 2:14) 설교자인 나의 직업도 사라질 것이다.

그렇다고 해서 나 같은 사람들이 실업자가 되어 복지 혜택에 의존할 것이라는 말은 아니다. 어쩌면 세상에서 취미로 하던 일이 천국에서 직업이 될 수도 있고, 하나님이 우리의 적성에 맞는 새로운 일을 맡기실 수도 있을 것이다. 그 외에 대다수 그리스도인들은 세상에서 지금 하고 있는 일들을 새 하늘과 새 땅에서도 계속하고, 또 지금의 일을 방해하는 요인들이 모두 제거된 상태에서 맡겨진 일을 더욱 완전하게 할 수 있을 것이다.

경작은 물론 창조까지

에덴 동산의 삶이 천국의 삶을 예시하는 것이라면 영원한 세상에서도 똑같이 경작하고 창조하는 활동을 기대할 수 있다. 하나님은 태초에 자연을 창조하면서 '보기에 좋다'고 하셨다. 또한 그분은 자신의 형상으로 지은 인간이 자연을 개발하기(즉 자연을 더 좋게 창조하기) 원하셨다.

예를 들어 체리는 좋지만 체리 파이는 더 좋다. 아보카도는 좋지만 과카몰리(으깬 아보카도에 다진 양파, 토마토, 고추, 고수, 라임 즙 등을 섞어 만든 멕시코 요리의 소스-편집자 주)는 더 좋다. 토마토와 양념은 좋지만 살사 소스는 더 좋다. 하나님은 인간을 창조해 에덴 동산에 두면서 그에게 자신이 창조한 것을 경작하고 잘 유지해나가라고 명령하셨다. 아담은 단순한 경작자의 차원에 머물지 않고 창조자가 되어야 했다. 그는 상상력을 발휘해 동물들의 이름을 지음으로써 그런 창조적 능력을 유감없이 보여주었다.

경작자와 창조자의 역할은 오늘날 세상에서도 여전히 계속되고 있다. 자동차, 비행기, 컴퓨터, 휴대전화 등은 하나님이 인류에게 허락하신 창의력의 산물로서 세상을 더욱 살기 좋은 곳으로 만든다.

새 하늘과 새 땅에서도 우리의 창조적인 사역은 계속될 것이다. 체리 파이를 굽고, 살사 소스를 먹고, 책을 쓰고, 영화를 만들고, 노래를 짓고, 학생들을 가르치는 등 세상에서 하는 많은 일이 계속 이어질 것이다.

천국에서 어떤 일을 하게 될지 궁금하다면 내 친구 밥 빌이 일전에 내게 던졌던 질문을 생각해보기 바란다. 그는 "돈과 교육이 뒷받침되지 않더라도 세상에서 무엇을 하든 절대 실패하지 않을 것이라는 보장이 주어진다면 어떤 일을 하고 싶은가?"라고 물었다. 이것이 적절한 질문인 이유는 무엇일까? 빌립보서 2장 13절은 "너희 안에서 행하시는 이는 하나님이시니 자기의 기쁘신 뜻을 위하여 너희에게 소원을 두고 행하게 하시나니"라고 말씀한다. 하나님은 우리에게 '소원', 즉 의지를 허락해 우리의 삶을 위한 자신의 목적을 이루게 하신다. 우리가 이 세상에서 마땅히 해야 할 일과 내세에서 하게 될 일은 모두 하나님이 우리의 마음속에 두신 소원을 통해 결정된다.

하나님은 은사나 경험이나 우리의 의지를 헛되이 낭비하지 않으신다. 이것들은 우리의 독특한 목적을 이루기 위한 필수 요소다. 이 점은 현세는 물론 내세에서도 마찬가지다. 세상에서 시작된 삶이 무덤 저편까지 이어진다는 사실을 잊지 말라. 세상에서 지닌 우리의 정체성이 천국에서도 그대로일 것이다. 죽는다고 해서 관심사와 재능과 기술과 책임과 소명이 달라지는 게 아니다. 새 땅에서의 소명도 세상에서 우리 각자에게 주어진 하나님의 소명과 다르지 않을 것이다.

한 가지 특정한 의무_ 다스리는 것

아담과 하와는 경작하고 창조하는 일 외에도 하나님과 공동으로 피조 세계를 다스려야 하는 의무가 있었다. 그들은 세상의 왕과 여왕이었다.

> "하나님이 이르시되 우리의 형상을 따라 우리의 모양대로 우리가 사람을 만들고 그들로 바다의 물고기와 하늘의 새와 가축과 온 땅과 땅에 기는 모든 것을 다스리게 하자 하시고"(창 1:26).

그러나 그들은 의도적으로 하나님을 거역함으로써 피조 세계를 다스릴 권한을 상실하고 말았다. 때가 되자 하나님은 새 왕국을 통치하게 하기 위해 '둘째 아담'이신 예수 그리스도를 보내셨고 둘째 하와인 교회를 세우셨다. 그리스도께서는 재림해 땅 위에 천년왕국을 세우고 자신의 충실한 신자들(즉 우리)과 더불어 세상을 다스리실 것이다. 전문적인 정치인들이 아닌, 충실한 신자들이 그리스도의 왕국을 다스릴 것이다.

우리의 통치는 그리스도의 천년왕국을 넘어서서 새 하늘과 새 땅에서 영원히 계속될 것이다. 다니엘 선지자는 메시아(예수님)의 강림에 대한 환상을 보았다. 그는 그에 대한 해석의 말씀을 듣고서 다음과 같이 기록했다.

> "지극히 높으신 이의 성도들이 나라를 얻으리니 그 누림이 영원하고 영원하고 영원하리라 … 나라와 권세와 온 천하 나라들의 위세가 지극히 높으신 이의 거룩한 백성에게 붙인 바 되리니 그의 나라는 영원한 나라이라 모든 권세 있는 자들이 다 그를 섬기며 복종하리라"(단 7:18, 27).

이 일이 이루어지면 하나님이 옛 땅에서 아담과 하와에게 부여하셨던 역할이 새 땅에서 온전히 이루어져 신자인 우리가 "세세토록 왕 노릇" 할 것이다(계 22:5). 그리스도와 함께 통치한다는 건 참으로 가슴 설레는 일이 아닐 수 없다.

천국에서 누릴 영원한 즐거움 세 가지

천국이 온통 일뿐이고 재미없는 곳이라는 생각은 잘못이다. 천국에서 우리는 분명 하나님에게 부여받은 일을 수행하게 되겠지만 그것이 우리가 천국에서 하게 될 유일한 활동은 아니다. 성경은 새 하늘과 새 땅에서 하나님을 예배하고 그분을 위해 일하는 것 외에도 최소한 세 가지 활동을 더 하게 될 것이라고 암시한다.

다른 신자들을 즐거워하기

우리는 공동체를 이루어 살도록 창조되었다. 다른 사람들을 필요로 하는 우리의 속성은 영원한 세상에서도 그대로 지속될 것이다. 더욱이 새 하늘과 새 땅에서는 지금까지 경험한 적이 없는 가장 친밀하고 충만한 관계를 경험하게 될 것이다. 내 친구 데이비드 제레마이어는 이렇게 말했다.

> 우리는 새롭게 변화된 하나님의 백성일 것이기 때문에 서로 온전하게 조화를 이룰 뿐 아니라 생전 처음으로 우리가 마음속으로 갈망하는 친밀한 교제를 나누게 될 것이다. [8]

---

[8] Jeremiah, *Answers to Your Questions about Heaven*, 32.

지금은 우리가 경험하는 최선의 관계조차도 의심이나 불순한 동기나 이기심으로부터 자유롭지 못하지만 천국에서는 그럴 일이 전혀 없을 것이다. 우리는 이미 알고 있는 사람들은 물론 책에서만 읽어본 믿음의 영웅들과도 완전한 교제를 나눌 것이다.

아담과 더불어 죄가 세상에 들어오기 전에 에덴 동산에서 누렸던 삶에 관해 대화를 나누는 것은 생각만 해도 가슴 설레는 일이다. 우리는 꼼짝 않고 앉아서 다음과 같은 이야기들을 듣게 될 것이다.

- 대홍수가 닥쳤을 때의 노아와 그의 경험에 관한 이야기
- 아브라함이 이삭을 제물로 바치기 직전에 하나님이 개입하신 이야기
- 바로의 병거들을 피해 도망치는 이스라엘 자손들에 관한 이야기
- 거인 골리앗을 물리친 다윗의 이야기
- 첫 부활절 아침에 예수님의 제자들이 발견한 놀라운 사실에 관한 이야기

또한 우리는 아우구스티누스, 히에로니무스, 마르틴 루터, 장 칼뱅과는 신학을, 블레이즈 파스칼, 아이작 뉴턴, 조지 워싱턴 카버와는 과학을, 윌리엄 윌버포스, 마틴 루터 킹 주니어와는 용기를 논하고, 존 뉴턴과는 기독교 역사상 가장 사랑을 많이 받은 찬송가를 작곡한 것이 어떤 경험이었는지 나눌 것이며 체스터턴, 톨킨, 루이스와는 책들에 관해 대화를 나누고, 드와이트 무디와 빌리 그레이엄과 같은 사

람들을 통해서는 세상에서 말씀을 전하는 것이 어떤 경험이었는지를 듣게 될 것이다.

천국에서는 첫날부터 줄곧 새 하늘과 새 땅의 거리를 거닐면서 "저기 예레미야가 걸어가네! 저기에는 하와가 있네. 바울이 웨슬리 형제들과 대화를 나누고 있다니 정말 놀랍군. 저쪽에는 에스더가 있고, 또 갈렙과 요한과 솔로몬도 있네"라고 외치며 연신 놀라워할 것이다. 아마도 사인북을 가지고 오는 것이 좋을 것이다. 더할 나위 없이 멋진 경험이 될 테니 말이다.

하나님을 더 많이 알기

앞서 말한 대로 하박국 선지자는 '여호와의 영광을 인정하는 것이 세상에 가득할 날이 올 것'이라고 약속했다(합 2:14). 어쩌면 바울은 이 구절을 염두에 두고 고린도 신자들에게 "지금은 내가 부분적으로 아나 그 때에는 주께서 나를 아신 것 같이 내가 온전히 알리라"(고전 13:12)고 말했는지도 모른다.

새 하늘과 새 땅에서는 지금보다 하나님을 더 많이 알게 될 것이 틀림없다. 그렇다면 그런 지식은 어떻게 얻어지는 것일까? 죽어서 하나님 앞에 가는 순간에 주님이 즉시 자신에 대한 완전하고 온전한 지식을 우리에게 단번에 주입하시는 것일까? 그럴지도 모른다.

그러나 배우자, 자녀, 친한 친구들 등 세상에서 우리가 가장 소중하게 여기는 관계들을 생각해보라. 그런 관계들은 단번에 모든 정보를 다 알기보다는 세월이 흐르면서 조금씩 더 많이 알아가는 기쁨을 주는 것이 보통이다. 하나님에 관해 모든 것을 한꺼번에 알고 영원히 새롭게 발견할 것이 아무것도 없다면 끝없는 세월을 얼마나 무료하게 보낼 것인지 생각해보라.

이렇게 말하면 성경을 좀 아는 사람들은 "예레미야서 31장 34절이 '그들이 다시는 각기 이웃과 형제를 가리켜 이르기를 너는 여호와를 알라 하지 아니하리니 이는 작은 자로부터 큰 자까지 다 나를 알기 때문이라'고 말씀하고 있지 않습니까? 결국 이 말씀은 하나님에 관한 완전한 지식을 즉각적으로 얻게 될 것이라는 의미가 아닌가요?"라고 말할지도 모른다.

그러나 예레미야가 하나님의 왕국에서 더 이상 필요하지 않을 것이라고 말한 가르침은 하나님과 관계를 맺으라는 권고다. 그것이 "여호와를 알라"는 그의 말에 내포된 의미다. 새 하늘과 새 땅에 있는 사람들은 모두 이미 하나님과 관계를 맺은 사람들이다. 따라서 이 말씀은 모든 사람이 하나님에 관해 알아야 할 모든 것을 즉각적으로 알게 될 것이라는 의미가 아니다.

예를 들어 나는 나의 아내 에이미를 데니 선생님이 가르치는 7학년 수학반에서 처음 만났다. 당시 나는 그녀가 내가 본 여학생 중에 가장 예쁘다는 것 말고는 그녀에 대해 아는 것이 아무것도 없었다. 그러나 서로 쪽지를 주고받으면서 나는 그녀에 대해 더 많은 것을 알게 되었다. 시간이 흐르면서 우리의 우정은 연애 감정으로 바뀌었고, 결국에는 결혼을 거쳐 40년 동안의 부부 생활로 이어졌다. 매번 해가 지날수록 나는 여전히 아내에 대해 새로운 것들을 배우고 있다.

아내와 같은 유한한 인간에 대해서도 계속해서 새로운 것을 배워야 한다면 무한하신 하나님에 관해서는 배워야 할 것이 무한히 더 많지 않겠는가?

한 신학자는 이렇게 말했다.

우리는 계속해서 하나님에 대해 더 많이 놀라고, 그분을 더 많이 사랑하고, 그분의 임재와 그분과의 관계를 더 많이 즐기게 될 것이다. 하나님에 대한 우리의 경험은 결코 다함이 없을 것이다. 우리는 절정에 이르러 더 이상 아무것도 발견할 것이 없는 상태에 이르지 않을 것이다. 하나님에 대한 우리의 경험은 멈추지 않고, 갈수록 깊어지고, 발전하고, 강해지고, 확대되고, 늘어나고, 증가하고, 넓어질 것이다.[9]

진정한 안식을 경험하기

앞서 말한 대로 우리는 영원히 악기나 연주하며 구름을 타고 둥둥 떠다니지 않을 것이다. 하나님은 우리 각자에게 할 일을 주실 것이다. 그 일은 우리를 지치게 만드는 세상의 온갖 장애 요인으로부터 온전히 자유로운, 신나는 일일 것이다.

---

9) Alcorn, *Heaven*, 179.

그러나 이것은 휴식 없이 계속 일만 할 것이라는 의미가 아니다. 하나님이 세상을 창조하고 일곱째 날에 안식하신 이유는 피로를 느꼈기 때문이 아니라 자신이 만든 세상을 관조하시기 위해서였다. 하나님은 날과 해와 절기를 구별해 이스라엘 백성에게 안식을 허락하셨다.

하나님은 우리가 스트레스 쌓이는 피곤한 일상을 살고 있다는 것을 잘 아신다. 이것이 예수님이 피곤에 지친 사람들에게 "수고하고 무거운 짐 진 자들아 다 내게로 오라 내가 너희를 쉬게 하리라"(마 11:28)고 말씀하신 이유다. 이 약속은 이 세상이라는 옛 땅을 넘어서서 새 땅에까지 이어진다. 요한 사도는 하늘의 명령을 받고 "지금 이후로 주 안에서 죽는 자들은 복이 있도다 … 그러하다 그들이 수고를 그치고 쉬리니 이는 그들의 행한 일이 따름이라 하시더라"(계 14:13)고 기록했다.

요한에게 주어진 약속은 대환난 동안 믿음 때문에 순교한 신자들을 위한 것이다. 그들은 마침내 모든 수고를 그치고 안식을 누릴 것이다. 요한은 그들이 다시 일하지 않을 것이라거나 영원한 잠에 빠져들 것이라고 말하지 않았다. "수고"로 번역된 헬라어 '코포스'는 그들이 미래의 신자들과 더불어 경건하지 못한 세상에서 경건하게 살려고 애써야 하는 힘든 일을 의미한다.

그러나 우리가 새 하늘과 새 땅에서 누리게 될 안식은 단지 적대 세력이나 박해가 없는 것 이상의 의미를 지닌다. 예수님이 약속하신 안식은 죄의 저주 때문에 쉽게 피로를 느끼는 불완전한 육체와는 아무런 관련이 없다. 그분이 언급하신 약속은 성부 하나님이 엿새 동안 세상을 창조하고 나서 취하신 안식과 똑같은 것이다.

이 안식은 일을 잘해낸 만족감을 느끼기 위해 일을 잠시 중단하고 취하는 휴식이다. 이 안식은 우리가 이룬 것을 관조하며 "좋다, 참 좋다"라고 말하기 위해 노동을 잠시 중단하는 것을 의미한다. 이 안식은 심지어 새 하늘과 새 땅에서조차 우리의 일이 중요한 만큼 우리가 누려야 할 삶의 다른 측면들도 똑같이 중요하다는 사실을 상기시켜주기 위한 휴식이다 (그런 측면 가운데는 하나님을 비롯해 다른 사람들과의 완전한 관계, 곧 우리가 항상 갈망해온 관계들이 포함된다).

6장

천국에 있는 사람들은 세상에서 일어나고 있는 일을 아는가?

> 보라 내가 새 하늘과 새 땅을 창조하나니
> 이전 것은 기억되거나
> 마음에 생각나지 아니할 것이라
> 사 65:17

내가 죽었다고 가정해보자. 죽어서 지금 천국의 문 앞에 서 있다. 베드로가 나와서 나를 맞이한다. 그가 내 이름을 듣고는 예약 여부를 확인한다. 모든 절차가 끝나자 그는 미소를 지으며 나를 천국으로 맞아들여 내가 살게 될 집으로 인도한다. 그리고 나서는 흰 옷과 금 면류관과 극장 입장표가 들어 있는 보따리를 건넨다.

흰 옷과 면류관은 그다지 놀랍지 않다. 왜냐하면 어딘가에서 천국의 흰 옷과 면류관에 관한 이야기를 읽은 기억이 있기 때문이다. 그러나 입장표는 전혀 뜻밖이다. 내가 "이것이 무슨 입장표인가요?"라고 묻자 베드로는 "영화 관람을 위한 것이오. 오늘 밤 우리는 두 가지 영화를 볼 것이오. 하나는 당신과 함께 자동차 사고로 죽은 당신의 친구에 관한 영화라오. 그것은 비극, 아니 '공포 영화'라고 말하는 편이 더 나을 듯하오. 왜냐하면 당신의 친구는 이곳에 오지 못했기 때문이오. 그는 지금 지옥에 있소이다. 그러나 다른 하나는 당신의 삶에 관한 영화라오. 당신이 주인공이고, 배우자와 자녀와 여러 친구들과 지인들이 조연으로 출연할 것이요. 영화의 절정 부분은 당신의 장례식일 것이요. 그것은 참으로 슬픈 장면이라오. 그러나 분위기를 망쳐 당신의 기분을 상하게 할 생각은 조금도 없소이다. 당신은 그 영화를 진정으로 즐길 수 있을 것이오"라고 말했다.

내가 뭐라고 대꾸하기도 전에 베드로는 "이제 다 왔소. 여기 당신의 열쇠요. 휴식을 좀 취하시오. 곧 매진될지 모르니 극장에 일찍 나오는 것을 잊지 마시오. 천국에 있는 모든 사람들이 참석할 것이요"라고 말했다. 베드로는 그 말과 함께 미소 띤 얼굴로 발길을 돌려 총총히 사라졌다.

물론 천국에서 우리의 삶이나 지옥에 간 사람들의 삶을 묘사한 영화 관람표를 나눠줄 리는 없다. 그러나 천국의 거주자들이 세상에서 일어나는 일을 지켜보거나 어두운 지옥을 엿볼 수 있는지 궁금해하는 사람들이 많다. 과연 그들은 지금 우리를 지켜보고 있을까?

천국의 증인들

히브리서 저자는 히브리서 11장에서 믿음의 영웅들을 차례로 소개하고 나서 이렇게 결론지었다.

"이러므로 우리에게 구름 같이 둘러싼 허다한 증인들이 있으니 모든 무거운 것과 얽매이기 쉬운 죄를 벗어 버리고 인내로써 우리 앞에 당한 경주를 하며"(히 12:1).

언뜻 보면, 천국의 거주자들이 마치 육상 대회에 참석한 관람객들처럼 관중석에 앉아 세상의 거주자들이 믿음의 경주를 하는 모습을 지켜보고 있다는 것이 이 구절의 의미인 듯하다.

솔직히 말해, 셀 수 없이 많은 눈들이 우리의 일거수일투족을 지켜보고 있다고 생각하면 기분이 좀 오싹해진다. 부부의 사랑을 묘사한 성경을 기록한 솔로몬이 우리의 침상을 엿보고 있다고 생각하면 좀 당황스러울 수밖에 없다. 또 세상을 떠난 할머니가 우리를 지켜보고 있다면 어떨까? 굳이 말하지 않아도 어떤 느낌인지 알 것이다.

그러나 이것이 히브리서 12장 1절의 의미일까? "증인"이라는 말에는 '관람객'의 의미가 담겨 있지만 이 구절의 의미는 천국의 거주자들이 팝콘을 집어먹고 콜라를 홀짝이면서 우리를 지켜본다는 것이 아니다. "구름 같이 둘러싼 허다한 증인"은 문맥에서 히브리서 11장에 언급된 구약시대의 신자들만을 가리킨다. 저자가 말하려는 요점은 믿음으로 인내했던 그들의 모범적인 삶을 기억하고, 우리도 어떤 어려움 속에서도 끝까지 하나님께 복종해야 한다는 것이다.

그럼에도 불구하고 천국에 있는 사람들이 천국 밖에서 일어나는 일을 알고 있다는 것을 암시하는 내용이 더러 발견된다. 예를 들어 그리스도께서는 소아시아의 일곱 교회를 책망하거나 칭찬하셨다. 이것은 그분이 세상에 있는 신자들이 순종하는지 불순종하는지를 알고 계신다는 증거다. 바울 사도도 자신의 삶이 "천사와 사람에게 구경거리가 되었노라"(고전 4:9)는 말로 천국에 있는 존재들이 자신의 행동을 지켜보고 있다고 암시했다. 우리는 이 구절을 근거로 천사들도 우리가 세상에서 하는 행동을 알고 있다고 추론할 수 있다.

천국에 있는 사람들이 세상에서 일어나고 있는 일을 알고 있는 것처럼 암시하는 성경의 사례들은 이 외에도 더 있다.

아브라함과 어리석은 부자

앞서 4장에서 부자와 나사로에 관한 예수님의 비유를 살펴본 바 있다. 그러나 우리는 이 비유에서 한 가지 사실을 더 발견할 수 있다. 부자는 음부(구원받지 못한 채 죽은 사람들이 거하는 장소)에 도착하는 순간, 즉시 자신의 고통과 천국에 있는 나사로의 기쁨을 의식했다. 이것이 중요한 이유는 일부 신학자들과 제칠일 안식일 예수 재림 교회와 같은 종파들이 죽는 순간에 즉시 의식이 멈춘다고 주장하기 때문이다. 이것은 때로 '영혼 수면설'로 일컬어지는 개념이다.[1]

부자는 아브라함에게 말을 했고, 아브라함은 그에게 대답했다. 이것

---

1) 성경은 '죽음'을 가리켜 '육체가 잠을 자는 것'에 종종 비유하지만(요 11:11-14; 행 7:59-60; 13:36; 살전 4:13) 영혼이 잠을 잔다고 표현한 내용은 성경 어디에서도 발견되지 않는다. '잠들다'로 번역된 헬라어 '코이마오'는 '눕다'로 번역되기도 한다. '코이마오'는 숙박업소에서 하룻밤을 지내고 아침에 여행을 계속하는 사람을 가리키는 의미로 사용되었다. 신자가 죽을 때도 그와 비슷한 일이 일어난다. 즉 신자의 육체는 땅속에서 '잠을 자고' 영혼은 일어나서 천국을 향한 여행을 계속한다. 다음의 자료를 참조하라. Jeremiah, *Answers to Your Questions about Heaven*, 12.

은 두 사람 모두 온전한 의식을 지니고 있다는 것을 보여준다. 두 사람 모두 생각하고, 말하고, 듣고, 보고, 느끼고, 기억하고, 서로를 인식했을 뿐 아니라 각자의 장소에서 일어나고 있는 일을 모두 알고 있었다. 부자는 나사로의 즐거움을 알았고, 아브라함은 부자의 고통을 알았다.

이렇듯 음부에 있는 사람들은 천국에서 일어나는 일을 알고 있고, 천국에 있는 사람들은 음부에서 일어나는 일을 알고 있다. 그렇다면 천국에 있는 사람들은 세상에서 일어나는 일을 알고 있을까?

대환난의 순교자들과 세상에 대한 심판

미래에 땅 위에서 하나님의 무서운 심판이 진행되는 동안, 많은 사람들이 예수님을 믿게 될 것이다. 그러나 오늘날 중동 지역에 있는 그리스도인들이 믿음 때문에 순교를 당하는 것처럼 '대환난 시대의 신자들'도 그리스도를 따르는 것에 대한 궁극적인 대가를 요구받게 될 것이다. 요한은 환상 중에 순교 당한 신자들이 하나님의 보좌를 둘러싸고 자신들을 살해한 자들에 대한 정의로운 심판을 부르짖는 장면을 목격했다.

"다섯째 인을 떼실 때에 내가 보니 하나님의 말씀과 그들이 가진 증거로 말미암아 죽임을 당한 영혼들이 제단 아래에 있어 큰 소리로 불러 이르되 거룩하고 참되신 대주재여 땅에 거하는 자들을 심판하여 우리 피를 갚아 주지 아니하시기를 어느 때까지 하시려 하나이까 하니"(계 6:9-10).

천국에 있는 순교자들은 세상에서 무슨 일이 일어나는지 혹은 일어나지 않고 있는지 정확하게 알고 있었다. 세상에서 그들을 박해했던 사람들은 아무런 제약도 받지 않고 여전히 하나님의 백성들을 짓밟고 있었다. 그들은 "하나님, 그리스도의 원수들을 언제까지 그대로 놔두실 생각이신가요? 이제는 행동을 취하셔야 할 때가 되었습니다"라고 부르짖었다. 겉으로는 하나님이 아무런 대책도 없으신 것처럼 보였고, 그들은 그런 사실에 대해 실망감을 표출했다. 그런 일이 가능한 이유는 그들이 세상에서 일어나고 있는 일을 알았기 때문이다.

요한은 나중에 대환난이 끝나고 아마겟돈 전쟁이 일어나기 전에 하늘의 모든 성도가 큰 소리로 세상에 대한 하나님의 심판을 찬양하는 광경을 환상을 통해 보았다. 그들은 이렇게 외쳤다.

"할렐루야 구원과 영광과 능력이 우리 하나님께 있도다 그의 심판은 참되고 의로운지라 음행으로 땅을 더럽게 한 큰 음녀를 심판하사 자기 종들의 피를 그 음녀의 손에 갚으셨도다"(계 19:1-2).

천국에 있는 신자들이 땅 위에 있는 원수들을 심판하신 하나님을 찬양할 수 있었던 이유도 그들이 세상에서 일어나고 있는 일을 알았기 때문이다.

천국의 성도들과 구원받지 못한 자들의 구원

예수님은 비유로 가르치기를 좋아하셨다. 예수님이 가르친 가장 유명한 비유 가운데 세 가지(잃어버린 양의 비유, 잃어버린 동전의 비유, 탕자의 비유)가 누가복음 15장에 기록되어 있다. 이 세 가지 비유는 그 목적이 똑같다. 그것은 스스로 의로운 척하며 죄인들을 증오하는 바리새인들의 태도와 진정으로 의로우며 죄인들을 사랑하시는 하나님의 태도를 대조하는 것이다.

예수님이 이 세 가지 비유를 통해 가르치려고 하셨던 요점도 똑같다. 그것은 무엇인가 가치 있는 것(양, 동전, 자녀)을 잃어버리면 그 잃어버린 것을 욕하거나 저주해서는 안 된다는 것이다. 오히려 그럴 때는 그것을 찾으려고 애써야 하고, 또 찾았을 때는 크게 기뻐해야 한다.

하나님은 자기를 멀리한 채 살아가는 사람들에 대해 그런 태도를 취하신다. 하나님은 '잃어버린' 자들을 미워하지 않으신다. 그분은 그들을 사랑하시고, 그들과의 관계가 다시 회복되었을 때 크게 기뻐하신다. 그러나 예수님은 죄인과 하나님의 관계가 회복되었을 때 단지 하나님 혼자서만 기뻐하시는 것은 아니라고 말씀하셨다.

"내가 너희에게 이르노니 이와 같이 죄인 한 사람이 회개하면 하늘에서는 회개할 것 없는 의인 아흔아홉으로 말미암아 기뻐하는 것보다 더하리라 … 죄인 한 사람이 회개하면 하나님의 사자들 앞에 기쁨이 되느니라"(눅 15:7, 10).

예수님은 죄인들의 회개를 천사들이 기뻐한다고 말씀하지 않으셨다 (물론 그럴 가능성도 충분하다). 그분은 "하늘에서는 … 하나님의 사자들 앞에 기쁨이 되느니라"고 말씀하셨다. 이 말씀에는 천국에 있는 신자들이 땅에서 죄인이 회개했을 때 기뻐한다는 의미가 담겨 있다. 하나님 외에 이미 구원을 경험한 사람들보다 천국에서 불신자들의 구원을 더 많이 기뻐할 사람이 누가 있겠는가? 만일 그 불신자가 그들의 가족이나 친구였다면 더더욱 기뻐할 것이다.

천국의 시민들이 죄인들의 구원을 기뻐한다면 그것은 그들이 세상에서 일반적으로 일어나고 있는 일은 물론 각 개인이 세상에서 행하는 구체적인 행위(즉 그리스도의 구원 초청을 받아들이거나 거부하는 것)까지 모두 알고 있다는 증거일 것이다.

지옥의 포로들

천국에 있는 신자들이 세상에 있는 누군가가 믿음으로 구원받은 사실을 알고 기뻐한다면, 마찬가지로 누군가가 정죄받은 사실을 알 때 슬퍼하지 않겠는가? 만일 그렇다면 천국에 있는 신자들은 세상에서 자기가 관심을 기울였던 누군가가 지옥에서 영원한 고통을 받게 된다는 사실을 알 때 슬프지 않겠는가?

이것은 흥미로운 질문이다. 그러나 이 질문을 다루기 전에 우리가 이해해야 할 지옥에 관한 진리를 몇 가지 살펴보면 다음과 같다.

지옥의 필요성

지옥은 하나님이 본래 창조하셨던 세계의 일부가 아니었다. 지옥은 불필요했다. 하나님은 우주를 창조하고 "보시기에 좋았더라"(창 1:4)고 말씀하셨다. 사실 창조된 세상은 "심히 좋았다." 그러나 사탄이 반역을 일으키고, 인류의 첫 부부를 유혹하여 그들로 하여금 전능하신 하나님을 거역하게 만들자 비로소 지옥이 필요하게 되었다. 워렌 위어스비는 그 이유를 이렇게 설명했다.

> 지옥은 하나님의 의로우신 성품을 드러낸다. 그분은 죄를 심판하셔야 한다. 지옥은 또한 인간의 책임, 곧 인간이 로봇이나 무력한 희생자가 아니라, 선택을 할 수 있는 피조물이라는 사실을 보여준다. 하나님은 "사람들을 지옥에 보내지 않으신다." 사람들이 구원자를 거부함으로써 스스로를 지옥에 보내는 것이다. 지옥은 죄의 끔찍함을 드러낸다. 하나님의 관점으로 죄를 바라보면 지옥과 같은 장소가 왜 필요한지 이해할 수 있을 것이다.[2]

사탄이 세상에서 이루려는 목적은 매우 단순하면서도 사악하다. 그의 목적은 가용한 수단을 모두 동원해 세상을 위한 하나님의 계획을 훼손하고 파괴하는 것이다. 인간은 첫 조상의 타락 이후로 모두 죄에

---

2) Warren Wiersbe, *The Wiersbe Bible Commentary: New Testament* (Colorado Springs, CO: David C. Cook, 2007), 1097.

오염되었기 때문에 기꺼이 사탄과 공모하려는 존재가 되었고, 사탄을 도우려는 사람들은 헤아릴 수 없이 많다.

"하나님은 왜 세상에 악을 허용하셨는가?"라는 물음의 대답을 알고 싶거든 우리 자신을 거울에 비춰보면 된다. 세상이 이렇게 끔찍한 장소로 변하게 된 책임은 하나님이 아닌 우리에게 있다.

- 도시들이 매춘, 갱단, 약물 남용으로 몸살을 앓는 이유는 무엇일까?
- 기업과 정부가 거짓과 은폐와 부패를 일삼는 이유는 무엇일까?
- 가정들이 이혼, 불륜, 포르노 등으로 무너지는 이유는 무엇일까?
- 교회들이 예배 방식이나 목회자의 성품이나 문화적 적절성을 요구하는 압력과 같은 문제로 분열을 겪는 이유는 무엇일까?

이것들은 창조주를 거역한 데서 비롯한 파괴적인 결과들 가운데 몇 가지에 지나지 않는다. 그러나 이런 반역 행위가 영원히 계속되지는 않을 것이다. 언젠가는 우주가 본래 상태로 회복될 날이 올 것이다. 그때가 되면 악은 더 이상 승리할 수 없고 아예 존재하지도 않을 것이다. 그날이 오면 하나님의 사랑을 거부한 사람들은 사후 세계에서 신자들과 영원히 분리될 것이다. 불신자들을 피조 세계에서 내몰아 지옥에 가두지 않는다면 악이 또다시 하나님의 피조 세계를 오염시키고 새 하늘과 새 땅을 파괴할 것이다.

'지옥'은 무슨 의미일까?

4장에서 살펴본 대로 헬라어 '하데스'는 구원받지 못하고 죽은 사람들이 일시적으로 머무는 장소를 가리킨다. 신약성경은 이밖에도 다른 두 가지 용어를 사용해 구원받지 못한 사람들의 최종 목적지, 즉 우리가 지옥으로 부르는 곳을 묘사한다.

먼저 베드로는 '타르타로스'라는 용어를 사용했다. 그는 "하나님이 범죄한 천사들을 용서하지 아니하시고 지옥(타르타로스)에 던져 어두운 구덩이에 두어 심판 때까지 지키게 하셨으며"(벧후 2:4)라고 말했다.

귀신들(사탄을 좇아 하나님께 반역했던 천사들)은 대부분 세상을 자유롭게 돌아다니며 기회가 있을 때마다 파괴적인 행위를 저지른다. 그러나 '타르타로스'에 갇힌 귀신들은 하나님께 대해 특별히 악한 죄를 저질렀기 때문에 자유롭게 돌아다닐 수 없다. 많은 사람들은 그들이 지은 죄가 세상에서 여자들과 통정한 것이라고 생각한다(창 6장 참조). 하나님은 그들이 그런 죄를 짓자 즉시 그들을 마지막 심판의 때까지 '타르타로스'에 가두셨다.

"또 자기 지위를 지키지 아니하고 자기 처소를 떠난 천사들을 큰 날의 심판까지 영원한 결박으로 흑암에 가두셨으며"(유 1:6).

"큰 날의 심판"이란 하나님이 사탄과 타락한 천사들을 모두 '불과 유황 못에 던지는 것'을 의미한다(계 20:10). 영어 성경에서 지옥으로 번역된 헬라어 '게헨나'도 사탄과 귀신들, 적그리스도, 불신자들이 영원히 고통을 받는 장소를 가리킨다. 이 명칭은 '힌놈의 골짜기' 또는 '힌놈의 아들의 골짜기'를 뜻하는 히브리어 '겐 힌놈'에서 유래했다.[3] 이 용어는 '게힌놈'으로 축약되고 헬라어로 번역되면서 '게헨나'가 되었다.

힌놈의 골짜기는 예루살렘 남서쪽에 있다. 예레미야 당시, 그곳은 유대인들이 인신 제사를 드리던 장소였다. 그들은 그곳에서 몰렉이라는 우상을 위해 아이들을 산 채로 불태웠다(렘 7:30-33).[4]

그리스도 당시에 그 골짜기는 예루살렘의 쓰레기 처리장이자 범죄자들을 매장하는 용도로 활용되었다. 이처럼 그 골짜기는 아이들을 제물로 바친 악한 역사를 지니고 있었기 때문에 1세기의 유대인들은 '게헨나'라는 용어를 악인들을 영원히 단죄하고 징벌하는 장소와 연관시켰다. 예수님은 '게헨나'를 '바깥 어두운 데', 곧 '슬피 울며 이를 가는 곳'이자(마 8:12) '구더기도 죽지 않고 불도 꺼지지 않는 곳'으로 묘사하셨다(막 9:48). 이것이 예수님을 믿고 죄 사함을 받는 것을 거부한 사람들의 영원한 운명이다.

지옥은 어떤 곳일까?

루이스는 『스크루테이프의 편지』에서 노회한 악마의 입을 빌려 "지

---

[3] 수 15:8; 18:16; 왕하 23:10; 느 11:30 참조.
[4] 대하 28:3; 33:6; 렘 19:6; 32:35 참조.

옥에 가는 가장 안전한 길은 서서히 진행되는 길, 곧 경사도 완만하고 발아래 땅도 부드럽고 갑작스러운 굴곡이나 이정표나 푯말이 없는 길이다"라고 말했다.[5] 그 말은 사실이다. 예수님은 지옥에 이르는 길이 넓고 그 문은 크다고 말씀하셨다(마 7:13). 지옥에 가기는 쉽지만 그곳에서 벗어나기는 불가능하다. 그렇다면 성경은 그리스도 없이 죽는 자들이 가게 될 이 영원한 목적지에 대해 어떻게 가르칠까?

성경이 음부와 게헨나에 관해 가르친 내용을 모두 종합하면 그 무서운 장소와 관련된 몇 가지 중요한 사실을 발견할 수 있다. 이제부터는 말을 간결하게 하기 위해 구원받지 못한 사람들이 일시적으로 머물거나 영원히 머무는 장소를 모두 '지옥'으로 일컫기로 하자.

지옥은 물리적인 장소다

천국처럼 지옥도 실제 장소다. 부자와 나사로의 비유를 보면, 지옥이 "멀리" 있고(눅 16:23), 불꽃이 타오르고(눅 16:24), "큰 구렁텅이"(눅 16:26)에 의해 천국과 완전히 분리된 것을 알 수 있다. 이런 문구들은 그곳이 정신적인 상태가 아닌 실제 장소라는 것을 보여준다. 요한은 지옥을 "불못"으로 일컬었다(계 19:20; 20:10, 14-15). 요한은 마지막 심판이 끝나고 새 하늘과 새 땅이 임하기 전에 "사망과 음부도 불못에 던져지는" 것을 목격했다(계 20:14). 오직 물리적인 장소(음부)만이 또 다른

---

[5] C. S. Lewis, *The Screwtape letters* (San Francisco: HarperSanFrancisco, 2001), 61.

물리적인 장소(불못)에 던져질 수 있다.

양과 염소가 분리될 것이라는 예수님의 말씀(마 25:32-46)도 지옥이 지리적인 장소라는 사실을 강하게 암시한다. 7년 대환난이 끝나면 예수님은 신자들(양)과 불신자들(염소)을 분리하실 것이다. 그분은 염소들은 '영벌'(지옥)에 들어가고, 양들은 '영생'(천국)에 들어갈 것이라고 말씀하셨다(마 25:46). 예수님이 신자들은 실제 장소(천국)에 들어가고 불신자들은 불쾌한 정신적 상태(지옥)에 처하게 될 것이라고 말씀하셨다는 생각은 논리에 맞지 않는다. 예수님이 마태복음 25장의 다른 곳에서 하신 말씀도 지옥의 현실을 의심할 만한 여지를 조금도 남기지 않는다. 그분은 불신자들이 '저주를 받아 마귀와 그 사자들을 위하여 예비된 영원한 불에 들어갈 것'이라고 말씀하셨다(마 25:41).

지옥과 불은 실제적인 것이지만 지옥의 불은 그곳에 던져진 사람들의 육체나 영혼을 불태워 없애지 않을 것이다. 불신자들은 물리적이고 영적인 고통을 영원히 당하게 될 것이다. 뜨거운 난로에 살은 타지 않고 계속 데이는 것처럼 지옥에 있는 사람들도 상처 없이 고통만 맛볼 것이다.

지옥은 영원히 물리적인 고통을 당하는 장소다

성경은 신자와 불신자를 막론하고 세상에 살았던 모든 사람들의 육체가 부활할 것이라고 가르친다. 신자들은 새 하늘과 새 땅에서 말로 다할 수 없는 즐거움을 누리는 데 적합한 새 육체를 얻게 될 것이고,

불신자들은 영원히 지옥의 고통을 당하는 데 적합한 육체를 얻게 될 것이다. 하나님이 불신자들에게 영원한 고통을 당하는 데 적합한 '새' 육체를 허락하실 것이라는 사실이 생소하다면 요한복음 5장에 기록된 예수님의 말씀을 읽어보라.

"이를 놀랍게 여기지 말라 무덤 속에 있는 자가 다 그(하나님의 아들)의 음성을 들을 때가 오나니 선한 일을 행한 자는 생명의 부활로, 악한 일을 행한 자는 심판의 부활로 나오리라"(요 5:28-29).

요한은 환상 중에 구원받지 못한 자들의 부활을 목격하고 이렇게 증언했다.

"또 내가 크고 흰 보좌와 그 위에 앉으신 이를 보니 땅과 하늘이 그 앞에서 피하여 간 데 없더라 또 내가 보니 죽은 자들이 큰 자나 작은 자나 그 보좌 앞에 서 있는데 책들이 펴 있고 또 다른 책이 펴졌으니 곧 생명책이라 죽은 자들이 자기 행위를 따라 책들에 기록된 대로 심판을 받으니 바다가 그 가운데에서 죽은 자들을 내주고 또 사망과 음부도 그 가운데에서 죽은 자들을 내주매 각 사람이 자기의 행위대로 심판을 받고 사망과 음부도 불못에 던져지니 이것은 둘째 사망 곧 불못이라 누구든지 생명책에 기록되지 못한 자는 불못에 던져지더라"(계 20:11-15).

어떤 신학자들은 하나님이 잔인하고 기괴한 형벌을 가하는 분이라고 비난받으시는 게 거북했는지 '소멸설'이라는 교리를 창안했다. 이 교리는 불신자들이 물리적으로 영원히 고통을 당하지 않고 완전히 소멸된다고 주장한다. 소멸설의 주창자들은 예수님과 바울이 지옥에 가는 사람들의 '멸망'에 관해 가르친 사실을 근거로 내세운다.[6]

그러나 '멸망'으로 번역된 헬라어 '올레드로스'는 '소멸'이 아닌 '갑작스러운 파멸'을 의미한다. 이 말은 삶을 가치 있게 만드는 것을 모두 상실한 채 하나님과 완전히 분리되는 것을 가리킨다.

목회자인 나는 그런 파멸을 종종 목격한다. 가령 어떤 사람이 불륜과 이혼으로 가정을 파괴하거나 술에 중독되어 명예와 존엄성을 상실하면 그로 인한 고통은 일시적이지 않고 사는 동안 내내 계속된다.

또한 소멸설은 요한계시록 19장 20절과 20장 10절의 가르침에 정면으로 배치된다. 이 말씀에 따르면 아마겟돈 전쟁과 예수님의 재림 이후에 적그리스도와 거짓 선지자는 영원한 '불못'에 던져진다(계 19:20). 그로부터 천 년이 지난 후에는 사탄과 그의 수하들까지 모두 같은 불못에 던져진다.

> "그들을 미혹하는 마귀가 불과 유황 못에 던져지니 거기는 그 짐승과 거짓 선지자도 있어 세세토록 밤낮 괴로움을 받으리라"(계 20:10).

---

6) 마 7:13; 살후 1:8-9; 고전 5:5; 살전 5:3; 딤전 6:9 참조.

"그 짐승과 거짓 선지자도 있어"라는 문구에 주목하라. 적그리스도와 거짓 선지자(둘 다 인간이다)가 불못에 던져지는 순간에 소멸되었다면 요한은 '그 짐승과 거짓 선지자가 있었던'이라고 기록했을 것이다. 그러나 천 년이 지난 후에도 그 둘은 여전히 살아서 '세세토록 밤낮 괴로움을 받게 될' 장소에서 고통을 당하는 중이다.

'세세토록'이라는 표현이 중요한 이유는 지옥이 (물리적인) "영벌"(마 25:46)의 장소라는 예수님의 말씀과 일맥상통하기 때문이다. 요한은 하나님을 향한 끝없는 예배, 끝없는 하나님의 생명, 끝없는 하나님의 왕국을 묘사할 때도 이 표현을 사용했다.[7] 나보다 먼저 댈러스 제일침례교회를 담임했던 크리스웰 박사는 '세세토록'은 신자와 불신자의 경험을 똑같이 묘사하는 표현이기 때문에 만일 불신자들이 지옥에 머무는 시간에서 1분을 제하면 신자들이 천국에 머무는 시간에서도 그와 똑같은 양의 시간을 제해야 할 것이라고 말하곤 했다.

지옥은 말로 다 형용할 수 없을 만큼 외로운 장소다

지옥은 '파티의 장소'이기 때문에 천국보다 지옥에 가고 싶다고 농담하는 사람들이 많다. 그러나 지옥에는 파티가 없다. 지옥에서는 서로 교제를 나눌 수 없다. 왜냐하면 아무도 다른 사람이나 사물을 볼 수 없을 것이기 때문이다. 예수님은 지옥을 "바깥 어두운 데"(마 8:12)라고

---

7) 하나님에 대한 영원한 예배(계 1:6; 4:9; 5:13), 영원히 살아 계시는 하나님(계 4:10; 10:6), 하나님의 영원한 나라(계 11:15).

일컬으셨다. 지옥은 그리스도의 빛이 없는 장소다. 지옥에 있는 사람들은 모두 "주의 얼굴과 그의 힘의 영광"을 떠나 있다(살후 1:9).

내 친구 가운데 하나는 동굴 탐험을 좋아한다. 동굴들은 대개 뉴멕시코의 칼즈배드 동굴처럼 석순과 종유석을 비롯해 기이하게 생긴 여러 가지 바위를 보여주기 위해 내부에 불을 환하게 밝힌 경우가 많다. 그러나 친구가 방문한 콜로라도의 한 동굴은 손전등이나 헤드램프의 불빛 외에 아무런 빛도 없었다. 그는 그곳에서 동굴의 진흙 바닥을 배로 기어 다니며 즐거움을 만끽했다.

그러다가 안내자가 모두에게 일제히 불을 끄라고 말하는 순간, 동굴의 어둠이 그를 뒤덮었다. 그는 어둠 속에서 밀실에 갇힌 듯한 공포감을 느꼈다고 말했다. 눈앞에 있는 손도 보이지 않았고, 심지어는 자기가 눈을 뜨고 있는지 감고 있는지조차 분간할 수가 없었다. 그는 모든 감각을 잃고 말았다. 동굴 바닥을 굳게 딛고 서 있는 발이 없었다면 어디가 위이고 어디가 아래인지도 분간하기 어려웠을 것이다.

그의 주위에는 아내와 관광 안내자를 비롯해 다른 사람들이 있었지만 모든 사람과 그렇게 단절된 느낌을 받아보기는 생전 처음이었다. 그는 설명할 수도, 이해할 수도 없고 단지 경험할 수 있을 뿐인 어둠과 고립감을 느꼈다고 말했다.

아마도 이것, 즉 완전한 고립감과 어둠의 심연이 지옥에 던져진 사람들이 겪게 될 일일 것이다.

지옥은 되돌아 나갈 출구가 없는 장소다

지옥은 돌이킬 수 없는 운명의 장소다. 이것이 부자와 나사로의 비유가 가르치는 요점이다. 아브라함은 고통을 당하는 부자에게 천국과 음부 사이에 "큰 구렁텅이가 놓여 있어 여기서 너희에게 건너가고자 하되 갈 수 없고 거기서 우리에게 건너올 수도 없게 하였느니라"(눅 16:26)고 말했다. 일단 죽어서 운명이 영원히 결정되면 말 그대로 영원히 되돌릴 수 없다.

소설가 제임스 조이스는 『젊은 예술가의 초상』에서 지옥에 있는 모든 사람들이 경험해야 할 절망감과 무기력함을 암시했다. 어느 설교자는 교인들에게 지옥의 고통을 묘사하고 나서 이렇게 말했다.

> 마지막으로 생각할 것은 저주받은 자들끼리 이 무시무시한 감옥의 고통을 서로 더 크게 증폭시킨다는 것이요. … 지옥에서는 법 체제가 모두 전복되고, 가족이나 국가나 유대감이나 관계에 대한 생각은 전혀 존재하지 않을 것이요. 저주받은 자들은 서로를 향해 괴성을 지르고 악을 쓸 것이요. 그들의 고통과 분노는 자기들처럼 고통을 당하며 분노하는 사람들로 인해 더욱 배가될 것이요. 저주받은 자들은 입으로 하나님을 모독하는 말을 마구 쏟아내고, 함께 고통을 당하는 자들에 대한 증오심을 뿜어내며, 자기와 죄를 함께 공모한 자들의 영혼을 저주할 것이요. … 그들은 공범자들을 공격하고, 그들을 신랄하게 비난하고, 저주할 것이요. 그러나 그들은 아무런 힘도 없고 희망도 없는 상태라오. 회개하기에

는 때가 너무 늦고 만 것이오.[8]

지옥이라는 감옥에서 빠져나올 수 있는 사람은 아무도 없다. 지옥은 돌이킬 수 없는 운명의 장소다. 회개를 늦추고 지옥의 문에 들어갈 때까지 기다린다면 이미 때는 늦고 만다.

지옥은 인류의 대다수가 가게 될 운명의 장소다

아돌프 히틀러, 이오시프 스탈린, 폴 포트, 찰스 맨슨, 오사마 빈 라덴과 같은 극악무도한 사람들만 지옥에 갈 것이라고 믿는 사람들이 많다. 그런 사람들은 수많은 선량한 사람들이 단지 예수님을 불신하여 죄의 용서를 받지 않았다는 이유만으로 영원한 고통의 장소에 가게 될 것이라는 사실을 크게 의아해한다.

그들은 '예수님의 이름을 한 번도 들어본 적이 없는 사람들이나, 다른 종교를 진지하게 믿고 도덕적으로 올바른 삶을 산 사람들은 어떻게 될 것인가? 하나님이 참으로 그런 사람들도 그런 무서운 장소에 보내신단 말인가?'라고 생각한다.

나의 저서 『예수 말고 다른 길은 없다』에서 말한 대로, 예수님은 인류 가운데 적은 일부분만이 영생에 이르는 참된 길을 발견할 것이라고 가르치셨다. 그분은 마태복음 7장에서 이렇게 말씀하셨다.

---

[8] James Joyce, *A Portrait of the Artist as a Young Man* (Nw York: Everyman's Library, 1991), 151-152.

"좁은 문으로 들어가라 멸망으로 인도하는 문은 크고 그 길이 넓어 그리로 들어가는 자가 많고 생명으로 인도하는 문은 좁고 길이 협착하여 찾는 자가 적음이라"(마 7:13-14).

받아들이기 어려울 테지만 단지 대량 학살자, 아동 성폭행자, 테러분자들만 넓은 길을 걷는 '많은 사람들'에 속하는 것이 아니다. 선한 이웃으로서 자녀들을 사랑하며 진지하게 살아가는 종교적인 사람들도 '넓은 길'을 걷는다. 심지어는 예수님의 이름으로 종교적인 일을 행했다고 주장하는 사람들조차도 마지막 심판의 날에 지옥에 던져질 것이다. 예수님은 이렇게 말씀하셨다.

"나더러 주여 주여 하는 자마다 다 천국에 들어갈 것이 아니요 다만 하늘에 계신 내 아버지의 뜻대로 행하는 자라야 들어가리라 그 날에 많은 사람이 나더러 이르되 주여 주여 우리가 주의 이름으로 선지자 노릇 하며 주의 이름으로 귀신을 쫓아 내며 주의 이름으로 많은 권능을 행하지 아니하였나이까 하리니 그 때에 내가 그들에게 밝히 말하되 내가 너희를 도무지 알지 못하니 불법을 행하는 자들아 내게서 떠나가라 하리라" (마 7:21-23).

대다수가 지옥에 갈 것이라는 예수님의 가르침을 우리가 의아해하는 이유는 하나님의 기준을 너무 낮게 생각하기 때문이다. 우리는 하나님이 우리처럼 죄에 대해 관대하실 것이라 생각한다. 우리는 타인이나 우리 자신의 죄에 대해 관대할 때가 많기 때문에 "왜 하나님은 그렇게 하실 수 없는가?"라고 궁금해한다. 그러나 죄를 관용하는 우리의 태도는 우리의 경건함이 아닌 불경건함을 드러내는 증거다.

하나님은 이스라엘 백성을 향해 "네가 나를 너와 같은 줄로 생각하였도다"(시 50:21)라고 엄히 책망하셨다. 이 말씀은 우리 모두에게도 똑같이 적용된다. 하나님은 우리와 같지 않으시다. 하나님은 "눈이 정결하시므로 악을 차마 보지 못하시며 패역을 차마 보지 못하"신다(합 1:13). 따라서 그분은 죄를 반드시 징벌하신다. 모든 죄인에게 그리스도의 용서를 받을 수 있는 기회가 주어졌다. 용서를 받으면 천국에 간다. 또한 모든 죄인에게 그리스도의 용서를 거부할 수 있는 기회가 주어졌다. 용서를 거부하면 지옥에 간다.

우리가 마태복음 7장에 나온 예수님의 가르침을 의아해하는 또 하나의 이유는 우리 자신을 너무 높게 평가하기 때문이다. 우리는 우리의 선과 정의를 부풀리고 우리 자신을 모든 선과 정의의 척도로 삼는다. 그리고 그런 기준을 적용해 특히 히틀러나 빈 라덴 같은 사람들을 비교의 대상으로 삼아 우리 자신을 썩 괜찮은 사람이라고 생각한다.

그러나 하나님의 도덕적 기준은 우리의 기준과 다르다. 예를 들어 북극과 남극의 거리는 북극과 우주의 가장 먼 별 사이의 거리와 비교할 때 매우 하찮다. 그와 마찬가지로 아돌프 히틀러와 우리의 도덕적 차이는 상당히 크지만 완전하신 하나님과 불완전한 인간의 차이에 비하면 그야말로 아무것도 아니다.

하나님의 기준은 완전한 거룩함이다. 우리 가운데 그 기준을 충족시킬 수 있는 사람은 아무도 없다. 이것이 바로 바울이 "모든 사람이 죄를 범하였으매 하나님의 영광에 이르지 못하더니"(롬 3:23)라고 말한 이유다. 불신자들이 영원히 지옥에 머물러야 하는 이유는 그들이 선하지 않아서가 아니라 충분히 선하지 않기 때문이다. 기독교 철학자 피터 크리프트는 "극악한 악인들이 아니라 (예수 그리스도에 대해) 한 번도 관심을 기울인 적이 없는 선량하고, 온화하고, 공정하고, 점잖은 사람들이 지옥의 다수를 차지하게 될 것이다"라고 옳게 말했다.[9]

세상이나 지옥에서 일어나는 일들 때문에 천국의 기쁨이 줄어들까?

최소한 어떤 점에서는 천국에 있는 신자들이 세상에서 일어나고 있는 일들을 알고 있는 것이 분명해 보인다. 또한 나사로와 부자의 비유에 따르면 그들은 지옥에서 일어나는 일들도 알고 있는 것으로 나타난다. 따라서 "사랑하는 사람이 세상에서 치명적인 질병이나 관계의 단절이나 파괴적인 중독으로 인해 고통당하는 것을 알면서도 과연 천국에서 행복하게 지낼 수 있을까?"라는 의문이 자연스레 생겨난다.

---

9) Peter Kreeft, *Christianity for Modern Pagans: Pascal's Pensées* (San Francisco: Ignatius Press, 1993), 196.

만일 우리가 사랑하는 가족이나 친구들이 지옥에서 고통당하는 것을 알면 새 하늘과 새 땅에서 즐겁게 지낼 수 있을까? 우리의 자녀가 밤낮으로 영원히 고통을 당하는 것을 알면 하나님이 우리를 위해 예비하신 것이 아무리 화려하고 장엄한들 진정으로 기뻐할 수 있을까?

우리에게는 하나님의 생각을 온전히 이해할 수 있는 통찰력과 지혜가 없기 때문에 이것은 대답하기가 쉽지 않은 문제다. 그러나 "사랑하는 사람들이 세상이나 지옥에서 고통을 당하는 것을 아는 것과 천국에서 기쁨을 누리는 것을 어떻게 조화시킬 수 있을까?"라는 물음에 대해 우리가 생각해볼 수 있는 대답이 세 가지 있다.

하나님이 우리의 기억을 정화하실 것이다

어떤 기독교 사상가는 이 이론을 이렇게 설명했다.

"하나님이 한 어머니의 생각 속에서 반항적인 아들에 대한 기억을 지워 없애주실 수도 있기 때문에 그녀는 심지어 지옥에 가 있는 아들을 둔 사실조차 기억하지 못하는 상태로 천국의 지복을 누릴 수 있을 것이다."[10]

이 이론은 이사야서 65장 17절에 근거한다.

"보라 내가 새 하늘과 새 땅을 창조하나니 이전 것은 기억되거나 마음에

---

10) 랜달 로저의 말이다. *Wonder of Heaven*, 144.

생각나지 아니할 것이라"(사 65:17).

그러나 이것은 우리가 세상에서의 삶과 관련된 것을 모두 잊게 된다는 의미가 아니다. 그리스도와의 관계를 비롯해 우리가 세상에서 형성한 관계는 영원한 세상에서도 변함없이 계속될 것이다.

예를 들어 성경은 예수님이 상처를 그대로 지니고 계셨다고 증언한다(요 20:24-29). 그 상처를 보면 그분이 우리의 죄 때문에 십자가에서 죽으셨다는 사실을 떠올릴 수 있고, 그분을 죽음으로 몰아넣은 우리의 죄가 생각나 영원토록 열정을 다해 그분을 찬양할 수 있을 것이다.

이사야서 65장 17절은 16절과 연관 지어 생각해야 한다. 하나님은 이스라엘 백성에게 "이전 환난이 잊어졌고 내 눈 앞에 숨겨졌음이라"고 말씀하셨다. 잊는 주체는 우리가 아닌 하나님이시다. 이것은 전지하신 하나님이 이스라엘의 과거 죄를 기억하지 못하실 것이라는 의미가 아니다. 하나님은 단지 이스라엘의 죄를 그들에게 돌리지 않기로 선택하셨을 뿐이다. 내가 누군가를 용서한다는 것은 그 사람이 내게 저지른 잘못에 대한 기억을 지워 없앤다는 의미가 아니다.

사실, 그 죄를 잊고 싶어도 생물학적으로 그렇게 하기가 불가능하다. 왜냐하면 우리가 겪은 일은 모두 우리의 두뇌 속에 전기화학적으로 깊이 새겨져 있기 때문이다. 용서한다는 것은 나를 해친 사람을 해칠 수 있는 권리를 내려놓는다는 뜻이다.

성경 어디를 찾아봐도 하나님이, 우리가 알고 사랑하는 사람들 가운데 세상이나 지옥에서 고통당하는 사람들에 대한 기억을 모두 지워 없애주실 것이라고 암시하는 구절은 전혀 없다.

신자들은 천국의 기쁨에 몰입될 것이다

우리는 질병에 시달리는 지인들과 사랑하는 사람들, 굶어 죽어가는 수많은 어린아이들, 박해를 당하는 많은 그리스도인들이 이 세상에 존재한다는 사실을 알고 있다. 그러나 그렇게 고통받는 사람들이 있다는 것을 알더라도 우리는 여전히 좋은 음식이나 해변에서의 하루나 가족들과의 행복한 시간을 즐길 수 있다.

어떤 사람들은 다른 사람들의 고통에도 불구하고 그런 즐거움을 누린다는 것이 곧 우리의 이기심을 보여주는 증거라고 주장한다. 그들은 "우리도 나중에 천국에 가면 잃어버린 자들의 운명을 불쌍히 여겨 눈물을 흘렸던 예수님처럼 될 것이요"라고 말한다.

예수님이 세상에 계실 때 예루살렘의 거주민들이 당하게 될 영원한 운명을 슬퍼하신 것은 사실이다. 그러나 그분이 하늘에서도 그렇게 슬퍼하실 것이라고 암시하는 증거는 어디에도 없다. 히브리서 저자는 예수님이 "그 앞에 있는 기쁨을 위하여 십자가를 참으사 … 하나님 보좌 우편에 앉으셨느니라"고 말했다(히 12:2). 더욱이 성경은 완전한 기쁨이야말로 천국에 있는 신자들이 가장 우선적으로 느끼는 감정일 것이라고 가르친다.

"주께서 생명의 길을 내게 보이시리니 주의 앞에는 충만한 기쁨이 있고 주의 오른쪽에는 영원한 즐거움이 있나이다"(시 16:11).

우리는 세상과 지옥에서 일어나는 모든 일에도 불구하고 천국에서 "충만한 기쁨"을 느끼시는 예수님처럼 될 것이다.

신자들은 하나님의 계획과 정의를 온전히 이해할 것이다

손턴 와일더는 *The Eighth Day*(여덟 번째 날)에서 우리의 삶을 태피스트리에 빗대었다. 올바른 각도(즉 정면)에서 보면 수천 가닥의 다채로운 색깔의 실을 섞어 짜서 만든 아름다운 형태의 섬세한 예술 작품을 볼 수 있다. 그러나 그 뒷면을 보면 다양한 길이의 실들이 서로 얼기설기 아무렇게나 엮여 있는 모습만 보인다. 어떤 실들은 짧고, 어떤 실들은 길고, 어떤 실들은 매듭이 지어져 있는 등 그저 혼란스러울 뿐이다.

와일더가 말하는 요점은 하나님이 우리의 삶을 계획하신다는 것이다. 뒤틀리고, 울퉁불퉁하고, 짧은 인생도 있고, 매우 길고, 다채로운 인생도 있다. 왜 그럴까? 그 이유는 하나의 실이 다른 실보다 더 중요해서가 아니라 하나님의 태피스트리가 그런 식으로 짜이기 때문이다.

오직 하늘의 관점에서만 우리의 삶을 위한 하나님의 계획을 올바로 바라보고, 그분이 어떻게 모든 것을 합력해 '선을 이루시는지'를 이해할 수 있다(롬 8:28).

시간과 공간 속에 갇혀 있는 우리로서는 깨어진 관계, 비극적인 사건, 갑작스러운 죽음 따위가 도무지 이해할 수 없는 일로 느껴지고 매우 혼란스럽게 얽히고설킨 모습처럼 보이지만 하늘의 관점에서 보면 완전히 다르게 보인다.

그렇다면 우리가 사랑하는 사람들이 단죄되어 영원한 지옥의 형벌을 받는 것은 어떻게 생각해야 할까? 다시 말하지만, 하나님이 사람들을 지옥에 보내시는 것이 아니다. 사람들이 예수님의 죽음과 부활을 통해 주어진 구원의 선물을 거부함으로써 스스로 지옥을 선택하는 것이다. 신학자 패커는 "하나님의 진노는 인간이 스스로 선택한 것이다. 지옥은 하나님이 가하시는 형벌이기 이전에, 인간 스스로가 하나님이 그분 자신에게로 우리를 이끌려고 우리 마음속에 비춰주시는 빛을 멀리한 데서 비롯한 결과다"라고 말했다.[11]

사람들이 지옥에 가는 이유는 그런 형벌을 당할 만하기 때문이다. 현세에서는 이 진리를 받아들이기가 매우 어렵지만(사랑하는 사람들이 연루된 상황에서는 특히 더 그렇다) 내세에서는 완전하고 의롭고 거룩한 그리스도의 희생을 거부한 사람들을 벌하시는 것이 하나님의 정의라는 사실을 분명하게 이해할 수 있을 것이다. 바울은 예수 그리스도께서 하나님을 모르는 자들과 우리 주 예수의 복음에 복종하지 않는 자들에게 형벌을 내리시는 것(살후 1:8)을 목격하더라도 그 누구도 예수님을 불의하다고 비난하지 못할 것이라고 말했다. 오히려 재판관이신 예수 그

---

[11] J. I. Packer, *Knowing God* (Downers Grove, IL: InterVarsity Press, 1973), 138.

리스도께서는 '모든 믿는 자들에게서 놀랍게 여김을 얻으실 것'이다(살후 1:10). 이 진리는 이해하기 어렵지만 패커의 말을 읽어보면 다소나마 도움이 되리라고 생각한다.

> 천국에서 우리의 생각과 마음과 동기와 감정은 거룩하게 정화되어 우리 주 예수 그리스도의 성품과 생각을 닮게 될 것이다. … 천국에서는 항상 하나님을 영화롭게 하고, 모든 일에 대해 그분께 감사하는 일만 하게 될 것이다. 우리는 천국에 거하면서 그곳 사람들과 더불어 사랑과 즐거움을 주고받을 것이기 때문에 지옥에 있는 사람들에 대한 사랑이나 연민을 느끼게 되지 않을 것이다. 그들의 지옥이 우리의 천국을 빼앗아가지 못할 것이다.[12]

거듭 말하지만 세상이나 지옥에서 일어나는 일들을 알더라도 천국에서 우리가 누리는 충만한 기쁨은 조금도 줄어들지 않을 것이다.

---

[12] J. I. Packer, "Hell's Final Enigma", *Christianity Today* 46, no. 5 (April 22, 2002): 84, http://www.christianitytoday.com/ct/2002/april122/27.84.html.

7장

천국에서 서로를 알아볼까?

> 사랑하는 자들아 우리가 지금은 하나님의 자녀라
> 장래에 어떻게 될지는 아직 나타나지 아니하였으나
> 그가 나타나시면 우리가 그와 같을 줄을 아는 것은
> 그의 참모습 그대로 볼 것이기 때문이니
>
> 요일 3:2

겁이 많은 사람들은 늙는 것을 두려워한다. 심장이 약한 사람들은 특히 더 그렇다. 늙으면 갖가지 질병과 고통에 시달릴 뿐 아니라 체중도 늘어난다. 풍자 칼럼니스트 어마 밤벡은 나이가 들자 "내 몸무게를 말하려는 생각은 없지만, 허리둘레를 재고 나서 저울에 올라서면 마치 거대한 삼나무가 된 듯한 느낌이 든다"라고 말했다.[1]

대다수 사람들에게 20대에 군살을 없애는 일은 작은 전투를 치르는 것만큼 간단하다. 그러나 40-50대가 되면 마치 전면전을 치르는 것처럼 힘들다. 군살이 아닌 경우에는 주름이나 처진 배나 눈과 같은 다른 문제들과 싸워야 한다.

샤워를 마치고 나와 전신 거울에 자신의 몸을 비춰본 적이 있는가? 나이가 어느 정도 든 사람들에게 그것은 실로 우울한 경험이 아닐 수

---

1) Charles R. Swindoll, *Improving Your Serve: The Art of Unselfish Living* (Nashville: W Publishing Group, 1981), 51.

없다. 이따금 한 번씩 자신을 거울에 비춰보라. 그러면 마치 전기에 감전된 듯 정신이 번쩍 들 것이다. '전에는 완벽했는데 지금은 조금 처졌을 뿐이야'라고 생각한다면 스스로를 속이는 것이다. 우리의 육체는 고등학교 시절이나 처음 결혼했을 때와 똑같은 육체가 아니다.

사실 거울 앞에 서 있는 존재가 정말로 나인지 알아보기 어려울 정도다. 동창회에 나가면 누가 나를 알아볼 수 있을지 궁금한 생각이 든다. 고등학교 동창회에서 졸업반 사진들을 붙여놓고 그 밑에 이름을 적어놓는 것은 좋은 일이다. 그렇지 않으면 내가 누구하고 이야기하고 있는지 전혀 알 수 없을 것이다.

불행히도 대다수 사람들은 멋지게 늙지 않는다. 나이를 먹으면 청력 상실, 시력 감퇴, 관절 마모와 같은 증상들이 뒤따르기 마련이다. 늙는다는 것은 예수님이 베드로에게 하신 말씀을 생각나게 한다.

"내가 진실로 진실로 네게 이르노니 네가 젊어서는 스스로 띠 띠고 원하는 곳으로 다녔거니와 늙어서는 네 팔을 벌리리니 남이 네게 띠 띠우고 원하지 아니하는 곳으로 데려가리라"(요 21:18).

예수님이 말씀하신 단계에 접어들면 우리는 물론 우리가 한창 젊었을 때 우리를 알았던 사람들까지도 우리를 거의 알아보지 못할 것이 틀림없다.

따라서 천국에서 우리가 어떤 모습일지 궁금한 생각이 드는 것은 자연스럽다. 우리가 우리의 모습 그대로 존재할까? 만일 그렇다면 젊고 활기찬 야심가의 모습일까? 아니면 일어날 힘조차 없는 늙고 무기력한 노인의 모습일까? 우리도 친구들과 가족들을 알아보고, 그들도 우리를 알아볼 수 있을까? 또 그들이 아는 것은 우리의 어떤 모습일까?

흥미로운 질문들이다. 그러나 대답을 생각하기 전에 먼저 죽은 자의 부활에 관한 중요한 진리를 몇 가지 이해해야 할 필요가 있다.

모든 사람이 부활의 몸을 얻게 되는가?

때로 장례식에서 사람들이 "이것은 진정한 메리가 아니야. 단지 메리의 껍데기일 뿐이야. 진정한 메리, 즉 그녀의 영혼은 천국에 있어"라거나 "지금 이 모습의 로저를 우리는 마지막으로 보는 것일 거야"라고 말하는 소리를 듣곤 한다. 그런 말을 하는 것은 자연스럽다. 왜냐하면 땅 위의 육체는 일시적이고, 영혼은 영원하기 때문이다.

그러나 이것을 잘못 이해하는 탓에 육체(어떤 사람들은 육체가 단지 우리의 외관에 불과하다고 믿는다)와 영혼(어떤 사람들은 이것이 우리의 참모습이라고 믿는다)을 이원화하여 생각하는 그리스도인들이 많다. 그들은 죽을 때 세상의 육체를 벗어버리고 육체가 없는 영혼의 상태로 천국에서 살아간다고 믿는다.

그런 생각은 전혀 사실이 아니다. 우리는 새 하늘과 새 땅에서 꼬마 유령 캐스퍼와 같은 형태로 존재하지 않을 것이다. 우리는 현세에서 육체를 소유한 것처럼 내세에서도 육체를 소유한 모습으로 존재하며, 서로 관계를 맺을 것이다. 이렇게 말할 수 있는 근거는 무엇일까? 바로 그것이 곧 하나님이 우리를 만드신 방식이고, 우리를 위한 계획이기 때문이다.

하나님의 설계_ 육체와 영혼

지금까지 천국은 본래의 에덴, 곧 하나님이 처음 설계하신 세상을 재창조하는 것이라고 말했다. 그것이 사실이라면 새 땅에 거하는 사람들도 에덴의 거주자들과 똑같은 형태로 존재할 것이라고 추론할 수 있다. 창세기 2장을 읽어보면 하나님이 인류의 첫 번째 부부를 창조하신 기사 가운데서 매우 흥미로운 내용이 발견된다.

"여호와 하나님이 땅의 흙으로 사람을 지으시고 생기를 그 코에 불어넣으시니 사람이 생령이 되니라"(창 2:7).

하나님은 아담과 하와를 차례로 창조하면서 물질(흙)로 그들의 형체를 빚으시고, 그 안에 자신의 영(생기)을 불어넣어 그들을 "생령"(살아 있는 존재)으로 만드셨다. 사람이 "생령"이 되려면 육체와 영혼이 둘 다 필요하다는 점에 주목하라. 육체가 없으면 존재할 수 없고, 영혼이 없으면 살아 있을 수 없다. 하나님은 아담과 그 이후의 모든 사람을 육체와 영혼을 지닌 존재로 창조하셨다.

물론 모든 인간에게는 육체와 영혼이 분리되는 때가 찾아온다. '죽음'은 '분리하다'를 뜻하는 헬라어 '사나토스'에서 유래했다. 육체와 영혼이 분리되는 것이 죽음이다. 4장에서 말한 대로 분리의 순간에 신자의 영혼은 곧장 예수 그리스도께서 계신 곳으로 가고, 불신자의 영혼은 곧장 일시적인 고통의 장소인 음부로 간다.

하나님의 계획_ 두 종류의 부활

육체와 영혼의 분리에 대해 여러 견해가 있지만 하나 확실하게 알 수 있는 것은 영원한 세상이 도래하면 신자와 불신자 모두 천국의 영원한 즐거움과 지옥의 영원한 고통을 감당할 새로운 육체를 얻게 될 것이라는 사실이다. 성경은 의인과 악인의 부활을 종종 언급한다. 가령 족장 욥은 자신의 육안으로 하나님을 보게 될 것이라고 믿었다.

"내 가죽이 벗김을 당한 뒤에도 내가 육체 밖에서 하나님을 보리라"(욥 19:26).

다니엘 선지자는 악인과 의인이 의로운 심판을 받기 위해 똑같이 부활할 것이라고 말했다.

"땅의 티끌 가운데에서 자는 자 중에서 많은 사람이 깨어나 영생을 받는 자도 있겠고 수치를 당하여서 영원히 부끄러움을 당할 자도 있을 것이며"(단 12:2).

그렇다면 그런 육체의 부활은 언제 일어날까?

첫째 부활

성경은 "첫째 부활"이라는 표현을 사용해 모든 신자가 영원한 새 육체를 얻을 때를 묘사했다. 요한 사도는 "이 첫째 부활에 참여하는 자들은 복이 있고 거룩하도다 둘째 사망이 그들을 다스리는 권세가 없고"(계 20:6)라고 말했다.

첫째 부활이 어느 한 시점에서 한꺼번에 일어나는 것이 아니라는 점을 이해하는 것이 중요하다. 다양한 신자들의 무리가 미래의 서로 다른 시점에서 새 육체들을 얻게 될 것이다. 바울은 "아담 안에서 모든 사람이 죽은 것 같이 그리스도 안에서 모든 사람이 삶을 얻으리라 그러나 각각 자기 차례대로 되리니"(고전 15:22-23)라는 말로 이 점을 설명했다.

"차례대로"로 번역된 헬라어 '타그마'는 군대의 행렬(개개의 부대가 각자 정해진 시간에 정렬하는 것)을 의미한다. 모든 신자의 영혼은 죽는 즉시 하나님이 계시는 곳으로 가지만 새 육체를 얻는 것은 정해진 순서대로, 곧 "차례대로" 이루어진다. 다음 도표에 다양한 신자들의 무리가 어떻게 서로 다른 시점에서 새 육체를 얻게 되는지를 일목요연하게 정리했으니 참조하라.

각 개인에게 죽음 후 어떤 일이 일어날까?[2]

	죽는 순간	육체의 부활	심판	영원한 목적지
구약시대 신자	낙원/ 아브라함의 품	그리스도의 재림 때 부활	땅에서 상급을 위한 심판을 받음	천국
그리스도인	그리스도께서 계시는 곳	휴거 때 부활	천국에 있는 그리스도의 심판대 앞에서 상급을 위한 심판을 받음	천국
천년왕국 시대의 신자	그리스도께서 계시는 곳	천년왕국 마지막 때에 부활	땅에서 상급을 위한 심판을 받음	천국
대환난 시대의 신자	그리스도께서 계시는 곳	그리스도의 재림 때 부활	땅에서 상급을 위한 심판을 받음	천국
불신자	고통의 장소인 스올·음부	천년왕국 마지막 때 부활	크고 흰 보좌 앞에서 죄에 대한 심판을 받음	지옥·게헨나·불못

---

2) Chart Copyright ⓒ 1979, 2008, 2017 by Charles R. Swindoll, Inc. All rights reserved. '천년왕국 시대의 신자'라는 항목은 본래의 도표에는 없다. 또 이 항목에 제시된 견해도 저자의 것일 뿐, 찰스 스

둘째 부활

신자들은 첫째 부활에 참여하지만 아담 이후로 태어난 모든 불신자는 이른바 '둘째 부활'에 참여한다. 첫째 부활과는 달리 둘째 부활은 어느 한 시점에서, 즉 크고 흰 보좌의 심판으로 알려진 사건이 일어나기 직전에 한꺼번에 일어난다.

"바다가 그 가운데에서 죽은 자들을 내주고 또 사망과 음부도 그 가운데에서 죽은 자들을 내주매 각 사람이 자기의 행위대로 심판을 받고 사망과 음부도 불못에 던져지니 이것은 둘째 사망 곧 불못이라"(계 20:13-14).

신자가 새 하늘과 새 땅의 영원한 축복을 누리는 데 적합한 새 육체를 얻는 것처럼 불신자들도 부활해 불못의 영원한 고통을 감당하는 데 적합한 새 육체를 얻게 될 것이다.

육체의 부활이 어떻게 가능할까?

고린도전서는 부활을 가장 완벽하게 설명하고 있는 성경 본문이다. 바울 사도는 부활과 새 육체의 본성과 관련해 자연스레 제기되는 여러 가지 문제에 대해 대답을 제시했다. 예를 들어 그는 사람들이 육체

윈돌이나 〈인사이트 폴 리빙〉의 견해를 반영한 것은 아니다.

부활을 믿지 못할 것을 예상하고, 일부러 "죽은 자들이 어떻게 다시 살아나며"(고전 15:35)라고 말했다.

그런 의문을 품는 사람이 많을 것이다. 나는 2001년 9월 11일의 희생자들이나 바다 위에서 폭발한 비행기의 탑승객들처럼 사고나 재난으로 육체가 완전히 파괴된 사람들은 어떻게 되느냐는 질문을 종종 받는다.

후자의 경우에는 갈기갈기 찢어진 탑승객들의 육체가 바닷물에 가라앉아 물고기 밥이 되고 말았을 것이 틀림없다.

로드아일랜드의 최초 총독이었던 로저 윌리엄스는 죽어서 사과나무 아래 묻혔다. 몇 년 뒤에 그의 시신을 파냈는데 나무의 뿌리가 그의 관을 뚫고 들어가서 그의 두개골을 관통하고 그의 팔과 다리를 따라 퍼져나간 것이 확인되었다. 사과나무가 윌리엄스의 육체를 파먹어 자양분으로 삼은 것이다. 그렇다면 로저 윌리엄스의 육체는 어떻게 부활할 수 있을까?

또 죽을 때 장기를 기증한 사람의 경우는 어떻게 될지 생각해보라. 눈은 A라는 사람에게 주고 신장은 B라는 사람에게 주었다면 그는 과연 자신의 장기를 되찾을 수 있을까? 이런 점들을 고려하면 고린도전서 15장 35절에 기록된 바울의 질문이 새로운 느낌으로 와닿는다. 어떻게 바다에 흩어져 물고기 밥이 된 육체나 사과나무에 흡수된 육체, 장기가 절단된 육체와 같이 온전하지 못한 육체들이 하나로 합쳐져 본래의 소유주에게로 되돌아갈 수 있을까? 신학자 장 칼뱅은 이 물음에 이렇게 대답했다.

> 하나님은 모든 요소를 마음대로 하실 수 있기 때문에 땅과 불과 물에게 파괴한 것을 내놓으라고 명령하는 데 아무런 어려움도 느끼지 않으실 것이다.[3]

비유_ 파종과 수확

바울은 당시의 사람들에게 익숙한 '파종과 수확의 비유'를 들어 부활의 가능성을 묻는 물음에 대답했다.

"어리석은 자여 네가 뿌리는 씨가 죽지 않으면 살아나지 못하겠고 또 네가 뿌리는 것은 장래의 형체를 뿌리는 것이 아니요 다만 밀이나 다른 것의 알맹이 뿐이로되 하나님이 그 뜻대로 그에게 형체를 주시되 각 종자에게 그 형체를 주시느니라"(고전 15:36-38).

수박씨가 수박을 맺으려면 먼저 땅속에 묻혀 그곳에서 죽어야 한다. 수확물을 거두기 위해 밭에 나간 농부는 수박씨가 아닌 훨씬 더 나은 것, 곧 수박을 거둔다. 수확물은 항상 심긴 것보다 우월하다.

부활도 마찬가지다. 죽은 인간의 육체는 땅속에 묻힌 '씨앗'과 같다.

---

[3] Rhodes, *Wonder of Heaven*, 84.

생명을 잃은 육체는 부활을 방해하는 걸림돌이 아니라 더 큰 '수확'을 위한 필요조건이다. 왜 그럴까?

"네가 뿌리는 씨가 죽지 않으면 살아나지 못하겠고"(고전 15:36)라는 바울의 말에 주목하라. 그는 우리의 옛 육체가 영원한 삶에 적합하지 않기 때문에 죽어야 한다고 설명했다. 그는 "혈과 육은 하나님 나라를 이어 받을 수 없고 또한 썩는 것은 썩지 아니하는 것을 유업으로 받지 못하느니라"(고전 15:50)고 말했다.

우리의 몸은 지구에 살기에 적합할 뿐, 화성이나 명왕성이나 천국에 살기에는 적합하지 않다. 이것이 죽음을 종말이 아닌 '더 위대한 것의 시작'으로 간주해야 하는 이유다.

부활을 통해 받는 육체는 땅속에 심긴 육체보다 월등히 우월하다. 그늘에서도 땀이 줄줄 흐르는 무더운 날에 마당에 나가 일을 하고 있다고 가정해보자. 더위를 식히기 위해 집 안에 들어와서 시원한 것을 먹으려고 냉장고 문을 열었다. 차가운 수박과 차가운 수박씨 가운데 어느 것을 먹겠는가?

그와 비슷하게 우리의 육체도 무덤에서 부활한 뒤에는 이전의 육체와 같지 않을 것이다. 부활은 옛 육체의 재조립이 아닌 재창조를 의미한다. 수박이 수박씨를 다시 조립한 것이 아닌 것처럼 찢기거나 화장되거나 장기를 기증한 사람들의 육체도 다시금 조립되지 않을 것이다. 부활한 육체는 새로운 것, 곧 수박처럼 월등히 우월한 육체일 것이다.

우월하지만 비슷한 새 육체

'수확물'이 '씨앗'보다 월등하지만 그 둘은 서로 비슷하다. 수박씨를 심었는데 금귤을 수확할 수는 없다. 수박씨는 수박을 맺는다. 그와 마찬가지로 '추수의 날'에 주어지는 새 육체도 죽을 때 땅에 묻힌 옛 육체와 완전히 다르지는 않을 것이다. 세상의 육체와 하늘의 육체는 서로 유사성이 있다.

이런 사실을 뒷받침하는 증거가 바로 부활하신 예수님의 육체다. 성경은 부활한 신자들의 육체가 부활하신 예수님의 육체와 같을 것이라고 말씀한다(요일 3:2). 따라서 부활하신 예수님의 육체를 유심히 관찰하면 새 하늘과 새 땅에서 우리가 어떤 육체를 얻게 될 것인지를 짐작할 수 있다.

예수님은 영으로 부활하셨는가, 육체로 부활하셨는가?

그리스도의 육체는 실제로 죽은 자 가운데서 다시 살아났다. 어떤 고린도 신자들은 죽었다가 다시 육체로 부활하는 것이 가능한지 의심했다.

그들은 그리스도의 영이 계속 살아 있고, 그분이 보여주신 도덕적인 교훈과 지혜로운 가르침과 사랑 넘치는 태도는 여전히 남아 있다고 믿었지만, 그분이 육체와 영혼을 지닌 존재로 부활하셨다고는 확신하지 못했다. 그러나 바울은 그리스도의 물리적인 죽음과 부활을 복음의 근본 진리로 일관되게 제시했다.

"내가 받은 것을 먼저 너희에게 전하였노니 이는 성경대로 그리스도께서 우리 죄를 위하여 죽으시고 장사 지낸 바 되셨다가 성경대로 사흘 만에 다시 살아나사"(고전 15:3-4).

바울은 만일 이것이 사실이 아니면(곧 그리스도께서 죽었다가 죽은 자 가운데서 다시 살아나지 않으셨다면) 그 결과는 생각하기조차 끔찍할 것이라고 주장했다.[4] 즉 설교도 무익하고(아무런 효과도 없는 공허한 말에 지나지 않을 것이고), 믿음도 무익하고(차라리 요정이나 도깨비를 믿는 편이 더 나을 것이고), 그리스도인들은 사기꾼, 곧 거짓말을 일삼는 중고차 상인이나 점쟁이들과 조금도 다르지 않을 것이다.

또한 죄도 용서받을 길이 없을 것이고(즉 우리는 아무것도 의지할 것 없는 상태로 하나님의 심판대 앞에 서야 할 것이고), 죽음이 구원이 아닌 형벌의 관문이 될 것이며, 그리스도인들은 그런 터무니없는 것을 믿는 어리석은 바보가 되어 그야말로 처량하기 그지없는 신세가 되고 말 것이다. 만일 그리스도의 육체가 여전히 예루살렘의 한 무덤 속에 묻혀 있다면 그분을 믿는 믿음을 포기하고 주일 아침에 늦잠을 즐기는 편이 나을 것이다.

---

4) 고전 15:12-19 참조.

그러나 바울은 "그리스도께서 죽은 자 가운데서 다시 살아나사"(고전 15:20)라고 선언했다. 바울이 제시한 증거는 무엇이었을까? 그는 그리스도께서 부활하신 몸을 "게바(베드로)에게 보이시고 후에 열두 제자에게와 그 후에 오백여 형제에게 일시에 보이셨나니 … 그 후에 야고보에게 보이셨으며 그 후에 모든 사도에게와 맨 나중에 만삭되지 못하여 난 자 같은 내게도 보이셨느니라"(고전 15:5-8)고 말했다.

성경의 증언에 따르면 부활하신 예수님은 육체의 형태로 모두 열일곱 차례나 나타나셨다. 먼저 예수님은 부활하신 당일에 다섯 차례 나타나셨다.

1. 막달라 마리아에게(막 16:9-11; 요 20:11-17)
2. 몇몇 여자들에게(마 28:8-10)
3. 베드로에게(눅 24:34; 고전 15:5)
4. 엠마오로 가는 제자들에게(막 16:12-13; 눅 24:13-35)
5. 도마를 제외한 열 제자들에게(막 16:14; 눅 24:36-43; 요 20:19-23)[5]

그 후 39일 동안 예수님은 제자들에게 여섯 차례 나타나셨다.

---

[5] 누가복음 24장 33절에는 엠마오로 가던 두 제자가 예루살렘으로 돌아가서 열한 제자를 발견했다고 전하는 장면이 나온다. 그러나 당시 도마가 그 자리에 없었기 때문에 '열한 제자'가 사도들 전체를 가리키는 형식적인 표현으로 사용된 것을 알 수 있다.

1. 일주일 뒤에 도마를 포함한 열한 제자들에게(요 20:26-29)

2. 갈릴리 호수에서 일곱 제자들에게(요 21:1-14)

3. 오백여 신자들에게(고전 15:6)

4. 예수님의 형제 야고보에게(고전 15:7)

5. 갈릴리 호수에서 열한 제자들에게(마 28:16-20)

6. 예루살렘에서 승천하실 때 열한 제자들에게(막 16:19-20; 눅 24:50-53; 행 1:3-9)

성경의 마지막 책이 기록되기 전에 예수님은 여섯 차례나 더 나타나셨다.

1. 순교 당하는 스데반에게(행 7:55-56)

2. 다메섹으로 가던 사울에게(행 9:3-7)

3. 아라비아에 있던 바울에게(갈 1:12)

4. 예루살렘 성전에 있던 바울에게(행 22:17-21)

5. 가이사랴 감옥에 갇혀 있던 바울에게(행 23:11)

6. 밧모 섬에 있던 요한 사도에게(계 1:12-20)

예수님은 모습을 드러내실 때마다 단지 "너희에게 평강이 있을지어다"라고 인사말을 건네는 데 그치지 않고 제자들과 대화를 나누셨다. 예수님은 최소한 세 차례 제자들과 함께 음식을 잡수셨고(엠마오로 가는 제자들을 만나셨을 때, 도마를 제외한 열 제자들을 만나셨을 때, 갈릴리 해변에서 제자들을 만나셨을 때), 예수님을 따르던 여인들(예수님의 시신에 향유를 바르기 위해 무덤에 갔던 여자와 막달라 마리아)은 그분을 두 차례 손으로 직접 만져보았다. 또한 예수님은 엠마오로 가는 두 제자와 도마에게 자기를 만져보라고 말씀하셨다.

도마는 예수님의 외모, 특히 그분의 상처를 보고 예수님의 부활이 사실인 것을 확인하면서 그분을 진정한 하나님의 아들로 인정했다. "도마가 대답하여 이르되 나의 주님이시요 나의 하나님이시니이다"(요 20:28). 제자들은 육체가 없는 예수님의 영이 아닌, 육체를 지닌 그분의 실체를 목격했다.

부활하신 예수님의 육체는 어떤 모습이었을까?

예수님의 새 육체(부활 이후의 육체)는 그분의 옛 육체(부활 이전의 육체)와 다르기도 하고, 또 유사하기도 했다. 예수님의 새 육체는 문이 잠겨 있는 곳에도 마음대로 나타날 수 있었다는 점에서 옛 육체보다 월등히 뛰어났다. 그런 일은 예수님이 부활하신 이후 40일 동안 최소한 두 차례 있었다. 그 가운데 한 번은 예수님이 부활하신 당일에 일어났다.

제자들은 유대인들이 자기들을 찾아내 십자가에 못 박아 죽일까봐 두려워 문을 굳게 잠그고 숨어 있었다. 그런데 갑자기 "예수께서 오사 가운데 서서 이르시되 너희에게 평강이 있을지어다"(요 20:19)라고 말씀하셨다.

나머지 한 번은 그로부터 일주일 뒤에 일어났다. 예수님은 도마가 문을 닫은 방에 제자들과 함께 있을 때 그에게 나타나셨다(요 20:26).

예수님은 마음대로 원하실 때 나타났다가 사라지셨다. 부활 후 엠마오에서 제자들과 저녁을 먹다가 홀연히 사라지신 것이 대표적인 경우다. 예수님은 구약성경에 근거해 메시아가 죽고 나서 부활하는 것이 왜 필요한지 설명하고 나서 두 제자와 함께 음식을 잡수셨다. 누가는 "떡을 가지사 축사하시고 떼어 그들에게 주시니 그들의 눈이 밝아져 그인 줄 알아 보더니 예수는 그들에게 보이지 아니하시는지라"(눅 24:30-31)는 말로 당시의 상황을 묘사했다.

그러나 예수님이 새 육체로 제자들에게 나타나셨을 때 그들이 결국에는 그분인 줄 알아볼 수 있을 정도로 새 육체와 옛 육체는 서로 유사했다. 내가 '결국에는'이라는 표현을 사용한 이유는 제자들이 주님을 즉시 알아보지 못한 때도 더러 있었기 때문이다. 그 이유는 충분히 이해가 간다. 슬픔이 가득했기 때문에 분명하게 볼 수 없었던 경우도 있고(요 20:11-15), 날이 어두웠을 때 예수님이 나타나신 경우도 있었다(요 20:1, 14-15).

또 한 번은 거리가 멀어서 제자들이 예수님의 생김새를 잘 알아보지 못한 때도 있었다(요 21:4). 이밖에도 의심하는 제자도 있었고(요 20:24-25), 문을 걸어 잠그고 숨어 있다가 예수님이 갑자기 나타나시자 놀라서 못 알아본 제자들도 있었다(눅 24:36-37). 그러나 그들의 혼란은 모두 일시적이었다.

예수님의 새 육체와 옛 육체는 서로 유사했기 때문에 제자들은 그분을 알아볼 수 있었다. 어쩌면 그 유사성은 떡을 떼는 동작만큼이나 사소한 것일 수도 있었다. 예수님은 엠마오로 가는 제자들과 대화를 나누고 나서 마치 낯선 사람인 것처럼 그들과 저녁을 잡수셨다. 누가는 "예수께서 떡을 떼심으로 자기들에게 알려지신 것을 말하더라"(눅 24:35)고 기록했다.

예수님은 옛 육체로 계실 때 왼손잡이였기 때문에 오른손으로 떡을 쥐고 왼손으로 떼셨을 것이다("네 오른편 뺨을 치거든 왼편도 돌려대며"라는 말씀에 근거해 예수님이 왼손잡이셨다고 추정하기도 한다—역자 주). 예수님이 옛 육체로 계실 때 왼손잡이였다면 부활하신 후에 갑자기 오른손잡이가 되셔야 할 이유는 없다. 부활 이후의 생김새와 부활 이전의 생김새는 서로 비슷했을 것이 분명하다. 그분의 손과 발에 난 못 자국이 그 증거다.

부활한 우리의 몸은 어떤 모습일까?

부활하신 예수님의 육체를 이렇게 자세하게 논의하는 이유는 무엇일까? 그 이유는 성경이 부활한 우리의 육체가 부활하신 예수님의 육체와 같을 것이라고 가르치기 때문이다.

"사랑하는 자들아 우리가 지금은 하나님의 자녀라 장래에 어떻게 될지는 아직 나타나지 아니하였으나 그가 나타나시면 우리가 그와 같을 줄을 아는 것은 그의 참모습 그대로 볼 것이기 때문이니"(요일 3:2).

바울은 골로새서 1장 18절에서 부활하신 예수님을 "죽은 자들 가운데서 먼저 나신 이"로 일컬었다. "먼저 나신 이"로 번역된 헬라어에서 '원형'을 뜻하는 영어 단어 'prototype'이 유래했다. 제조업자는 새로운 자동차나 비행기를 만들 때마다 먼저 원형을 만든다. 그 첫 번째 원형을 따라 다른 모든 자동차나 비행기가 제작된다. 그와 마찬가지로 부활하신 예수님의 육체는 우리가 지니게 될 새 육체의 원형이다.

그렇다면 예수님의 "영광의 몸의 형체"(빌 3:21)와 같이 변화된, 부활 후 우리의 육체는 구체적으로 어떤 특성을 띠게 될까?

부활한 우리의 육체는 물리적인 특성을 띨 것이다

바울은 고린도전서 15장 1-19절에서 그리스도와 우리의 부활의 확실성을 주장하고 나서 우리가 어떤 형태의 육체를 얻게 될 것인지를 논의했다(고전 15:39-50). 우리는 현재의 육체와는 다른 육체를 지니게 될 것이다. 그 육체는 동물과 별들과 행성이 서로 다른 것만큼 다를 것이다. 바울은 이렇게 설명했다.

"육체는 다 같은 육체가 아니니 하나는 사람의 육체요 하나는 짐승의 육체요 하나는 새의 육체요 하나는 물고기의 육체라 하늘에 속한 형체도 있고 땅에 속한 형체도 있으나 하늘에 속한 것의 영광이 따로 있고 땅에 속한 것의 영광이 따로 있으니 해의 영광이 다르고 달의 영광이 다르며 별의 영광도 다른데 별과 별의 영광이 다르도다"(고전 15:39-41).

바울이 말하려는 요점은 물고기의 육체가 새의 육체와 다르고, 새의 육체가 짐승의 육체와 다르며, 짐승의 육체가 사람의 육체와 다르다는 것이다(이는 진화의 기본적인 전제와는 분명하게 상반되는 진리다). 별은 행성이 아니고, 달은 별이 아니다. 하나님이 태초에 의도하신 대로 각기 자신의 종류대로 서로 다르게 분류된다.

그와 비슷하게 우리의 하늘의 육체도 땅의 육체와 다를 것이다. 땅에서 사는 데 적합하게 창조된 육체가 있고, 천국에 사는 데 적합한 육체가 따로 존재한다는 것을 왜 그렇게 믿기 어려워하는 것인가? 바울은 불필요한 오해를 불식하기 위해 땅의 육체와 하늘의 육체가 지니는 차이를 자세하게 설명했다.

"죽은 자의 부활도 그와 같으니 썩을 것으로 심고 썩지 아니할 것으로 다시 살아나며 욕된 것으로 심고 영광스러운 것으로 다시 살아나며 약한 것으로 심고 강한 것으로 다시 살아나며 육의 몸으로 심고 신령한 몸으로 다시 살아나나니 육의 몸이 있은즉 또 영의 몸도 있느니라"(고전 15:42-44).

여기에서 "몸"은 헬라어 '소마'를 번역한 것이다. 신약성경에서 '소마'는 항상 물리적인 육체를 가리킨다. 따라서 바울이 44절에서 "육의 몸"과 "영의 몸"을 언급하면서 '소마'를 사용했다는 사실은 부활한 우리의 육체가 현재의 육체와 똑같은 물리적인 육체라는 것을 분명하게 보여준다.

그러나 하늘의 육체가 물리적이라고 해서 땅의 육체와 똑같은 특성을 띠게 될 것이라는 의미는 결코 아니다.

- 땅의 육체는 썩지만 하늘의 육체는 영원하다.
- 땅의 육체는 죄에 오염되었지만 하늘의 육체는 죄로부터 자유롭다.
- 땅의 육체는 약하지만 하늘의 육체는 강하다.
- 땅의 육체는 옛 땅을, 하늘의 육체는 새 땅을 위한 것이다.

하늘의 육체와 땅의 육체가 지니는 차이를 생각하다 보면 우리가 천국에서 음식을 먹고 마시며 옷을 입고 살 것인지, 또 나이는 어느 정도일 것인지가 종종 궁금해진다. 부활한 우리의 육체와 관련된 의문을 해결하려면 부활하신 예수님의 육체를 살펴봐야 한다. 그 이유는 그분이, 부활한 우리 육체가 닮게 될 '원형'이시기 때문이다.

앞서 말한 대로 부활하신 예수님은 최소한 세 차례 제자들과 함께 음식을 잡수셨다. 특히 예수님은 십자가의 죽음과 부활이 있기 전에 이미 제자들에게 천년왕국 시대 큰 잔치에 모두 참석해 만찬을 즐기게 될 것이라고 약속하셨다. 그분은 "내 아버지께서 나라를 내게 맡기신 것 같이 나도 너희에게 맡겨 너희로 내 나라에 있어 내 상에서 먹고 마시며"(눅 22:29-30)라고 말씀하셨다.

이것은 예수님과 제자들의 부활이 있고 난 이후, 곧 그들이 새 육체를 지니고 살게 될 천년왕국 시대에 일어날 일이다. 이 약속은 우리도 새 육체를 입고 예수님과 제자들과 더불어 음식을 먹게 될 것을 의미한다.

우리는 또한 천국에서 옷을 입을 것이다. 어떤 사람들은 아담과 하와가 타락 이전에 옷을 입지 않았다는 이유를 들어 이런 생각을 거부한다. 새 땅에서의 삶이 에덴 동산에서의 삶과 비슷한 것은 사실일 테지만 그렇다고 해서 남자와 여자가 3주 동안 옷 없이 야생에서 생존해나가는 과정을 그린 〈정글의 법칙〉이라는 인기 있는 서바이벌 쇼와 같지는 않을 것이 분명하다.

요한이 밧모 섬에서 부활하신 그리스도를 보았을 때 그분은 "발에 끌리는 옷을 입고 가슴에 금띠를" 띤 모습이셨다(계 1:13). 그리스도께서는 사데 교회를 향해 "이기는 자는 이와 같이 흰 옷을 입을 것이요"(계 3:5)라고 말씀하셨고, 요한은 그 사실을 자기 눈으로 직접 확인했다(계 7:9).

예수님의 재림 시 그리스도의 신부인 교회는 그분 앞에 나타날 때에도 "빛나고 깨끗한 세마포 옷"을 입게 될 것이다(계 19:8). 예수님은 정복자 왕으로서 "피 뿌린 옷"을 입고 나타나서(계 19:13) 악과의 전쟁을 마무리하실 것이다.

우리의 새 육체는 성별을 그대로 유지할 것이다. 어떤 사람들은 "남자나 여자나 다 그리스도 예수 안에서 하나이니라"(갈 3:28)는 바울의 말을 근거로 천국에서는 중성의 상태로 존재할 것이라는 그릇된 주장을 펼친다. 바울의 이 말은 내세의 성적 정체성과는 아무런 관련이 없다. 그는 현세에서 모든 사람이 그리스도 안에서 동등하다는 것을 밝히고자 했을 뿐이다.

엠마오로 가던 두 제자의 경우처럼 일부 제자들은 부활하신 예수님을 즉시 알아보지 못했는데 이 사실은 그분이 '다른 세상에 속한' 무성의 외계인과 같은 존재가 아닌, 여느 남자와 똑같아 보이셨다는 확실한 증거다.

아마도 부활한 우리의 육체는 젊고 성숙한 이상적인 나이의 육체일 가능성이 크다. 확신할 수는 없지만 30대의 육체를 지니게 될 것이라고 믿는 신학자들이 많다. 서른의 나이는 인간이 정신적으로나 육체적으로나 가장 완전한 나이다. 바로 그 나이에 구약시대의 제사장들은 성전 사역을 시작했고, 그리스도께서는 공적 사역을 시작하셨다. 서른이 넘은 사람들은 옛 사진에서 서른 살이었을 때의 모습을 보면서 자신의 영원한 모습을 한번 상상해보고, 어린아이들을 비롯해 아직 서른이 안 된 사람들은 앞으로 서른이 될 자신의 모습을 기대해보기 바란다.

부활한 우리의 육체는 완전할 것이다

우리는 물리적인, 실제의 육체를 지니게 될 것이다. 그러나 앞서 말한 대로 그 육체는 현재의 육체와는 다를 것이다. 부활한 육체는 죄로부터 자유로울 것이기 때문에 질병과 부패와 죽음으로부터도 온전히 자유로울 것이다.

천국에서는 "처음 것들"(세상의 것들)이 존재하지 않는다(계 21:4). 암, 심장마비, 뇌졸중은 물론 시력 상실, 청력 상실, 신체 마비, 흰머리, 주름살, 군살도 모두 사라지고 훼손된 팔다리가 회복되는 등 머리부터 발끝까지 모든 것이 완벽해진다.

조니 에릭슨 타다는 "이것이 나처럼 척수나 뇌가 손상된 사람이나 뇌성마비 환자, 다발성 경화증 환자에게 얼마나 큰 희망을 주는지 아는가? 이것이 조울증을 앓는 사람에게 얼마나 큰 희망을 주는지 상상해보라. 다른 종교나 철학은 새로운 육체와 심장과 정신을 약속하지 않는다. 상처를 입은 사람들은 오직 그리스도의 복음 안에서만 그토록 놀라운 희망을 발견할 수 있다"라고 말했다.[6]

부활한 우리의 육체는 매력적이고, 현재의 육체와 동일한 물리적 특징을 지닐 것이 분명하다.[7] 물론 모든 사람이 보디빌더와 같은 체격과 영화배우와 같은 외모를 지니거나 패션모델과 같은 몸매, 천사 같

---

6) Tada, *Heaven: Your Real Home*, 53.
7) 요한계시록 5장 9절과 7장 9절은 각 족속과 나라와 방언 가운데서 온 사람들이 천국에 거한다고 말씀한다. 나는 이 말씀에 근거해 천국에서 우리의 인종적 특성이 그대로 유지될 것이라고 믿는다.

은 얼굴을 지니지는 않을 것이다. 우리의 외모도 그대로일 것이고, 우리의 몸도 크거나 작거나 날씬하거나 통통한 특징을 그대로 유지할 것이다.

그러나 모두가 건강하고 매력적일 것이다. 우리 자신을 다른 사람들과 비교하며 외모를 걱정할 필요가 전혀 없을 것이다. 천국에는 성형외과 의사나 화장품이 필요하지 않다. 한 저자는 "우리는 모두 아름다울 것이기 때문에 굳이 아름답게 보이려고 애쓸 필요가 없을 것이다"라고 말했다.[8]

부활한 우리의 육체는 인격적일 것이다

우리의 육체와 기억과 은사와 재능과 열정과 정신이 우리의 정체성을 결정한다. 부활을 통해 이 모든 것이 순식간에 완전해지고 영화롭게 될 것이다(고전 15:52). 그러나 그렇다고 해서 우리가 다른 사람이나 (천사와 같은) 다른 존재가 되는 것은 아니다. 우리는 하나님이 본래 의도하신 참모습을 지니게 될 것이다.

"우리가 그와 같을 줄을 아는 것"(요일 3:2)이라는 요한의 말은 우리가 〈오스틴 파워〉에 등장하는 이블 박사의 분신 '미니-미'처럼 작은 그리스도가 된다는 의미가 아니다.

그것은 우리가 그리스도의 성품과 천국의 시민으로서의 본성을 지

---

8) Alcorn, *Heaven*, 290.

니게 될 것을 의미한다. 그러나 우리의 독특한 인격적 기질은 그대로 유지될 것이다. 나는 천국에서 완벽해졌다는 것만 다를 뿐 여전히 로버트 제프리스일 것이다. 이것은 다른 신자들도 모두 마찬가지일 것이다.

컴퓨터를 가지고 특정한 워드프로세서나 스프레드시트를 사용하고 있다고 가정해보자. 업그레이드가 필요할 때는 완전히 다른 새 소프트웨어가 아니라 동일한 소프트웨어의 기능을 향상시킨 것을 사용하면 된다.

그와 마찬가지로 우리는 부활을 통해 새로운 특징들을 갖춘 모습으로 업그레이드될 뿐이다(물론 사소한 문제나 프로그램 오류 따위는 발생하지 않을 것이다). 우리는 그때도 여전히 우리 자신일 것이다.

이것이 예수님이 부활 후에 제자들에게 나타나서 "나인 줄 알라"(눅 24:39)고 말씀하신 이유다. 십자가의 죽음과 부활이 있기 전이나 후나 예수님은 똑같은 예수님이셨다. 랜디 알콘은 이런 영속성을 강력히 주장했다.

사후에 우리가 우리 자신이 아니라면 우리가 현세에서 행한 일에 대해 아무런 책임도 질 수 없을 것이기 때문에 심판이 무의미할 것이다. 바바라가 더 이상 바바라가 아니라면 그녀가 행한 일에 대해 상급을 받거나 책임을 져야 할 일이 없을 것이다. 단지 "그것은 제가 아니었어요"라고 말하면 그만이기 때문이다. 사람들이 현세에서 내세까지 독특한 정체성

을 그대로 보유해야만 심판과 영원한 상급의 교리가 성립된다.[9]

천국에서 각자의 이름이 그대로 보존된다는 것도 우리의 독특한 정체성이 그대로 유지될 것을 입증하는 증거 가운데 하나다. 하나님은 이스라엘의 의인들에게 그들의 이름이 영원할 것이라고 약속하셨다.

"내가 지을 새 하늘과 새 땅이 내 앞에 항상 있는 것 같이 너희 자손과 너희 이름이 항상 있으리라 여호와의 말이니라"(사 66:22).

"너희에게 이르노니 동 서로부터 많은 사람이 이르러 아브라함과 이삭과 야곱과 함께 천국에 앉으려니와"(마 8:11)라는 말씀에서 알 수 있는 대로, 예수님은 천국에 있는 사람들을 그들이 세상에 있을 때의 이름으로 부르셨다.

어떤 사람들은 천국에서 또 다른 이름을 부여받는다. 부활하신 그리스도께서는 버가모 교회를 향해 "이기는 그에게는 내가 … 또 흰 돌을 줄 터인데 그 돌 위에 새 이름을 기록한 것이 있나니 받는 자 밖에는 그 이름을 알 사람이 없느니라"(계 2:17)고 말씀하셨다. 새 이름이 주어졌다고 해서 우리의 옛 이름이 없어지거나 우리의 인격적 특성이 사

---

9) Ibid., 287.

라지는 것은 아니다.

물론 새 이름은 그것을 받는 사람들의 참된 인격적 특성과 책임을 반영한다.

예를 들어 '발뒤꿈치를 잡는 자' 또는 '찬탈자'를 뜻하는 야곱이 '하나님과 씨름한 자'를 뜻하는 이스라엘이 되었고 '하나님이 들으셨다'를 뜻하는 시몬이 '반석'을 뜻하는 이스라엘이 되었으며 '구해서 얻은 자'를 뜻하는 사울이 '작은, 겸손한'을 뜻하는 바울이 되었다.

지금까지 부활한 우리의 육체에 관한 내용을 자세하게 살펴보았다. 이 모든 사실이 의미하는 것은 무엇일까? 간단히 말해, 그것은 우리가 천국에서 서로의 독특한 특성을 알아볼 수 있다는 것이다. 베드로와 야고보와 요한이 모세와 엘리야가 변화산에서 예수님 앞에 나타났을 때 그들을 즉시 알아보았던 것처럼(마 17:4) 우리는 심지어 한 번도 만난 적이 없는 성도들까지 즉시 알아볼 것이다.

우리가 세상에서 맺은 관계도 천국에서 계속 유지될 것이다. 그러나 갈등이나 대립은 더 이상 없을 것이다. 천국에서는 모든 것이 새로워진다. 신학자 론 로데스는 "우리가 사랑하는 신자들과 친구들과 나누게 될 관계는 무한히 영광스러울 것이다"라고 말했다.

우리는 더 이상 죄의 본성을 지니지 않을 것이다. 사랑하는 사람들끼리 더 이상 다투지 않을 것이다. 분노나 질투심이나 시기심을 비롯해 다른 사람들을 앞지르려는 경쟁심도 더는 존재하지 않을 것이고, 분노에 찬

말이나 오해나 이기심도 완전히 사라질 것이다. 천국에서의 관계는 진정으로 놀랍고, 더할 나위 없이 만족스러울 것이다.[10]

이것이 우리가 천국이라 불리는 장소에서 기대할 수 있는 것이다.

---

10) Rhodes, *What Happens After Life?*, 107.

8장

천국의 상급은 모두에게 똑같을 것인가?

> 보라 내가 속히 오리니
> 내가 줄 상이 내게 있어
> 각 사람에게 그가 행한 대로 갚아 주리라
> 계 22:12

짐 마샬은 1960-1970년대 '보라색 식인종들'이라는 별명으로 유명한 미네소타 바이킹스의 수비 라인맨 가운데 한 사람으로, 1964년 10월 24일 슈퍼볼 결승전에서 저지른 실수로 매우 잘 알려져 있다. 그는 샌프란시스코 포티나이너스와의 경기에서 펌블된 공을 집어 들고 경기장을 내달리기 시작했다.

바이킹스 선수들은 양 측면에서 마샬을 쫓으면서 그에게 반대쪽으로 달리라고 소리쳤다. 그는 자기가 자기편의 엔드 존을 향해 달려가고 있다는 사실을 의식하지 못했다. 그런 실수에도 불구하고 마샬은 좋은 경기력을 펼쳤고, 바이킹스가 경기를 27대 22로 승리하는 데 일익을 담당했다.

그러나 역사는 최악의 것만을 기록으로 남기는 경향이 있다. 마샬의 뛰어난 활약을 기억하는 사람은 거의 없다. 사실 오늘날까지도 마샬은 그날에 얻은 별명('엉뚱한 방향으로 달리는 마샬')으로 기억되고 있다.

엔드 존까지 달리는 것이 미식축구의 목표다. 그러나 올바른 방향에 있는 엔드 존을 향해 달려야만 경기에서 승리할 수 있다. 천국에도 그와 비슷한 원리가 적용된다. 천국에 가는 것이 목표이지만, 그곳에 가서 "잘했다. 착하고 충성된 종아"라는 예수님의 칭찬을 들을 수 있어야만 진정한 승리를 거둘 수 있다.

참된 그리스도인이라면 누구나 영적인 엔드 존에 도착하기 마련이다. 그러나 한동안 그릇된 방향으로 달리다가 그곳에 도착하는 그리스도인들이 많다. 어떤 신자들은 인생이라는 경기를 잘 치렀다고 크게 칭찬을 받을 것이고, 또 어떤 신자들은 승리자의 편에 속했더라도 팀의 승리에 공헌한 것이 거의 없다는 평가를 받을 것이다.

모든 그리스도인이 천국에서 똑같은 상급을 받는 것은 아니다. 이것은 받아들이기 힘들지만 피할 수 없는 사실이다. "우리가 다 하나님의 심판대 앞에" 설 때(롬 14:10) 큰 상급을 받을 사람들도 있고, 그렇지 않을 사람들도 있을 것이다.

하나님의 소환 명령

아담 이후부터 지금까지 모든 사람은 "살아 있는 자와 죽은 자를 심판하실" 하나님 앞에 서야 한다(딤후 4:1). 하나님의 심판을 피할 수 있는 사람은 아무도 없다. 히브리서 저자는 "한번 죽는 것은 사람에게 정해진 것이요 그 후에는 심판이 있으리니"(히 9:27)라고 말했다. 그가 말한 "사람"은 특정한 개인이나 집단에 한정되지 않는다. 모든 사람이 자신의 삶에 대해 하나님의 심판을 받게 될 것이다.

그러나 모든 사람이 동일한 심판을 받는 것은 아니다. 불신자들은 그리스도 앞에서 크고 흰 보좌 심판으로 불리는 심판을 받게 될 것이다. 이 심판은 아담 이후에 태어난 모든 불신자를 위한 것이다. 그들은 천년왕국이 끝날 때 이루어질 이 심판을 통해 정죄를 받아 불못에 던져질 것이다(계 20:11-15).

그와 달리 신자들은 전혀 다른 심판을 받을 것이다. 그들은 "그리스도의 심판대"(고후 5:10) 앞에 서게 될 것이고 세상에서 주님을 충실하게 섬긴 자들에게는 칭찬이 주어질 것이다.

재판관이신 그리스도 앞에 서게 될 신자들

몇 년 전, 우리 교회 교인들이 고린도라는 고대의 도시를 방문한 적이 있다. 그곳은 바울이 18개월 동안 복음을 전했던 곳이다. 많은 고린도 사람들이 그의 설교를 듣고 그리스도를 영접했지만 일부 사람들은 그의 메시지에 격분한 나머지 그를 그 지역을 관장하는 로마 총독 앞으로 끌고 갔다.

"갈리오가 아가야 총독 되었을 때에 유대인이 일제히 일어나 바울을 대적하여 법정으로 데리고 가서 말하되 이 사람이 율법을 어기면서 하나님을 경외하라고 사람들을 권한다 하거늘 바울이 입을 열고자 할 때에 갈리오가 유대인들에게 이르되 너희 유대인들아 만일 이것이 무슨 부정한 일이나 불량한 행동이었으면 내가 너희 말을 들어 주는 것이 옳거니와 만일 문제가 언어와 명칭과 너희 법에 관한 것이면 너희가 스스로 처리하라 나는 이러한 일에 재판장 되기를 원하지 아니하노라 하고 그들을 법정에서 쫓아내니"(행 18:12-16).

여기에서 "법정"은 헬라어 '베마'를 번역한 것이다. 이 말은 통치자나 재판관이 앉아서 칙령이나 판결을 내리는 높은 연단을 가리킨다. 오늘날의 법정에서 재판관이 앉는 판사석과 비슷하다.

우리 교회 교인들이 판사석 맞은편, 즉 바울이 재판관과 마주했던 곳에 올라선 모습을 보는 순간, 나는 바울의 입장이 되어, 만약 내가 그처럼 내 운명을 결정할 권한이 있는 사람 앞에 서 있다면 어떤 기분일지 생각해봤다. 바울 사도는 죽을지도 모르는 상황에서 어떻게 그렇게 침착한 태도를 유지할 수 있었을까?

아마도 그것은 그가 갈리오의 재판이 자신의 삶에 대한 궁극적인 심판이 아니라는 사실을 이해했기 때문일 것이다. 그는 언젠가 또 다른 심판대 앞에 서게 될 것을 알았고, 그곳에서 우주의 재판관이신 하나님에 의해 '그리스도를 얼마나 충실하게 섬겼는지' 평가받게 될 것을 알았다.

그리스도의 심판대와 크고 흰 보좌 심판은 한 가지 큰 차이가 있다. 그것은 그리스도의 심판대 앞에 서는 사람들은 모두 구원을 받는다는 것이다. 하나님으로부터 이미 '무죄' 선고를 받은 사람이 아니면 그 심판대 앞에 설 수 없다. 이 선언을 신학적인 용어로 '칭의'라고 일컫는다. 바울은 "그러므로 우리가 믿음으로 의롭다 하심을 받았으니 우리 주 예수 그리스도로 말미암아 하나님과 화평을 누리자"(롬 5:1)라고 말했다.

칭의에 관해 잠시 생각해보자. 직불 카드를 이용해 물건을 샀는데 그 과정에서 예금 계좌에 들어 있는 금액을 초과하는 일이 벌어졌다. 은행은 초과 인출을 고지하고, 초과 금액에 과료를 부과한다. 카드 사용자가 초과 금액과 과료를 갚으면 은행은 상환이 이루어졌기 때문에 더 이상 과료를 부과하지 않는다.

그러나 카드 사용자가 파산 상태에 이르러 돈을 상환할 능력이 없을 때는 문제가 발생한다. 그럴 때는 은행에 빚을 진 상태가 된다. 그런데 어떤 친구가 그런 사정을 알고 계좌에 돈을 넣어 초과 인출 금액과 과료를 갚는다.

그것이 그리스도께서 우리를 위해 하신 일이다. 우리는 하나님 앞에서 우리의 '의의 계좌'에서 의가 초과 인출된 상태다. 죄를 지을 때마다 하나님께 대한 채무가 늘어난다. 죄의 빚을 갚지 못한 채 영적으로 파산한 상태에서 죽으면 하나님과 영원히 분리되는 형벌을 받는다.

그러나 그리스도를 믿어 구원을 받으면 하나님이 그리스도의 완전한 의를 우리의 의로 간주하고, 죄의 빚과 그로 인한 미래의 형벌을 모두 탕감해주신다. 이미 그리스도께서 모든 죗값을 청산하셨기 때문에 그리스도인들은 미래의 심판을 걱정할 필요가 전혀 없다. 바울은 "그리스도 예수 안에 있는 자에게는 결코 정죄함이 없나니"(롬 8:1)라고 말했다. 그러나 죄를 용서받고 난 이후의 삶에 대한 하나님의 평가는 칭의에 근거하지 않는다. 바울은 이렇게 말했다.

> "이는 우리가 다 반드시 그리스도의 심판대 앞에 나타나게 되어 각각 선악간에 그 몸으로 행한 것을 따라 받으려 함이라"(고후 5:10).

바울이 "우리가 다 반드시 … 나타나게 되어"라고 말한 것에 주목하라. 헬라어 본문을 찾아보니 "다"가 말 그대로 "다"를 뜻한다는 것을 알 수 있었다. 예외나 배제나 제외 없이 모든 신자가 그리스도의 심판대 앞에 서게 될 것이다. 모두가 각자 주님 앞에서 어떤 상급을 받아야 적절할지를 평가받게 될 것이다.

그리스도의 심판대는 신자들에게 상급을 주기 위한 것이고, 크고 흰 보좌의 심판은 불신자들을 정죄하기 위한 것이다. 이것이 바울이 고린도 신자들에게 "몸으로 있든지 떠나든지 주를 기쁘시게 하는 자가 되기를 힘쓰는 사람이 되자"고 말했던 이유다(고후 5:9).

우리는 언제 심판을 받는가?

우리의 행위를 평가하는 심판은 언제 이루어질까? 교회가 휴거한 직후, 곧 살아 있는 자들이 곧장 주님 앞으로 가고, 죽은 자들이 영생을 누리기 위해 부활한 직후에 이루어질 가능성이 크다. 그리스도의 심판대가 휴거 직후에 시작될 것이라고 말씀하는 성경 구절은 없지만 그렇게 결론지을 수밖에 없는 이유가 몇 가지 있다.

첫째, 요한계시록 4장 10절에 언급된 이십사 장로(모든 신자를 대표한다)는 대환난이 시작되기 전에 이미 상급(면류관)을 받았다.

둘째, 휴거가 있고 나서 7년 후에 예수님의 재림과 함께 교회("그리스도의 신부")가 "성도들의 옳은 행실"을 나타내는 "빛나고 깨끗한 세마포"를 입은 모습으로 세상에 돌아올 것이라고 언급되어 있다(계 19:8). 이 두 가지 사실은 그리스도의 삶을 평가하는 심판이 이미 이루어졌다는 것을 간접적으로 보여준다.

우리의 행위는 중요한가?

현세에서 하나님께 복종하는 것이 정말로 중요한지를 궁금해하는 그리스도인들이 많다. 그들은 "나의 선행은 하나님께 아무런 가치가 없어"라고 그릇 주장한다. 우리가 행위가 아닌 은혜로 구원받은 것은 사실이지만 하나님은 우리의 행위에 근거해 우리에게 상급을 베푸신다. 우리의 행위는 천국에 들어가는 공로가 아니라 천국에서 누리게 될 상급을 결정하는 근거다.

바울은 구원받기 이전의 행위와 구원받은 이후의 행위를 구별했다. 그는 구원받기 이전의 행위에 대해서는 "너희는 그 은혜에 의하여 믿음으로 말미암아 구원을 받았으니 이것은 너희에게서 난 것이 아니요 하나님의 선물이라 행위에서 난 것이 아니니 이는 누구든지 자랑하지 못하게 함이라"(엡 2:8-9)고 말했고, 구원받은 이후의 행위에 대해서는 "우리는 그가 만드신 바라 그리스도 예수 안에서 선한 일을 위하여 지으심을 받은 자니 이 일은 하나님이 전에 예비하사 우리로 그 가운데서 행하게 하려 하심이니라"(엡 2:10)고 말했다.

그리스도인이 되기 이전의 행위는 단지 하나님 앞에서 우리를 단죄하는 역할을 할 뿐이었다. 그러나 일단 그리스도인이 되고 난 이후의 행위는 하나님의 칭찬을 받게 만드는 역할을 한다. 앞서 말한 대로 우리는 모두 그리스도의 심판대 앞에 서서 "선악간에"(고후 5:10) 우리의 행위를 평가받게 될 것이다. 여기에서 '악'으로 번역된 헬라어 '파울로스'는 '무가치한'을 의미한다.

구글이나 페이스북이나 아마존이 역사와 취미와 상품에 관해 산더미 같은 정보를 제공하는 것처럼 생각되지만 그들이 모집한 정보의 양은 하나님이 아시는 정보에 비하면 그야말로 두더지가 파놓은 작은 흙더미 정도에 지나지 않는다.

하나님은 모든 말과 모든 생각과 모든 행위와 모든 동기를 빠짐없이 다 알고 계신다. 장차 하나님이 그 모든 것을 밝히 드러내실 날이 올 것이다.

성경에 따르면 하나님은 우리의 행위와 생각과 말은 물론 은사와 재능, 시간을 사용한 방식, 타인을 대했던 태도, 낯선 사람들을 대접한 일, 다른 사람들을 그리스도께 인도하려고 노력했던 일, 재물에 관한

태도, 해를 당했을 때 보였던 반응 등 모든 것을 평가하실 것이다.[1]

주님의 눈앞에서는 아무것도 감출 수 없을 것이다. 미래에 주님이 우리를 평가하실 날을 생각하다 보니 내가 전에 받았던 철저한 신체검사가 생각난다(여기에서 '전에'라는 말이 중요하다). 그 신체검사에는 나의 체지방을 측정하는 과정이 포함되었다.

의사의 조수는 내게 옷을 벗어 광주리에 놓고 '지방 측정 수조'에 들어가라고 지시했다. 내가 물속에서 숨을 멈추고 있는 동안 의사가 나의 체지방을 측정했다. 그러나 그것이 전부가 아니었다. 나는 다시 완전히 벌거벗은 채로 의사 앞에 섰고, 그는 여러 가지 기구들로 내 몸 이곳저곳을 짚어보며 다른 방식으로 체지방을 측정했다.

그 순간 나는 초콜릿 쿠키를 많이 먹은 일, 아침이면 일어나 열심히 운동하지 않고 자명종을 끈 채 침대에서 뒹굴었던 일, 한밤중에 냉장고 문을 열고 아이스크림을 한 숟가락 더 떠먹은 일 따위를 떠올리며 후회하기 시작했다.

의사는 실오라기 하나 걸치지 않은 상태로 서 있는 나의 여기저기를 꼬집고, 찌르고, 눌러보면서 눈살을 찡그리기도 하고 얼굴을 찌푸리기도 하고 히죽이 웃기도 했다. 그 순간에 떠오른 한 가지 생각은 '의사는 다 알아'였다.

그런 곤욕을 치른 후, 의사는 나를 진료실로 불렀다. 그는 의례적인

---

1) 엡 6:8; 계 2:23; 마 12:36-37; 눅 19:11-26; 벧전 1:17; 마 10:41-42; 눅 14:12-14; 눅 6:27-28, 35; 단 12:3; 마 6:1-4을 각각 참조하라.

말을 몇 마디 건네고 나서 검사 결과가 적힌 파일을 펼쳤다. 그는 먼저 나의 운동 프로그램도 괜찮고, 스트레스 테스트 결과도 좋고, 시리얼로 아침을 먹는 것도 잘하는 것이라고 칭찬했다. 그러고 나서 곧바로 입 가장자리를 아래로 내려뜨리며 심각한 표정을 짓더니 "이번에는 체지방에 관해 말해봅시다"라고 말했다.

그 말을 듣는 순간 '이제야 본론이 나오는군'이라는 생각이 들었다. 그는 "선생님은 체지방을 좀 줄여야 할 필요가 있습니다. 콜레스테롤 수치를 낮추려면 매일 밤 아이스크림을 먹는 것을 중단해야 합니다"라고 말했다. 의사는 나의 좋은 습관들은 칭찬했지만 건강을 위협하는 좋지 않은 습관에 대해서는 쓴소리를 마다하지 않았다.

그와 비슷하게 주님의 심판대 앞에 서면 우리 삶의 모든 측면은 하나님 앞에 적나라하게 드러날 것이다. 예수님은 "숨은 것이 장차 드러나지 아니할 것이 없고 감추인 것이 장차 알려지고 나타나지 않을 것이 없느니라"(눅 8:17)고 경고하셨다. 세상에서 우리가 보낸 짧은 인생에 대해 하나님은 정확하게 평가하실 것이고 그에 따라 상급 여부가 결정될 것이다. 그것은 우리를 영원히 정죄하기 위한 평가가 아니다.

그리스도의 심판대 앞에서 실제로 어떤 일이 일어날까?

바울은 그리스도의 심판대 앞에서 일어날 일을 설명하기 위해 세 가지 비유를 사용했다. 그가 사용한 첫 번째 비유는 하나님과의 수탁 계약이다.

"네가 어찌하여 네 형제를 비판하느냐 어찌하여 네 형제를 업신여기느냐 우리가 다 하나님의 심판대 앞에 서리라 … 이러므로 우리 각 사람이 자기 일을 하나님께 직고하리라"(롬 14:10, 12).

'직고한다'라는 개념은 수탁자(다른 사람에게 속한 것을 관리하는 법적 책임자)의 비유에 근거한다. 수탁자는 나중에 자기에게 위탁된 것을 어떻게 관리했는지를 보고해야 한다. 예를 들어 자산 관리사는 고객의 재산을 위탁받은 관리자로 일한다. 그가 투자하는 돈은 그의 것이 아니다. 그는 단지 고객의 자산을 관리하고 증식하는 일을 하는 운영자일 뿐이다.

그와 비슷하게 우리의 생명, 재능, 기술, 은사, 기회 등 우리가 가진 것은 모두 다 하나님이 맡기신 것이다. 우리는 그것들의 소유주가 아닌 관리자일 뿐이다. 우리는 우리에게 위탁된 것들을 이용해 하나님의 자산을 더 많이 늘려야 할 책임이 있다. 우리는 심판대 앞에서 "내가 네게 맡긴 것을 어떻게 했느냐?"라는 주님의 물음에 대답할 준비를 해야 한다.

수탁자의 비유는 하나님이 그리스도의 심판대 앞에서 우리를 어떻게 평가하실 것인지를 구체적으로 잘 보여준다. 간단히 말해 하나님은 모든 신자를 똑같은 방식으로 평가하지 않으신다. 예를 들어 하나님은 빌리 그레이엄을 평가하는 것과 동일한 기준을 적용해 나를 평가하지 않으실 것이다. 하나님은 그레이엄 박사에게 나와 다른 은사를 허락하셨다. 따라서 하나님이 내게 허락하지 않으신 기회에 대해 책임을 물으실까봐 걱정할 필요가 없다.

바울은 또한 건축자의 비유를 들어 그리스도인들이 받게 될 심판을 구체적으로 묘사했다.

"내게 주신 하나님의 은혜를 따라 내가 지혜로운 건축자와 같이 터를 닦아 두매 다른 이가 그 위에 세우나 그러나 각각 어떻게 그 위에 세울까를 조심할지니라 이 닦아 둔 것 외에 능히 다른 터를 닦아 둘 자가 없으니 이 터는 곧 예수 그리스도라"(고전 3:10-11).

우리는 각자 우리 자신의 집, 즉 우리의 삶을 건설하는 과정에 있다. 신자의 삶을 떠받치는 토대는 예수 그리스도를 믿는 믿음이다. 일단 터가 놓인 후에는 어떤 재료를 선택해 어떤 삶을 건설해야 할지를 결정해야 한다. 신자들은 믿음의 터 위에 "금이나 은이나 보석"을 선택하거나 "나무나 풀이나 짚"을 선택해 삶을 건설할 수 있다(고전 3:12).

그리스도 앞에 서는 날에 우리의 집, 곧 우리의 삶은 불 시험을 거치게 될 것이다. "각 사람의 공적이 나타날 터인데 그 날이 공적을 밝히리니 이는 불로 나타내고 그 불이 각 사람의 공적이 어떠한 것을 시험할 것임이라"(고전 3:13).

이 말씀에 따르면 하나님이 우리의 삶을 평가하시는 데 있어서 가장 중심이 되는 기준은 '우리의 삶이 얼마나 영원한 가치를 담고 있는가?'

이다.

불 시험과 같은 예수님의 심판을 견뎌낼 수 있는 길은 영구적인 재료를 사용해 우리의 삶을 건설하는 것밖에 없다. 이익이나 권력이나 쾌락을 추구하는 삶을 건설하는 것은 짚으로 된 집을 건설하는 것과 같다.

그러나 『아기 돼지 삼형제』라는 동화에 나오는 것과는 달리 예수님은 집이 무너지나 보기 위해 입김을 불지 않으신다. 그분은 거기에 불을 붙여보신다. 우리가 살아온 삶의 모든 측면이 영구적이지 않고 일시적이라면 그분의 거룩한 불길에 모조리 불타 잿더미로 변하고 말 것이다.

그러나 하나님을 영화롭게 하고(금), 다른 사람들을 그리스도께 인도하고(은), 하나님과 다른 사람들을 사랑하는 삶을 건설하는 것(보석)은 철과 대리석으로 집을 짓는 것과 같을 것이다. 그런 삶은 예수님의 불 같은 평가에도 능히 견딜 것이다.[2]

바울은 고린도 신자들에게 "만일 누구든지 그 위에 세운 공적이 그대로 있으면 상을 받고"(고전 3:14)라고 말했다. "누구든지 그 공적이 불타면 해를 받으리니 그러나 자신은 구원을 받되 불 가운데서 받은 것

---

[2] 바울은 고린도전서 3장 12절에서 언급한 귀금속과 보석의 영적 의미를 설명하지 않았다. 그러나 성경의 다른 곳을 살펴보면 금은 성막과 성전에 나타난 하나님의 영광을 상징하고(출 25장; 왕상 6:21-32), 은은 구원을 상징하는(레 27장) 금속인 것을 알 수 있다. 아울러 보석의 경우는 일일이 세분화해서 말하지는 않았지만, 신자들이 하나님과 이웃을 사랑하라는 큰 계명을 실천하기 위해 자신의 재능과 시간과 재물을 바쳐 행하는 다양한 행위를 가리키는 의미인 듯하다(마 22:36-40).

같으리라"(고전 3:15)는 말씀대로 개인은 구원을 받더라도 불에 타 없어질 행위는 영원히 사라지고 말 것이다.

이 비유는 우리의 삶이 영속성(삶을 건설하기 위해 우리가 결정하는 다양한 선택들)에 근거해 평가를 받게 될 것을 의미한다. 그리스도께서 우리의 삶을 평가하시는 기준은 삶의 내용만이 아니다. 그분은 선택의 이유도 아울러 평가하실 것이다.

"그러므로 때가 이르기 전 곧 주께서 오시기까지 아무 것도 판단하지 말라 그가 어둠에 감추인 것들을 드러내고 마음의 뜻을 나타내시리니 그 때에 각 사람에게 하나님으로부터 칭찬이 있으리라"(고전 4:5).

예를 들어 복종하는 마음으로 물질을 드리면 하나님은 그것을 금으로 여기신다. 그러나 다른 사람들에게 우리가 관대한 사람이라는 것을 보여줄 생각으로 물질을 드리면 하나님은 그것을 짚으로 여기신다. 다른 사람에게 복음을 전하든, 선교 여행을 가든, 낯선 사람을 접대하든 동기가 중요하다. 솔로몬은 "사람의 행위가 자기 보기에는 모두 깨끗하여도 여호와는 심령을 감찰하시느니라"(잠 16:2)고 말했다.

미래에 상급을 받기 위해 삶을 지혜롭게 투자하는 것 자체가 그릇된 동기에서 비롯한 것이 아닌지 궁금해하는 사람들이 있을지도 모른다. 그러나 그렇지 않다. 아브라함을 생각해보라. 그가 하나님의 말씀에 복종해 일가친척과 친구들을 뒤에 남겨두고 알지 못하는 낯선 땅을 향해 떠났던 이유가 무엇일까?

히브리서 저자는 "이는 그가 하나님이 계획하시고 지으실 터가 있는 성을 바랐음이라"(히 11:10)고 그 이유를 설명했다. 하나님이 계획하고 지으실 성은 아직 나타나지 않은 새 예루살렘을 가리킨다. 아브라함이 현세에서 하나님께 복종했던 이유는 내세에서 하나님으로부터 상급을 받게 될 것을 기대했기 때문이다.

이번에는 모세를 생각해보자. 하나님의 백성을 다스릴 미래의 지도자가 바로의 궁궐에서 누릴 수 있는 온갖 특혜를 기꺼이 포기하고 '잠시 죄악의 낙을 누리는 것보다 하나님의 백성과 함께 고난 받는 길'을 선택했다(히 11:25). 모세는 왜 그런 영웅적인 선택을 했을까? 단지 하나님께 복종하기 위해서였을까?

그렇지 않다. 히브리서 저자는 모세의 결정이 객관적인 계산에 근거한 것이었다고 말했다. 모세가 '그리스도를 위하여 받는 수모를 애굽의 모든 보화보다 더 큰 재물로 여긴' 이유는 '상 주심을 바라보았기' 때문이다(히 11:26).

여기에서 '여기다'로 번역된 헬라어는 '계산하다'를 의미한다. 다시 말해 모세는 손익을 산술적으로 따져보고 나서, 하나님께 복종함으로써 얻게 될 내세의 영원한 상급에 비하면 현세의 일시적인 쾌락이 그야말로 아무것도 아니라는 결론에 도달했다.

모세와 아브라함이 복종했던 이유는 미래의 상급 때문이었다. 그것이 믿음의 본질이다. 하나님과 그분의 나라를 섬기는 삶을 살면 하나님이 미래에 상을 주신다는 것을 믿는 것, 그것이 곧 믿음이다. 히브리서 저자는 이렇게 말했다.

"믿음이 없이는 하나님을 기쁘시게 하지 못하나니 하나님께 나아가는 자는 반드시 그가 계신 것과 또한 그가 자기를 찾는 자들에게 상 주시는 이심을 믿어야 할지니라"(히 11:6).

어떤 사람들은 모세와 아브라함의 동기를 의심할는지 모르지만 그들은 "상급은 항상 충실함에 의존한다"라는 어윈 루처의 말을 옳게 이해했다.[3] 그들이 하나님의 도성과 하늘의 상급을 충실하게 추구했던 사실 자체가 그들의 동기가 거룩하다는 증거다. 그 이유는 그리스도를 보는 것이 그들의 궁극적인 동기였기 때문이다.

심판에 관한 바울의 세 번째 비유는 육상 경기다. 바울은 고린도 신자들에게 이렇게 말했다.

"운동장에서 달음질하는 자들이 다 달릴지라도 오직 상을 받는 사람은 한 사람인 줄을 너희가 알지 못하느냐 너희도 상을 받도록 이와 같이 달음질하라 이기기를 다투는 자마다 모든 일에 절제하나니 그들은 썩을 승리자의 관을 얻고자 하되 우리는 썩지 아니할 것을 얻고자 하노라 그러

---

[3] Erwin Lutzer, *Your Eternal Reward: Triumph and Tears at the Judgment Seat of Christ* (Chicago: Moody Publishers, 2015), 51.

므로 나는 달음질하기를 향방 없는 것 같이 아니하고 싸우기를 허공을 치는 것 같이 아니하며 내가 내 몸을 쳐 복종하게 함은 내가 남에게 전파한 후에 자신이 도리어 버림을 당할까 두려워함이로다"(고전 9:24-27).

'이스트모스 경기'는 고린도에서 2년에 한 번씩 열렸다. 경기에는 육상과 복싱이 포함되었다. 경기의 우승자는 면류관을 받았다. 그러나 금메달을 수여하는 오늘날의 올림픽 경기와는 달리 이스트모스 경기의 우승자에게는 파슬리나 야생 셀러리나 소나무 가지로 만든 화관이 주어졌다.

그것은 결국 시들어 말랐다. 바울의 의도는 고린도 신자들에게 '썩지 않는' 면류관, 곧 영원히 썩지도, 없어지지도 않을 하늘의 상급을 얻기 위한 삶의 경주를 달려가라고 권고하는 것이었다.

육상 경기의 규칙은 간단하다.

첫째, 육상 경기는 심판이 출발 신호를 하면 시작된다. 신앙의 경주도 그리스도를 믿기 전이 아니라 그분을 믿는 순간부터 시작된다.

둘째, 경주자는 트랙 안을 달려야 한다. 그렇지 않으면 실격 처리된다. 그리스도인들도 하나님이 정해주신 독특한 '경로'를 달려야 한다. 그 경로에 지름길은 없다.

마지막으로 경주자는 한눈을 팔지 말고 오로지 결승선을 바라봐야 한다.

오스트레일리아 육상 선수 존 랜디는 누가 1마일(1.6킬로미터)을 4분

안에 주파하는 최초의 인물이 되느냐를 놓고서 로저 배니스터와 치열한 경쟁을 벌였다. 배니스터가 1954년 5월 6일에 그 일을 해냈다. 그로부터 몇 달 뒤, 랜디가 영연방 경기대회에서 맹렬한 속도로 내달려 우승을 할 것처럼 보였다. 그러나 랜디는 마지막 바퀴를 돌면서 왼쪽 어깨너머를 슬쩍 쳐다보았다. 랜디가 왼쪽 어깨너머를 슬쩍 쳐다보는 순간, 배니스터가 그의 오른쪽을 앞질러 자신이 세운 1마일 경주의 기록을 경신했다.

우리도 인생의 결승선을 바라보지 않고 한눈을 팔기는 너무나도 쉽다. 영원한 가치를 지니고 있지 않은 것들(텔레비전, 뉴스, 페이스북, 트위터, 비디오 게임 등)에 너무 많은 관심을 기울이면 "우리 앞에 당한 경주"(히 12:1)를 등한시할 가능성이 크다.

그런 것들은 그 자체로는 아무런 잘못이 없다. 그러나 그런 것들에 정신을 빼앗기다 보면 경주를 잘 마친 사람들에게 주어지는 하나님의 상급을 놓칠 수밖에 없다.

미래의 상급은 우리에게 어떤 의미를 지니는가?

단지 천국에 가는 것만을 행복으로 여기고 그것으로 충분한 상이 될 것이라고 믿는 그리스도인들이 많다. 그러나 상급의 유무는 우리가 천국에서 경험하게 될 일에 큰 영향을 미칠 것이 틀림없다. 신학자 놈 가이슬러는 "천국에 있는 사람들은 온전히 축복을 받지만 모든 사람이 똑같은 축복을 받는 것은 아니다. 모든 신자의 잔이 가득 차 넘칠 테지만 모든 신자의 잔이 동일한 크기는 아닐 것이다"라고 말했다.[4]

이것은 성경적일 뿐 아니라 공정하다. 세상에서의 행위와 상관없이 천국의 모든 사람들에게 똑같은 상이 주어진다면 그리스도께서는 불의한 재판관이 되실 것이다. 그러나 그분은 불의한 재판관이 아니시다. 예를 한 가지 들어보자.

십대 아들을 둘 둔 한 어머니가 부엌에서 케이크를 굽고 있다. 그녀는 그들에게 각자 자기의 방을 깨끗하게 청소하면 좋아하는 케이크를 만들어주겠다고 말했다. 그녀가 나중에 2층에 올라가서 보니 한 아들은 옷을 잘 걸어놓고, 속옷을 옷장 안에 잘 정리해두고, 청소기로 카펫을 잘 청소해놓았다.

그러나 다른 아들은 더러운 티셔츠와 냄새나는 양말과 피자 상자가 너저분하게 놓인 곳에 앉아 비디오 게임을 하고 있었다. 결국 두 아들 모두 각자 자기 방을 가지고 있고 맛있는 집 요리를 먹으며 지낼 수 있었지만 좋아하는 디저트는 한 아들만 즐길 수 있었다.

이 이치는 우리에게도 똑같이 적용된다. 우리의 행위는 구원을 가능케 하는 공로가 아니지만 천국에서의 상급을 결정하는 중요한 역할을 한다. 예수님은 "내가 줄 상이 내게 있어 각 사람에게 그가 행한 대로 갚아 주리라"(계 22:12)고 말씀하셨다. 바울도 모든 그리스도인이 그리

4] Rhodes, *Wonder of Heaven*, 189.

스도의 심판대 앞에서 '각각 선악간에 그 몸으로 행한 것을 따라 받을 것'이라는 말로 행위의 중요성을 강조했다(고후 5:10).

승리자는 무엇을 얻는가?

보스턴 마라톤 대회를 위해 수년 동안 고된 훈련을 쌓아왔다고 가정해보자. 마침내 경기에 참여해서 젖 먹던 힘까지 다 쏟아내 결승선을 1위로 통과했다. 그런데 경기 진행자가 "올해는 규칙을 바꾸기로 결정했습니다. 결승선을 1위와 2위와 3위로 통과한 사람들에게 상을 주는 대신 모든 사람에게 참가상을 줄 것입니다. 우리는 이것이 좀 더 공평하다고 생각했습니다"라고 말한다면 어떤 기분이 들겠는가?

"공평하다고? 경기에서 승리하기 위해 온갖 희생을 참고 견딘 사람들을 인정하고 상을 주는 것이 진정으로 공평한 처사가 아닐까?"라는 생각이 들 게 분명하다.

천국의 상급에도 이와 똑같은 이치가 적용된다. 경주를 잘 마친 사람들, 곧 올바른 동기로 믿음을 충실하게 활용해 금과 은과 보석으로 삶을 건설한 사람들이 성경이 '면류관'으로 일컫는 상을 받게 될 것이다. 성경은 그리스도의 심판대 앞에서 최소한 다섯 가지의 면류관이 주어진다고 가르친다.

첫째, '썩지 않는 면류관'은 성령의 인도를 따르며 절제된 삶을 산 사람들에게 주어진다(고전 9:25). 성령의 열매가 부패하거나 쇠하지 않는 것처럼, 유익하고 충실한 삶을 산 사람들도 그런 상급을 받을 것이다.

둘째, '자랑의 면류관'은 복음 전도와 제자 훈련에 충실한 사람들에게 주어진다(살전 2:19-20). 데살로니가전서의 문맥에 따르면 이 상급은 많은 사람들이 우리가 전한 복음을 듣고 구원을 받아 천국에 온 것을 보고서 느끼는 기쁨을 가리킨다. 작고한 윌리엄 바클레이는 "우리의 도움으로 그리스도께로 향하는 길에 들어섰거나 그 길을 걷게 된 사람들 안에 우리의 가장 큰 영광이 있다"라고 말했다.[5]

셋째, '의의 면류관'은 주님의 재림을 기대하며 복종의 삶을 산 사람들에게 주어진다(딤후 4:8). 이 상급이 무엇을 의미하는지 정확히 알 수 없지만 세상에서 복종의 삶을 산 것에 근거해 주어지는 상급인 것은 분명하다.

넷째, '생명의 면류관'은 그리스도를 부인하거나 믿음을 저버리는 일 없이 현세의 온갖 시련을 충실하게 감내할 만큼 주님을 정성껏 사랑한 사람들에게 주어진다(약 1:12; 계 2:10).

마지막으로 '영광의 면류관'은 그리스도의 교회를 충실하게 희생적으로 섬긴 사람들, 특히 하나님의 말씀을 성심껏 잘 가르치고, 하나님이 맡기신 교회를 잘 목양한 목회자들에게 주어진다(벧전 5:4).

'면류관'은 무엇을 의미하는가?

빌리 그레이엄은 "예수님은 현세에서 면류관을 얻게 하려고 우리를

---

[5] William Barclay, *The Letters to the Philippians, Colossians and Thessalonians*, Daily Bible Series (Louisville: Westminster John Knox Press, 2003), 223.

부르지 않으셨다. 그분은 비웃음을 당하더라도 십자가를 지고, 자기를 위해 살게 하려고 우리를 부르셨다. 그러나 장차 천국에 가서는 우리의 십자가를 내려놓고, 그분이 주시는 면류관을 쓰게 될 것이다"라고 말했다.[6]

그러나 어떤 사람들은 이십사 장로들이 "자기의 관을 보좌 앞에 드리며"(계 4:10) 하나님을 예배한다는 성경 말씀에 근거해 우리도 하나님께 우리가 받은 상급을 되돌려 바칠 것이기 때문에 천국에서 어떤 상급을 받든, 궁극적으로는 아무 의미가 없을 것이라고 주장한다.

그러나 그런 의심스러운 해석은 현세에서 하나님께 복종하면 내세에 상급을 받는다는 신약성경의 명백한 가르침을 부정한다. 이십사 장로에 대한 요한의 환상은 구원과 상급을 비롯해 우리가 받는 모든 것이 궁극적으로 하나님의 은혜로 주어진 것이기 때문에 우리의 창조주이신 하나님을 영원히 찬양하게 될 것이라는 사실을 일깨워주는 데 그 초점이 있다.

그러나 그렇다고 해서 모든 사람이 천국에서 똑같은 경험을 하게 될 것이라고 생각해서는 안 된다. 그렇다면 천국에서 '면류관'은 우리에게 실제로 어떤 의미가 있을까?

어떤 사람들은 이 상급이 문자 그대로 우리가 영원히 쓰고 다닐 면류관을 가리킨다고 믿는다.

---

[6] Billy Graham, *Where I Am: Heaven, Eternity, and Our Life Beyond* (Nashville: W Publishing Group, 2015), 229.

하나님의 보좌 앞에 면류관을 던졌다는 말씀으로 미루어 보면 그것이 실제적인 면류관을 가리킬 수도 있겠지만 나를 비롯해 다른 사람들은 그리스도의 심판대 앞에서 상급을 받게 될 사람들에게 주어지는 실질적인 영원한 축복을 상징하는 의미로 이해한다. 그런 축복을 몇 가지 언급하면 다음과 같다.

• **특별한 특권**

'세상에서 가장 행복한 곳'에 가본 적이 있는가? 나는 지금 디즈니월드를 염두에 두고 말하고 있다. 아내와 나는 우리 아이들이 어렸을 때 그곳에 여러 번 가본 적이 있다. 일반 표를 사면 '매직 킹덤'에 들어가서 갖가지 흥미로운 놀거리를 즐길 수 있다. 그러나 돈을 좀 더 지불하면 디즈니월드 전체를 관람할 수 있고, 좋은 숙박 장소를 이용할 수 있으며, 미키와 미니 또는 동화 속의 공주들과 아침 식사를 할 수 있는 등 여러 가지 부가적인 혜택을 제공받는다. 그와 마찬가지로 성경은 천국에서 특별한 특권을 누리는 신자들이 있을 것이라고 가르친다. 그들은 금메달을 딴 선수가 색종이 테이프 세례를 받으며 행진하는 것처럼 하나님으로부터 특별한 환영을 받게 될 것이다(벧후 1:11). 또한 그들은 생명나무의 열매를 먹게 될 것이고(계 2:7), 그리스도에게도 특별한 대우를 받을 것이다(눅 12:37).

• **특별한 지위**

이 점에 대해서는 이미 5장에서 자세히 살펴본 바 있다. 여기에서 간단히 한 번 더 언급하면, 세상에서 충실하게 산 사람들은 천국에서 부가적인 책임을 상급으로 받게 될 것이다. 예수님은 '적은 일에 충성한' 사람들을 칭찬하며 그들이 그에 대한 상급으로 '많은 것을 맡을 것'이고 또 '주인의 즐거움에 참여하게 될 것'이라고 약속하셨다(마 25:21).

- **특별한 칭찬**

부모에게서 "네가 자랑스럽다"라는 말을 듣거나 직장 상사에게 "일을 아주 잘 해주었소. 당신은 우리 회사의 귀한 자산이요"라는 말을 들었던 기억들을 떠올리면 참으로 기쁘기 그지없다. 그러나 우리가 이 세상에서 받는 그 어떤 칭찬도, 심지어 그것이 세상에서 가장 강력한 권력을 지닌 사람의 칭찬이더라도 내세에서 그리스도에게서 듣게 될 칭찬("잘하였도다 착하고 충성된 종아")과는 족히 비교할 수 없을 것이다(마 25:21). 이것은 모든 신자가 받으려고 애쓰는 상급이지만 오직 현세에서 그리스도께 복종한 사람들에게만 주어질 것이다.

상급을 받지 못하는 사람들은 그리스도의 심판대 앞에서 무엇을 잃게 될까?

어떤 신자들은 자신 있게 주님 앞에 설 것이고, 어떤 신자들은 부끄러워하며 주님 앞에 서게 될 것이다. 이것이 요한이 다음과 같이 간곡히 당부한 이유다.

"자녀들아 이제 그의 안에 거하라 이는 주께서 나타내신 바 되면 그가 강림하실 때에 우리로 담대함을 얻어 그 앞에서 부끄럽지 않게 하려 함이라"(요일 2:28).

그리스도의 심판대 앞에서 받을 수 있었던 것을 받지 못하는 사람들은 얼굴을 붉히고 고개를 떨군 채 부끄러워할 것이다. 이런 이유로 요한은 다음과 같이 경고했다.

"너희는 스스로 삼가 우리가 일한 것을 잃지 말고 오직 온전한 상을 받으라"(요이 1:8).

모든 사람이 천국에서 똑같은 정도의 기쁨과 만족을 누리는 것은 아니다. 그리스도가 아닌 자기 자신을 중심으로 삶을 건설한 사람들은 상당한 손실을 경험하게 될 것이다. 바울은 "누구든지 그 공적이 불타면 해를 받으리니"(고전 3:15)라고 말했다. 그런 사람은 구원을 받기는 하겠지만 '불 가운데서 받은 것' 같을 것이다. 천국의 상급을 받지 못하면 크게 후회할 것이 틀림없다.

이렇게 말하면 "목사님, 상급을 잃은 것을 후회하게 된다면 어떻게 천국에서 행복할 수가 있겠습니까?"라고 말할지도 모르겠다. 기쁨과 후회는 양립 불가능하지 않다.

예를 하나 들어보자.

보험회사 직원이 우리 집의 화재 보험이 충분한 보상을 받기에는 부족하다고 말했다. 나는 즉시 보험계약을 재조정해야 했지만 그렇게 하지 않았다. 그러던 어느 날 밤, 잠에서 깨어보니 집에 화재가 발생했다. 나는 연기 속을 더듬으며 의자를 찾아 창문을 향해 집어던졌고, 아내와 나는 간신히 죽음을 모면했다.

앞마당에 서서 집이 잿더미로 변하는 광경을 지켜볼 때 무슨 생각이 들겠는가? 불길을 피해 빠져나와 목숨을 보전했다는 생각에 크게 기쁘겠지만 그 기쁨은 올바른 재정적 결정을 내려 보험계약을 재조정하지 못했다는 후회감 때문에 반감되고 말 것이다.

그리스도의 심판대 앞에서 기쁨과 후회가 교차되는 감정을 느끼게 될 그리스도인들이 많을 것이다. 그들은 지옥의 불못을 피하게 된 것을 영원히 감사하겠지만, 하나님이 그들의 행위를 무가치하다고 평가하시는 순간 삶의 공적이 '연기로 변하는 것'을 지켜보면서 후회할 것이다. 그들은 영원한 것이 아닌 일시적인 것에 삶을 투자한 탓에 상급을 잃게 되었다는 사실을 깨닫고선 큰 후회를 하게 될 것이다.

아마도 "그러나 천국에는 슬픔이 없지 않습니까? 하나님이 '모든 눈물을 닦아주실 것'이라고 약속하지 않으셨습니까?"라고 반문할 사람들이 있을지도 모른다.

그렇기도 하고, 그렇지 않기도 하다. 하나님이 '모든 눈물을 닦아주실 것'이기 때문에 영원한 새 땅에서는 더 이상 '우는 일'이 없을 것이다(계 21:4). 그러나 이 약속은 그리스도의 심판대를 거친 이후에 이루어질 약속이다.

우리 각자가 주님의 심판대 앞에 섰을 때 삶의 공적 가운데 일부가 그분의 거룩하신 불길에 불타 없어지는 것을 보면 상실감에 일시적으로 슬픔을 느끼게 될 것이다.

그러나 일단 주님의 평가가 다 끝나고 나서는 그동안 흘린 눈물이 영원히 사라질 것이고, 상급을 잃게 된 결과도 영원히 그대로 남을 것이다. 전에 나를 가르친 교수이자 댈러스신학교 총장이었던 존 월브우드 박사는 그리스도의 심판대를 졸업식과 같은 것으로 생각해보라고 말했다.

> 우등이나 최우등으로 졸업하는 학생들도 있고, 학업 우수상을 받는 학생들도 있다. 그러나 졸업생들은 모두 몇 년 동안 힘들게 공부해서 학위를 받게 된 것에 기쁨을 느낄 것이다. 모든 졸업생이 학위를 받고, 기쁨과 만족을 누릴 것이다. 그와 마찬가지로 그리스도의 심판은 매우 엄중할 테지만 신자들은 모두 세상에서 불완전하게 살았는데도 천국에 올 수 있게 해주신 하나님의 놀라운 은혜를 기뻐할 것이다.[7]

천국에서 후회를 느끼는 신자들이 많을 것이다. 그러나 모두가 진정으로 기뻐할 것이다. 상급을 잃는 슬픔이 별것 아니라면 현세에서 하나님께 충실했던 삶이 무의미해질 것이고, 그 슬픔이 지나치게 크면

---

[7] John Walvoord, "End Times: Understanding Today's World Events in Biblical Prophecy", *Understanding Christian Theology*, ed. Charles R. Swindoll and Roy B. Zuck (Nashville: Thomas Nelson, 2003), 1279.

천국이 지옥으로 변할 것이다.

우리는 하나님이 우리 앞에 두신 경주를 달려가며, 우리에게 맡겨진 것을 조심스레 다루며, 영원한 가치를 지닌 행위와 동기로 삶을 건설하는 것을 목표로 삼아야 한다.

어윈 루처는 『영원한 상급』(Your Eternal Reward)에서 인도의 한 거지에 관한 이야기를 소개했다. 어느 날, 그 거지는 아름다운 마차를 타고 가는 한 부유한 귀족과 우연히 마주쳤다. 그는 길옆에 서서 동냥을 바라고 쌀이 담겨 있는 그릇을 내밀었다. 그런데 놀랍게도 그 귀족은 가던 길을 멈추고 거지에게 "네 쌀을 내게 좀 다오"라고 말했다.

거지는 부자가 가난한 사람에게 쌀을 요구한다는 생각에 화가 났지만 그에게 쌀을 한 알 집어주었다. 귀족은 "좀 더 다오"라고 말했다. 거지는 다시 그에게 쌀을 한 알 집어주었다. 그런데도 귀족은 계속 "더 다오"라고 말했다. 거지는 화가 부글부글 끓어올랐지만 그에게 또 다시 쌀을 한 알 집어주었다.

귀족이 떠나고 난 후, 거지는 자신의 쌀 그릇을 바라보았다. 그 순간, 그는 자신의 눈을 의심하지 않을 수 없었다. 그의 그릇에는 쌀알만한 크기의 금이 들어 있었다. 좀 더 자세히 살펴보니 금이 두 알 더 눈에 띄었다. 그가 집어준 모든 쌀알이 금으로 바뀌어 있었다.

루처는 이 이야기를 전하고 나서 "우리의 쌀 그릇을 꼭 움켜쥐고 있으면 상급을 잃을 것이고, 하나님께 충실하게 쌀을 내드리면 금으로 갚아주실 것이다. 하나님이 주시는 금은 불 시험에도 끄떡없다"라고

덧붙였다.[8]

금과 쌀을 바꾸는 것은 매우 현명한 거래다. 세상의 일시적인 쾌락을 천국의 영원한 상급과 바꾸는 것만큼 수지맞는 거래가 어디에 또 있겠는가?

---

[8] Lutzer, *Your Eternal Reward*, 78.

9장

누가
천국에
갈까?

"
내가 곧 길이요 진리요 생명이니
나로 말미암지 않고는
아버지께로 올 자가 없느니라
요 14:6
"

지도는 낯선 장소에 다닐 때 유익하다. 불행히도 나는 몇 년 전에 매우 힘들게 지도의 가치를 깨닫게 되었다. 한 목회자 친구가 자기 교회의 연례 발렌타인 만찬 석상에서 말씀을 좀 전해달라며 나를 캐나다로 초청했다.

나는 아침 일찍 댈러스에서 출발해 미니애폴리스에서 비행기를 갈아타고, 그날 오후 4시에 여유 있게 매니토바 주 위니펙에 도착했다. 나는 짐을 찾고 나서 터미널 밖으로 나와 나를 초대한 친구가 도착하기를 기다렸다. 약 30분을 기다렸는데도 그가 나타나지 않자 나는 그에게 전화를 걸기 위해 다시 터미널 안으로 들어갔다.

그런데 그의 전화번호를 확인하기 위해 그가 몇 주 전에 보내준 초청장을 살펴보는 순간, 그의 주소에 적힌 주와 도시의 이름이 나의 현재 위치와 일치하지 않다는 사실을 발견했다. 나는 10년 전에 위니펙에 있던 그의 교회에서 설교한 적이 있었기 때문에 그가 여전히 같은 교회에 있는 줄로 생각했던 것이다. 큰 실수였다.

나는 편지를 가지고 항공사 카운터에 가서 엉뚱한 도시에 왔다고 설명했다. 목회자 친구가 보낸 편지에 따르면 나는 브리티시컬럼비아주 밴쿠버에 갔어야 했다. 캐나다에 대해 아무것도 몰랐던 나는 무지하게도 "밴쿠버로 가는 버스를 탈 수 있습니까? 30분 안으로 그곳에 도착해야 합니다"라고 말했다.

카운터 뒤에 있는 항공사 직원들이 일제히 웃음을 터뜨리며 "농담도 잘 하시네요. 밴쿠버는 이곳에서 서쪽으로 2,400여 킬로미터나 떨어져 있습니다"라고 말했다. 다행히도 몇 분 뒤에 밴쿠버로 출발하는 비행기가 있었다. 비행시간은 세 시간이었지만 밴쿠버와 위니펙의 시차가 2시간이나 되었기 때문에 제시간에 도착해 말씀을 전할 수 있을 것 같았다.

나는 출발 탑승구를 향해 가능한 한 빨리 달려갔다. 탑승구를 따라 내려가려고 하는 순간, 탑승구 앞에 서 있던 직원이 내게 캐나다 지도를 한 장 건네주었다(나의 실수에 대한 소식이 이미 매표구에서 출발 탑승구에까지 전달된 것이 분명했다). 그녀는 "여기 이것을 보면 다음번에 캐나다를 방문하실 때 도움이 될 거에요"라고 말하며 웃었다.

잘못해서 엉뚱한 장소에 도착하는 것은 당혹스러운 일일 수 있다. 그러나 우리의 인생에서 목적지가 절대로 틀려서는 안 될 곳이 한 군데 있다. 그것은 바로 사후의 장소다. 천국에 있어야 할 사람이라고 생각했던 사람들이 그곳에 없고, 그곳에 있어서는 안 될 사람이라고 생각했던 사람들이 그곳에 있을 수 있다. 당연히 하나님의 품에 안기리라고 생각했는데 천국의 문 앞에서 발길을 돌려야 한다면 그것이야말로 가장 충격적인 일일 것이다.

성경은 오직 그리스도를 믿고 죄 사함을 받은 사람들만이 새 하늘과 새 땅에 거할 것이라고 분명하게 가르친다. "하나님 외에는 누가 천국에 갈 것인지 결정할 수 있는 사람이 아무도 없다"라는 구원에 관한 기독교 진리의 배타성을 논박하는 사람들은 "하나님이 이미 사람들을 천국에 받아들일 기준을 결정하셨다"라는 중요한 진리를 간과하는 셈이다.

그리스도를 믿는 믿음만이 천국에 이르는 유일한 길이라고 주장하는 것은 우리의 판단 기준이 아닌, 하나님이 이미 결정하신 요구 조건을 거듭 말하는 것이다.

장차 천국에 있는 사람들을 보고 놀랄 것이라는 말은 힌두교 신자나 불교 신자나 이슬람교 신자들이 그리스도인들과 나란히 그곳에 있는 것을 보고 놀랄 것이라는 의미가 아니다. 내가 『예수 말고 다른 길은 없다』라는 책에서 말한 대로, 세상의 모든 종교가 하나님께 이르는 길이라는 통속적인 견해는 "내가 곧 길이요 진리요 생명이니 나로 말미암지 않고는 아버지께로 올 자가 없느니라"(요 14:6)고 말씀하신 예수님의 가장 기본적인 가르침을 부인하는 것이다.

변함이 없으신 하나님은 마지막 순간에 "'예수를 믿는 믿음'이라는 유일한 요구 조건을 더 이상 고집하지 않겠다. 모두 환영한다. 다 들어와라"고 말씀하며 우리를 놀라게 하지 않으실 것이다.

내가 말하려는 요점은 오직 하나님만이 "마음의 생각과 뜻을 판단"하실 수 있기 때문에(히 4:12) 오직 그분만이 누가 진정으로 그리스도를 믿고 죄 사함을 받았는지 아신다는 것이다. 천국에 있어야 할 사람들이나 없어야 할 사람들 때문에 놀라는 일은 있더라도 우리 자신의 영원한 운명에 관해서는 놀라는 일이 벌어져서는 안 될 것이다. 만일 현세를 떠나 내세에 가서 하나님의 품 안에 안길 것인지 아닌지를 확인하려고 한다면 그때는 이미 너무 늦고 말 것이다.

불행한 일이지만 심판의 날에 천국의 문 앞에서 발길을 되돌려야 한다는 것을 알고는 놀라게 될 사람들이 많을 것이다. 이것이야말로 성경에서 발견되는 가장 곤혹스러운 가르침 가운데 하나다. 예수님은 그런 현실을 다음과 같이 묘사하셨다.

> "나더러 주여 주여 하는 자마다 다 천국에 들어갈 것이 아니요 다만 하늘에 계신 내 아버지의 뜻대로 행하는 자라야 들어가리라 그 날에 많은 사람이 나더러 이르되 주여 주여 우리가 주의 이름으로 선지자 노릇 하며 주의 이름으로 귀신을 쫓아 내며 주의 이름으로 많은 권능을 행하지 아니하였나이까 하리니 그 때에 내가 그들에게 밝히 말하되 내가 너희를 도무지 알지 못하니 불법을 행하는 자들아 내게서 떠나가라 하리라"(마 7:21-23).

하나님과의 관계가 잘못되었다는 사실을 알게 될 사람들이 단지 몇몇 사람에 그치지 않고 많을 것이라는 사실에 주목하라. 예수님은 천국에 갈 것이라고 생각했던 '많은' 사람들이 지옥에 던져질 것이라고 말씀하셨다.

왜 그럴까? 그 이유는 간단하다. 그것은 그릇된 목적지로 향하는 그릇된 길을 걸었기 때문이다. 예수님은 마태복음 7장에서 서로 정반대되는 목적지로 향하는 두 개의 길이 있다고 가르치셨다.

"좁은 문으로 들어가라 멸망으로 인도하는 문은 크고 그 길이 넓어 그리로 들어가는 자가 많고 생명으로 인도하는 문은 좁고 길이 협착하여 찾는 자가 적음이라"(마 7:13-14).

우리가 그런 불행한 잘못을 저지르지 않을 것이라고 어떻게 장담할 수 있겠는가? 오클라호마에서 북쪽으로 캐나다 마니토바 주 위니펙을 향해 여행을 떠났다고 가정해보자. 자동차로 고속도로를 달리며 의도하는 목적지를 향해 올바른 길을 달려가고 있다고 믿는다.

그러나 몇 시간 뒤에 '댈러스 160킬로미터, 휴스턴 480킬로미터'라고 적힌 고속도로 표지판이 보이더니 나중에는 "텍사스 주 러레이도 홀리데이인 호텔에서 하룻밤의 휴식을 즐기세요"라는 광고판이 눈에 띄었다.

그런 표지판들은 우리가 그릇된 길을 통해 그릇된 목적지를 향하고 있다는 것을 분명하게 보여준다. 우리는 북쪽으로 향하고 있다고 확신하지만 실제로는 남쪽을 향해 가고 있는 중이다.

천국을 가리키는 표지판들

아무런 경고 없이 천국이나 지옥에 가는 사람은 아무도 없다. 그 길에는 올바른 목적지, 올바른 길을 향해 가고 있는지 아닌지를 알려주는 분명한 '표지판들'이 세워져 있다. 천국이나 지옥에 가는 길은 현세에서부터 시작된다. 천국으로 향하는 길을 가고 싶으면 그 길에 세워져 있는 네 가지 표지판에 주목해야 한다.

표지판 1_ 우리는 죄의 문제를 안고 있다

많은 사람들이 이 사실을 인정하기를 거부한다. 그들은 로마서 3장 10-12절에 기록된 곤혹스러운 진리를 직시하기보다 고개를 돌려 외면하기를 좋아한다.

> "기록된 바 의인은 없나니 하나도 없으며 깨닫는 자도 없고 하나님을 찾는 자도 없고 다 치우쳐 함께 무익하게 되고 선을 행하는 자는 없나니 하나도 없도다"(롬 3:10-12).

'의롭다'라는 것은 하나님과 올바른 관계를 맺는 것을 의미한다. 본성적으로 하나님과 올바른 관계를 맺고 있는 사람들이 얼마나 될까? 없다. 바울이 말한 대로 "하나도 없다." 우리는 모두 죄인이다. 우리는 살인자나 아동 포르노그래피를 만드는 사람들이 우리보다 더 나쁜 사람들이라고 생각하는 경향이 있다.

비록 우리의 악한 본성이 완전히 드러나지는 않더라도 우리는 이미 충분히 악하다. 우리는 모두 죄를 지었다. 그 결과 하나님과 우리 사이에는 영원한 간격이 생겨났다.

아담에게서 물려받은 죄의 바이러스가 우리의 모든 행위에 영향을 미친다. 가장 정직한 순간에조차도 우리는 그것이 사실이라는 것을 안다. 자신의 운명을 생각하면서 무서운 불안감을 느껴본 적이 있는가? (그런 느낌은 심지어 교회에 앉아 예배를 드릴 때도 느낄 수 있다.) '그런 불안감은 대체 어디에서 생겨나는 것일까?' 궁금한 생각이 든다. 그것은 우리 모두에게 감염된 질병의 징후다.

그러나 어떤 사람들은 매일 죄의 징후를 경험하면서도 자신이 무죄하다고 주장하고 싶어 한다. 그들은 '죄인'이라는 칭호를 자기에게 적용하지 않는다. 그런 사람들은 입가에 과자 부스러기가 묻어 있는데도 어머니에게 과자 상자 근처에도 가지 않았다고 주장하는 어린 소년과 같다.

그와 비슷하게 우리도 원한다면 얼마든지 큰 소리로 우리의 무죄함을 주장할 수 있다. 문제는 우리의 몸에 온통 들러붙어 있는 죄의 '부스러기'가 우리의 죄책을 고스란히 드러내고 있다는 것이다. 요한 사도는 이렇게 말했다.

"만일 우리가 죄가 없다고 말하면 스스로 속이고 또 진리가 우리 속에 있지 아니할 것이요 … 만일 우리가 범죄하지 아니하였다 하면 하나님을 거짓말하는 이로 만드는 것이니 또한 그의 말씀이 우리 속에 있지 아니하니라"(요일 1:8, 10).

우리가 인정하든 인정하지 않든 우리가 죄인이라는 것은 엄연한 사실이다. 바울이 로마서 6장 23절에서 "죄의 삯은 사망이요"라고 말한 대로 죄의 결과는 죽음이다. 앞서 7장에서 살펴본 대로 '죽음'으로 번역된 헬라어 '사나토스'는 '분리'를 의미한다. 물리적인 죽음이 영혼과 육체의 분리를 뜻하는 것처럼 영적인 죽음은 우리의 영혼과 하나님의 분리를 의미한다.

물리적인 죽음은 일시적이지만 영적인 죽음은 영원하다. 죽음은 죄에 대한 하나님의 의로운 심판이다. 이런 사실은 두 번째 표지판과 자연스레 연결된다.

표지판 2_ 하나님은 죄가 없으시다

과거에 나는 나의 십대 딸들에게 "여기는 내 집이니 나의 규칙을 따라야 한다"라고 말하곤 했는데 이처럼 하나님은 천국의 창조주이기 때문에 당연히 그분의 규칙을 만드신다. 천국의 규칙은 거룩함이다.

하나님이 요구하시는 기준은 절대적인 완전함이다. 하나님은 무려 여섯 차례나 "내가 거룩하니 너희도 거룩할지어다"(벧전 1:16)라고 말씀하셨다.[1]

그러나 우리는 거룩하지 못하다. 이것이 죄의 문제를 더욱 복잡하게 만든다. 죄는 하나님과 우리를 분리한다. 어떻게 죄에 오염된 인간이 죄 없으신 하나님과 관계를 맺을 수 있단 말인가? "하나님이 우리의 불완전함을 묵인하실 수는 없나요?"라고 묻는 사람들이 많다. 불행히도 하나님은 우리와 같지 않으시다. '거룩한'은 문자적으로 '분리된'을 의미한다. 하나님은 인간과 분리되신다(다르시다). 하박국 선지자는 이렇게 말했다.

"주께서는 눈이 정결하시므로 악을 차마 보지 못하시며 패역을 차마 보지 못하시거늘"(합 1:13).

하나님의 거룩하심에 관한 두 번째 표지판과 우리의 죄에 관한 첫 번째 표지판을 결합하면 우리는 크게 절망하지 않을 수 없다. 오클라호마에서 위니펙까지 여행하는데 '위니펙 2,000킬로미터'라는 표지판을 보게 되었다고 가정해보자.

긴 여행길이지만 인내하면 도착할 수 있는 거리다. 연료통을 보니

---

1) 레 11:44-45; 19:2; 20:7, 26 참조.

연료가 4분의 1밖에 남아 있지 않은 것이 확인되었다. 이것도 큰 문제는 아니다. 주유소에 들르면 된다. 그런데 현금이나 신용카드가 없다. 위니펙까지 갈 수 없는 심각한 상황인 셈이다. 그럴 때는 문제를 해결할 방법이 없기 때문에 차를 돌려야만 한다.

성경은 우리의 영적 '연료통'을 완전함으로 가득 채워야만 천국에 갈 수 있다고 말씀한다. 문제는 우리 가운데 천국에 갈 만큼 충분히 선한 사람이 단 한 사람도 없다는 것이다. 다른 사람들보다 '완전함'의 연료를 더 많이 가지고 있다고 해도, 심지어는 연료통이 8분의 7이나 차 있더라도 천국에 가기는 불가능하다.

하나님은 우리의 연료통이 가득 차 있어야만 그분이 있는 곳에 올 수 있다고 말씀하신다. 그렇다면 해결책은 없는 것인가? 그 해결책은 세 번째 표지판에 있다.

표지판 3_ 죄의 문제에 대한 해결책은 예수님밖에 없다

다시 위니펙을 향해 달려가고 있다고 상상해보자. 캔자스 한복판에서 연료가 떨어졌다면 어떻게 해야 할까? 그 순간, 난데없이 거대한 유조차가 나타나더니 옆에 멈추어 선다. 유조차 운전자가 "무슨 문제요? 타이어 펑크요, 라디에이터가 터졌소?"라고 묻는다. 그에게 연료가 다 떨어졌다고 설명한다.

그는 싱긋이 웃더니 자기 트레일러를 가리키면서 "오늘 운이 좋은 줄 아시오. 당신의 작은 차를 채우고도 남을 만한 연료를 가지고 있소이다. 연료통을 채워줄까요?"라고 말한다.

예수 그리스도께서 우리의 죄를 위해 십자가에서 죽으셨을 때 두 가지 놀라운 일이 일어났다.

첫째, 한 번도 죄를 지은 적이 없는 하나님의 완전한 아들이신 예수님이 우리가 마땅히 받아야 할 하나님의 징벌을 자원해서 받으셨다. 하나님은 거룩하기 때문에 우리의 죄를 간과하거나 징벌하시지 않을 수가 없다. 나훔서 1장 3절은 "여호와는 … 벌 받을 자를 결코 내버려두지 아니하시느니라"고 말씀한다. 누군가가 우리의 죗값을 치러야 하는데 예수님이 자원해서 그 일을 감당하셨다.

두 번째 일은 더욱더 놀랍다. 하나님은 예수님의 의, 곧 그분의 완전하심을 우리의 것으로 간주하셨다. 우리는 스스로 천국에 갈 수 있을 만큼 충분히 선하지 않지만 예수님은 무한히 선하실 뿐 아니라 우리의 죗값을 청산하는 데 필요한 것을 기꺼이 제공해주신다. 바울 사도는 우리의 죄가 그리스도에게 전가되고, 그분의 의가 우리에게 전가된 이 놀라운 일을 이렇게 묘사했다.

"하나님이 죄를 알지도 못하신 이를 우리를 대신하여 죄로 삼으신 것은 우리로 하여금 그 안에서 하나님의 의가 되게 하려 하심이라"(고후 5:21).

예수님은 세상에 태어난 그 어떤 사람과도 다른 독특한 존재이기 때문에 우리가 받아야 할 죄의 형벌을 받고, 자신의 완전함을 우리에게 제공할 자격을 지닌 유일한 분이시다. 오직 그분만이 하나님의 아들이시다. 예수님이 우리의 죄를 대신 속죄하셨다고 선언하는 표지판을 믿지 않고, 그 앞에 멈추어 서서 머뭇거리며 천국에 가는 다른 길을 찾으려고 하는 사람들이 많다.

나는 그동안 사역을 해오면서 불교 신자, 힌두교 신자, 이슬람교 신자, 모르몬교 신자, 여호와의 증인을 믿는 신자 등 다른 종교를 믿는 선량하고 진지하고 충실한 신자들을 많이 만나보았다. 그들은 모두 예수님을 깨달음의 길과 천국의 길을 가르쳐주는 선하고 거룩하고 지혜로운 사람으로 믿고 있었다.

그러나 그분의 신성과 배타성을 구원의 유일한 수단이자 천국에 가는 유일한 길로 인정하는 사람은 그들 가운데 아무도 없었다.[2] 루이스는 그런 부인의 태도를 어리석다고 일컬었다.

> 사람들은 종종 "예수님을 위대한 도덕 교사로는 기꺼이 받아들이겠지만 하나님을 자처하는 그분의 주장을 받아들일 생각은 없소이다"라는 식의 어리석은 말을 내뱉는다. 내가 여기에서 이런 말을 하는 이유는 그런 어리석은 말을 하는 사람이 아무도 없게 하기 위해서다. 우리는 그런 말을 해서는 안 된다. 예수님이 하신 말씀들을 한갓 인간에 불과한 존재가 말한다면 그는 위대한 도덕 교사일 리가 없다. 그런 사람은 자기가 반숙

---

[2] 나는 *Not All Roads Lead to Heaven*에서 그리스도의 배타성(오직 그리스도만이 구원과 천국에 이르는 유일한 길이시라는 진리)을 철저히 옹호했다.

된 달걀이라고 말하는 사람과 수준이 같은 정신병자이거나 지옥의 마귀이거나 둘 중 하나일 것이다. 선택이 필요하다. 이 사람은 하나님의 아들이거나, 아니면 정신병자 혹은 그보다 못한 사람이거나 둘 중 하나다. 이 사람을 어리석은 바보로 생각하고 외면하거나, 그를 귀신으로 여겨 침을 뱉으며 죽일 수 있고, 그의 발아래 엎드려 그를 주님이요 하나님으로 고백할 수도 있다. 그러나 괜히 선심을 쓰는 척, 그분을 위대한 인간 교사로 간주하는 어리석은 생각만은 더 이상 하지 말자. 그분은 그렇게 생각할 여지를 남겨두지 않으셨다. 그분은 그렇게 할 의도가 전혀 없으셨다.[3]

자신이 하나님의 아들이라는 예수님의 주장을 받아들이든지 거부하든지 둘 중 한 가지밖에 없다.

"내가 곧 길이요 진리요 생명이니 나로 말미암지 않고는 아버지께로 올 자가 없느니라"(요 14:6)는 예수님의 주장, 곧 자신이 우리의 죄와 하나님의 거룩하심 사이의 간격을 해결해줄 유일한 길이라는 그분의 주장을 생각하면 그 두 가지 외에 지성적으로 선택할 수 있는 다른 대안은 존재하지 않는다.[4]

십자가에서 일어난 두 가지 일(그리스도께서 우리가 받아야 할 형벌을 대신 받으

---

3) Lewis, *Mere Christianity*, 52.
4) 성경은 오직 그리스도만이 구원과 천국에 이르는 유일한 길이라고 분명하게 가르친다(요 3:16; 11:25-26; 행 16:31; 롬 10:9).

신 것과 우리가 아무런 자격도 없이 그분의 의를 받게 되는 것) 때문에 하나님은 우리에게 천국에 들어갈 수 있는 길을 열어주신다. 바울은 이 점을 이렇게 설명했다.

"그러므로 우리가 믿음으로 의롭다 하심을 받았으니 우리 주 예수 그리스도로 말미암아 하나님과 화평을 누리자"(롬 5:1).

척 스윈돌은 '칭의'를 가리켜 '죄인들을 의롭다고 선언하시는 하나님의 자비로운 행위'로 정의했다.[5] 칭의는 한 번도 죄를 지은 적이 없는 것처럼 우리가 우리 자신을 의롭게 여기는 것이 아니다. 칭의는 재판관이 죄를 저지른 죄인을 사면하는 것처럼 하나님이 우리를 의롭다고 선언해주시는 것이다. 예수님이 우리의 죄를 짊어지고 십자가에서 우리 대신 죗값을 치르셨기 때문에, 하나님은 우리를 용서하고 사면을 베풀어주신다.

그러나 하나님의 용서는 모든 사람의 죄책을 무작정 다 사면해주지는 않는다. "믿음으로 의롭다 하심을 받았으니"라는 바울의 말처럼 칭의, 곧 하나님의 무죄 선언은 믿음을 요구한다. 이런 사실은 천국에 가는 길에 있는 마지막 표지판과 자연스레 연결된다.

5] Charles R. Swindoll, *The Owner's Manual for Christians: The Essential Guide for a God-Honoring Life* (Nashville: Thomas Nelson, 2009), 229.

표지판 4_ 그리스도의 용서를 받아들이겠다는 결정이 필요하다

여기까지 천국에 이르는 좁은 길을 잘 걸어왔다면 다른 많은 사람들에 비해 천국에 더 가까이 다가선 셈이다. 대다수 사람들은 자기가 하나님 앞에서 죄인이기 때문에 그분의 징벌을 받아야 마땅하다는 메시지를 들으면 발길을 돌려 반대 방향으로 나아간다. 어떤 사람들은 자신의 잘못을 기꺼이 인정하면서도 예수님이 하나님의 용서를 얻을 수 있는 유일한 길이라는 사실을 옳게 이해하지 못하고 다른 길을 찾기 시작한다.

그러나 놀랍게도 자신이 징벌을 받아 마땅한 죄인이고, 하나님은 거룩하기 때문에 완전한 의를 요구할 권한이 있으시며, 예수님이 하나님의 용서를 받을 수 있는 유일한 길이시라는 사실을 기꺼이 인정하는 사람들이 있다. 그러나 그들은 자신이 서 있는 곳에서 몇 걸음 더 나아가서 그리스도의 용서를 받아들여야 하는데도 그렇게 하지 않고 머뭇거린다.

앞서 말한 유조차 운전자를 다시 생각해보자. 그는 목적지까지 갈 수 있도록 빈 연료통을 가득 채워주겠다고 말했다. 우리는 필요한 것(연료)이 있고, 그는 그 필요를 채워줄 것(많은 연료)이 있다. 서로가 지성적으로 그런 현실을 인식하는 것만으로는 빈 연료통에 연료를 단 한 방울도 채울 수 없다. 빈 연료통 뚜껑을 열어 우리가 절실히 필요로 하는 연료의 선물을 받아들여야 한다.

그와 마찬가지로 어떤 시점에 이르러서는 믿음으로 하나님의 용서가 필요하다는 것을 인정하고 우리의 죗값을 치르신 그리스도의 은혜를 받아들여 그분의 완전함을 우리에게 가득 채워야 한다. 하나님은 그 누구에게도 자신의 용서를 받아들이라고 강요하지 않으신다. 그분의 선물을 받아들이겠다고 결정한 사람들만이 천국에 갈 수 있다.

"영접하는 자 곧 그 이름을 믿는 자들에게는 하나님의 자녀가 되는 권세를 주셨으니"(요 1:12).

이제는 가만히 멈추어 "나는 지금 천국으로 향하는 길 위 어디쯤 있을까?"라고 물어야 할 때가 되었다. 기꺼이 마음을 열어 삶 속에 하나님의 용서를 받아들이면 언젠가 그분이 우리를 자신의 품 안으로 받아들이실 것이다. 여기에 달리 무슨 특별한 비결은 없다. 단지 마음을 열고 하나님이 주시는 용서의 선물을 받아들이면 된다.

사랑하는 하나님,
저를 사랑해주시니 감사합니다. 지금까지 많은 일로 주님을 노엽게 해 드렸습니다. 그런 죄를 지어서 뭐라고 변명할 여지가 없습니다. 그러나 하나님이 하나님의 아들 예수님을 보내 저를 위해 십자가에서 죽게 하실 만큼 저를 사랑하셨다고 믿습니다. 제가 받아 마땅한 죄의 형벌을 예수님이 짊어지셨다고 믿습니다. 저의 선행이 아닌, 예수님이 저를 위해 해주신 일 때문에 죄에서 구원받는다고 믿습니다. 제게 용서를 베푸시고, 남은 생애 동안 주님을 섬길 수 있게 도와주시니 감사합니다. 예수님의 이름으로 기도합니다. 아멘.

위의 기도를 진정으로 드리고 싶은 마음이 있다면 천국에 이르는 길을 걷고 있다고 확신해도 좋다. 요한 사도는 "내가 하나님의 아들의 이름을 믿는 너희에게 이것을 쓰는 것은 너희로 하여금 너희에게 영생이 있음을 알게 하려 함이라"(요일 5:13)고 말했다.

천국의 시민들

예수님은 사후에 우리가 맞이하게 될 운명이 두 가지 중 하나밖에 없다고 가르치셨다. 그분은 "그들(불의한 자들)은 영벌에, 의인들은 영생에 들어가리라"(마 25:46)고 말씀하셨다.

예수님을 믿어 하나님의 용서를 받은 사람들이 '영생'을 누릴 수 있는 이유는 그들이 '의롭기'(즉 하나님과 올바른 관계를 맺었기) 때문이고, 불의한 자들이 '영벌'을 받는 이유는 하나님의 은혜로운 선물을 거부했기 때문이다.

그렇다면 그리스도의 용서에 관한 복음을 들을 기회조차 없던 사람들은 어떻게 되는 것일까? 그들은 한 번도 들은 적 없고, 받아들일 기회조차 없었던 것을 거부했다는 이유로 지옥에 가야 할까? 그리스도를 믿어 구원을 받는 일이 불가능해 보이는 사람들은 크게 세 부류다.

복음을 한 번도 들어본 적이 없는 '비종교인들'

사람들은 종종 "예수님에 관해 한 번도 들어본 적이 없는 오지의 '비종교인'들은 어떻게 되느냐?"는 질문을 하곤 한다. 그들은 "하나님이, 한 번도 들어본 적 없는 복음을 거부했다는 이유로 그들을 지옥에 보내시는 것이 말이 되느냐?"라고 항변한다.

예수님에 관해 한 번도 들어본 적이 없는 사람들을 찾으려고 멀리 아프리카까지 갈 필요는 없다. 이 나라가 갈수록 세속화되고 있기 때문에 국내에도 그리스도에 관해 한 번도 들어본 적이 없는 사람들이 수두룩하다. 하나님이 의로우시다면 그리스도를 믿어 구원받을 기회조차 없었던 사람들을 어떻게 지옥에 보내실 수 있단 말인가?

바울은 로마서의 서두에게 이 문제에 대한 대답을 제시했다. 그는 "모든 사람이 죄를 범하였으매 하나님의 영광에 이르지 못하더니"(롬 3:23)라는 말로 단 한 사람도 예외 없이 모두가 하나님 앞에서 죄인이라고 밝혔다.

그는 로마서 1-3장에서 '하나님의 영광에 이르지 못한 사람들' 가운데 그분의 율법을 지키는 유대인들과 자신이 정한 도덕법을 따르는 도덕주의자들과 하나님의 율법에 대해 한 번도 들어본 적이 없는 이방인들이 포함된다고 말했다.

바울 당시의 '이방인'은 오늘날의 '비종교인'에 해당했다. 이방인은 유대교와 아무런 관계가 없는 비유대인이었기 때문에 구약성경을 읽거나 선지자들이 전하는 말씀을 들을 기회가 없었다.

그렇다면 유일하신 참 하나님에 관해 알 기회조차 없었던 사람들이 그분에게 정죄를 받는 것이 과연 정당한 일일까?

그 대답은 이렇다. 즉 하나님은 지구상에 있는 모든 사람에게 피조세계를 보는 것만으로도 자기에 대해 알 수 있는 충분한 정보를 이미 제공하셨다.

"창세로부터 그의 보이지 아니하는 것들 곧 그의 영원하신 능력과 신성이 그가 만드신 만물에 분명히 보여 알려졌나니 그러므로 그들이 핑계하지 못할지니라"(롬 1:20).

신학자들은 '자연 계시'라는 용어를 사용해 성경을 읽었든 설교를 들었든 상관없이 모든 사람에게 주어진 하나님에 관한 정보를 묘사한다. 예를 들어 위대한 전쟁 지도자인 나폴레옹 보나파르트는 이집트를 침공했을 당시 지중해에 정박해 있는 자기 배들 가운데 한 척의 갑판 위를 종종 거닐었다.

어느 날 저녁, 그는 몇몇 장교들이 하나님의 존재를 의문시하며 비웃는 말을 하는 것을 우연히 엿듣게 되었다. 그는 잠시 생각하더니 그들에게 다가가 대화를 가로막고는 손을 크게 휘저어 별들을 가리키면서 "제군들, 그런 말을 하려면 먼저 저것들부터 없애야 할 것이네"라고 말했다.

누구나 세상을 둘러보면 자기보다 더 위대한 존재, 곧 우리가 살고 있는 우주를 창조한 창조주가 계시다는 것을 알 수 있다. 다윗은 이렇게 외쳤다.

"하늘이 하나님의 영광을 선포하고 궁창이 그의 손으로 하신 일을 나타내는도다 날은 날에게 말하고 밤은 밤에게 지식을 전하니"(시 19:1-2).

그러나 하나님의 존재를 믿는 것만으로 천국에 갈 수 있을까? 불가능하다. 이 책에서 거듭 밝힌 대로 신약성경은 예수 그리스도를 믿지 않으면 아무도 구원받을 수 없다고 가르친다.

아마도 "그리스도를 믿어 죄 사함을 받는 데 필요한 정보, 즉 예수 그리스도에 대한 구체적인 정보를 제공하지도 않는데 '자연 계시'의 용도는 대체 무엇일까?"라는 궁금한 생각이 들지도 모른다. 작고한 신학자 라이리는 "자연 계시는 인간을 구원하기에는 충분하지 않지만 거부할 경우 인간을 정죄하기에는 충분하다"고 말했다.[6]

만일 예수님에 대해 한 번도 들어본 적이 없는 불신자가 하나님이 피조 세계를 통해 제공하신 '자연 계시'를 거부한다면, 바울이 말한 대로 어떤 변명도 할 수 없다(롬 1:20). 그런 불신자는 자신의 죄는 물론 자연을 통해 계시된 유일하신 참 하나님에 대한 진리를 거부한 것 때문에 정죄를 받는다.

6] Charles C. Ryrie, *Basic Theology: A Popular Systematic Guide to Understanding Biblical Truth* (Chicago: Moody, 1999), 37-38.

그러나 만일 불신자가 피조 세계를 통해 계시된 진리를 받아들이면 하나님은 그가 예수 그리스도에 관한 진리, 곧 구원에 필요한 진리까지 받아들일 수 있도록 이끄실 것이다. 하나님은 가능한 한 적은 사람이 아닌 많은 사람들을 구원하기를 원하신다. 바울 사도는 "하나님은 모든 사람이 구원을 받으며 진리를 아는 데에 이르기를 원하시느니라"(딤전 2:4)고 말했다.

물론 모든 사람이 다 구원받는 것은 아니다. 인류의 대부분이 하나님의 용서를 거부할 것이다. 그러나 하늘에 계신 하나님은 모든 사람이 자신의 은혜로운 구원 초청을 받아들이기를 간절히 바라신다. 구원받으려면 "진리를 아는 데에 이르러야 한다."

바울은 이어지는 두 구절(딤전 2:5-6)에서 "하나님은 한 분이시요 또 하나님과 사람 사이에 중보자도 한 분이시니 곧 사람이신 그리스도 예수라 그가 모든 사람을 위하여 자기를 대속물로 주셨으니 기약이 이르러 주신 증거니라"고 그 진리가 무엇인지를 분명하게 밝혔다.

피조 세계에 드러난 하나님에 관한 자연 계시를 어떻게 받아들이는지를 보면 그 사람이 진정으로 하나님을 알기 원하는지를 식별할 수 있다. 아프리카의 이교도나 이웃에 사는 비종교인이 자연 계시를 통해 주어진 참 하나님에 관한 지식을 거부한다면 예수 그리스도나 하나님이 제시하시는 구원에 관한 정보를 더 많이 알고 싶어 할 리 없을 것이다.

그러나 만일 그가 피조 세계를 통해 알려진 하나님에 관한 정보를 조금이라도 받아들인다면 하나님이 '구원에 필요한 진리를 아는 데에 이를 수 있게 해주실 것'이라고 확신해도 괜찮을 것이다.

신약성경을 보면 자연 계시를 통해 믿음을 갖고 있다가 구원에 필요한 부가적인 계시, 곧 예수 그리스도에 관한 특별 계시를 받아들인 사례들을 많이 찾아볼 수 있다. 예를 들어 로마의 백부장 고넬료는 하나님을 경외하는 경건한 사람이었다(행 10:2).

그는 예수님에 관해서는 아무것도 몰랐지만 진정으로 하나님을 알고 싶어 했다. 그렇다면 하나님은 어떻게 하셨을까? 그분은 기적의 섭리를 베풀어 베드로를 고넬료의 집에 보내 그리스도의 복음을 전하게 하셨다. 그 결과, 고넬료와 그의 온 가족이 구원을 얻어 세례를 받았다(행 10:44-48).

이스라엘의 하나님을 예배하기 위해 예루살렘에 온 에디오피아 내시에게도 그와 똑같은 일이 일어났다. 그는 고국으로 돌아가는 길에 천사가 보내준 빌립을 만났다. 그는 당시 장차 올 메시아에 관한 이사야서 본문을 읽고 있었는데 그 의미를 도무지 이해할 수가 없었다.

그때 빌립이 "입을 열어 이 글에서 시작하여 예수를 가르쳐 복음을 전"했다(행 8:35). 에디오피아 내시는 복음을 듣고서는 "예수 그리스도께서 하나님의 아들이심을 믿나이다"(행 8:37)라고 고백하며 세례를 받았다(한글 개역개정 성경에는 빠져 있고 〈새 국제역 성경〉에는 난외주로 처리되었으며 〈킹제임스 성경〉, 〈새 킹제임스 성경〉, 〈새 미국 표준역 성경〉 등에는 이 내용이 번역되어 있다-역자 주).

지금까지 "텔레비전 채널을 이리저리 바꾸다가 목사님의 방송을 우연히 발견하고선 예수님에 관한 복음을 듣고 그분을 믿어 구원을 받았습니다"라고 말하는 이메일과 편지를 받은 적이 셀 수도 없이 많다. 아마도 내가 더 오래 살면 살수록 그것이 우연이라는 생각은 더더욱 줄어들 것이다. 하나님은 누구든 자기를 진정으로 알기 원하는 사람이 있으면 그를 이끌어 구원에 필요한 예수님의 복음을 들을 수 있게 하신다.

누군가가 예수 그리스도에 관해 한 번도 들어본 적이 없는 사람들에 관해 물으면, 한 번도 들어본 적이 없는 복음을 거부한 것 때문에 지옥에 가는 사람은 아무도 없을 것이라는 사실을 기억하라. 사람들이 지옥에 간다면, 그 이유는 하나님이 이미 그분 자신에 대해 계시하신 진리를 그들이 거부했기 때문이다.

그리스도 이전에 살다간 구약시대의 성도들

아담, 하와, 노아, 사라, 아브라함, 모세, 다윗, 솔로몬, 라합을 비롯해 우리가 성도라고 일컫는 구약시대의 인물들이 천국에 있다고 어떻게 확신할 수 있을까? 그들은 모두 그리스도의 십자가 죽음 이전에 살았던 사람들이고, 성경은 "다른 이로써는 구원을 받을 수 없나니 천하 사람 중에 구원을 받을 만한 다른 이름을 우리에게 주신 일이 없음이라"(행 4:12)고 분명하게 말씀한다.

그들은 그리스도 이전에 살았기 때문에 그분을 믿은 적이 없다. 그런데 어떻게 그들이 구원받을 수 있다는 것일까?

여기에서 구약시대의 그 모든 성도들을 일일이 다 살펴보기에는 지면이 부족하다. 따라서 그 모두를 대표하는 한 사람만 간단히 살펴보기로 하자. 그는 바로 아브라함이다. 유대인들에게 그는 상징적으로나 실질적으로나 이스라엘의 '국부'였다. 하나님은 창세기 12장에서 아브라함을 이스라엘 민족의 조상으로 세울 것이라고 약속하셨다. 하나님의 약속을 믿은 아브라함은 가족들을 데리고 고향을 떠나 약속의 땅으로 향했다.

아브라함의 삶의 특징은 하나님께 대한 복종이었다. 그는 하나님의 뜻에 따라 안전한 고향을 떠나 약속의 땅으로 향했고, 조카 롯에게 더 좋은 땅을 차지할 기회를 양보했으며, 사랑하는 아들 이삭을 희생 제물로 바치려고 했다. 선행으로 구원을 받을 사람을 꼽는다면 단연 아브라함이 으뜸이다.

그러나 바울 사도는 아브라함이 하나님과 올바른 관계를 맺을 수 있었던 이유가 그의 선행이 아닌 믿음 때문이었다고 말했다.

"만일 아브라함이 행위로써 의롭다 하심을 받았으면 자랑할 것이 있으려니와 하나님 앞에서는 없느니라 성경이 무엇을 말하느냐 아브라함이 하나님을 믿으매 그것이 그에게 의로 여겨진 바 되었느니라"(롬 4:2-3).

바울의 말은 아브라함의 생애 중에 일어난 한 가지 사건에 대한 창세기 15장의 기록에 근거한 것이다. 이것이 아브라함이 구원받은 이유를 밝힌 바울 사도의 설명을 옳게 이해할 수 있는 열쇠다. 당시 아브라함은 조카 롯을 동방의 강력한 왕들의 손에서 막 구해낸 상황이었다. 아브라함은 그들의 보복으로 자기 가문이 멸망하게 될까봐 두려웠다. 그러나 그 순간, 하나님이 아브라함에게 이렇게 말씀하셨다.

"아브람아 두려워하지 말라 나는 네 방패요 너의 지극히 큰 상급이니라"(창 15:1).

아브라함이 생각하기에는 큰 민족의 조상이 되리라는 창세기 12장의 약속이 물거품처럼 사라질 것처럼 보였다. 따라서 아브라함은 하나님이 어떻게 그 약속을 이루실지 의심이 들어 "주 여호와여 무엇을 내게 주시려 하나이까 나는 자식이 없사오니"(창 15:2)라고 말했다. 그러나 하나님은 아브라함에게 하신 무조건적인 약속을 취소할 계획이 전혀 없으셨다. 그분은 그를 밖으로 데리고 나가 하늘의 별들을 세어 보라고 말씀하시면서 또다시 "네 자손이 이와 같으리라"(창 15:5)고 약속하셨다.

아브라함은 어떻게 반응했을까? 성경은 "아브람이 여호와를 믿으니 여호와께서 이를 그의 의로 여기시고"(창 15:6)라고 말씀한다. 이것이 바울이 그로부터 2000년 후에 로마서 4장 3절에 인용한 말씀이다. 그는 그 말씀으로 아브라함이 행위가 아닌 믿음으로 구원받았다는 사실을 입증했다.

"여기 시고"라고 번역된 히브리어 '하사브'는 '(차입금 따위를) 대변에 기입하다'라는 뜻의 회계 용어다. 신용 거래를 생각해보자. 거실에 놓을 새 소파를 사려고 가구점에 갔다. 소파 가격은 1,000달러였고 신용카드로 대금을 치렀다. 놀랍게도 가구점 점원에게 플라스틱 카드를 건네주어 한 번 긁게 했을 뿐인데 값비싼 가구를 들고 나갈 수 있었다.

가구점 점원이 무가치한 플라스틱 카드와 새 소파를 맞바꿀 수 있는 기쁨을 누리도록 허락한 이유가 무엇일까? 카드 자체는 본질적인 가치를 전혀 지니고 있지 않지만 돈을 갚겠다는 약속 어음과 같은 기능을 한다. 바꾸어 말해 나중에 청구서가 우편으로 도착하면 그 금액을 지불해야 한다.

그와 마찬가지로 아브라함을 비롯해 구약시대 성도들이 하나님을 믿었을 때도 그들의 믿음에는 미래에 '값을 치르겠다'라는 약속의 의미가 담겨 있었다. 믿음으로 인해 구원이 '차입되어' 즉시 그들의 소유로 인정되었다.

차입한 것을 갚을 기일이 되자 그들이 진 죄의 빚을 청산할 수 있는 유일한 존재가 나타나서 모든 빚을 처리했다. 예수님이 십자가에서 부르짖으신 "다 이루었다"라는 헬라어 '텔레테스타이' 역시 '온전히 갚았다'라는 의미의 회계 용어다.

어느 시대에 태어나서 살았든 상관없이 영원한 죽음에서 구원받을 수 있는 길은 오직 하나, 십자가에서 우리의 죗값을 모두 청산하신 예수 그리스도다. 그리스도 이전에 사는 사람들은 일종의 '신용 대출'로 구원받은 셈이다. 그리스도께서 십자가에서 빚을 온전히 청산하실 때까지 하나님과의 올바른 관계가 즉시 그들의 것으로 '간주되었다.'

믿음을 가질 수 없는 어린아이들이나 어린아이와 같은 사람들

내가 목회자로서 감당해야 할 가장 고통스러운 의무 가운데 하나는 자녀를 잃은 가족을 위로하는 것이다. 그 자녀가 갓 태어난 아기나 어린 유아일 경우에는 특히 더 그렇다.

가족들의 생각을 사로잡는 한 가지 질문은 "내 아이가 천국에 갔을까?"라는 것이다. 정신이 박약해 어린아이와 다름없는 십대 자녀나 성인이 된 자녀를 잃은 부모와 조부모들도 똑같이 "그들이 천국에 갔나요?"라고 묻는다.

그럴 때마다 그렇다고 분명하게 대답하는 성경 구절을 꼭 집어서 대답해주고 싶은 마음이 간절하지만 그렇게 할 수가 없다. 그러나 하나님의 가장 뛰어난 종들 가운데 한 사람의 경험을 비롯해 예수님의 가르침에서 발견되는 몇 가지 흥미로운 사실들과 합리적인 신학적 추론을 종합해보면, 어린아이들과 어린아이와 같은 사람들이 죽을 때 천국에 간다고 주장해도 괜찮을 듯하다.

아브라함이 구약시대 성도들의 믿음을 보여주는 본보기가 되는 것처럼 다윗은 믿음을 표현할 능력을 지니기 전에 세상을 뜬 자녀를 둔 부모들을 대표하는 본보기가 된다. 다윗의 비극적인 이야기는 그가 어느 날 저녁에 옥상을 한가롭게 거닐고 있을 때부터 시작되었다. 이스라엘의 강력한 군주가 밧세바라는 아름다운 여인이 달빛 아래 목욕을 하는 모습을 우연히 보게 되었다. 그는 사람을 보내 그녀를 데려오게 했다. 그 이후의 이야기는 역사가 전하는 대로다.

밧세바가 임신한 것으로 드러나자 다윗은 자기가 아이의 아버지라는 사실을 숨기려고 시도했다. 그는 밧세바의 남편 우리아를 전쟁터에서 소환해 그의 아내와 잠자리를 갖게 하려고 노력했다. 그렇게 하면 모든 사람들이 우리아가 아이의 아버지라고 믿을 것이 분명했다.

그러나 우리아는 여전히 야전에서 나라를 위해 싸우고 있는 동료 군인들을 생각하는 마음으로 그런 달콤한 시간을 보내기를 거부했다. 그러자 다윗은 우리아를 없애기로 마음먹고, 그가 전쟁터에서 자연스럽게 전사하도록 꾸몄다.

나중에 나단 선지자가 다윗이 저지른 간음죄와 살인죄를 엄중히 추궁했다. 다윗은 결국 자신의 죄를 더 이상 감추지 못하고 솔직하게 고백함으로써 하나님의 용서를 받았다. 그러나 비록 하나님의 용서는 받았지만 왕국의 분열, 불충실한 아들, 밧세바가 낳은 아이의 죽음과 같이 그가 저지른 죄의 (매우 고통스러운) 일시적인 결과들은 피하기가 불가능했다.

다윗과 밧세바가 낳은 아이는 태어나자마자 병에 걸려 일주일 동안 사경을 헤맸다. 그 한 주간 동안 다윗은 먹지도 않고 자지도 않은 채 금식하며 아이가 낫기를 기도했다. 그리고 아이가 죽자 그는 신속히 슬픔을 떨쳐내고 음식을 먹기 시작했다.

다윗의 신하들은 몹시 당황했다. 본래 죽기 전이 아닌 죽은 후에 금식하며 우는 것이 관습이었다. 그들은 "아이가 죽은 지금, 왕께서는 마치 아무 일도 일어나지 않은 것처럼 행동하시니 어찌된 일입니까?"라고 물었다.

다윗의 대답은 간단명료했을 뿐 아니라 신앙적이었다. 그는 하나님이 아이를 다시 살려주지 않으실 것을 알고 "나는 그에게로 가려니와 그는 내게로 돌아오지 아니하리라"(삼하 12:23)고 말했다.

다윗은 아이가 살아 있는 동안에는 혹시 하나님이 자신의 기도를 듣고 그를 살려주실지도 모른다고 생각했다. 그러나 일단 아이가 죽자 그는 기도와 금식을 아무리 많이 해도 아이를 살릴 수 없다는 것을 알았다.

그가 마음을 급히 추슬러 일상에 복귀한 이유는 아이가 하나님과 함께 낙원에 있을 것이라고 믿었기 때문이다. 만일 다윗이 아이가 지옥이나 무덤에 들어갔다고 생각했다면 장차 그를 다시 보게 될 것이라고 말하지 못하고 훨씬 더 심하게 통곡했을 것이다. 아이가 죽은 후에 다윗의 태도가 갑작스레 바뀐 것은 아이가 천국에 갔다는 확신이 있었기 때문이다.

물론 다윗의 말이 어린아이들이나 어린아이와 같은 사람들이 죽었을 때 천국에 간다는 것을 결정적으로 입증하는 증거는 아니다. 그러나 다윗의 말을 어린아이들에 관한 예수님의 가르침과 연관 지어 생각하면, 그리스도에 대한 믿음을 고백할 수 있기 전에 세상을 뜬 어린아이들이 천국에 간다고 주장할 수 있는 근거를 발견할 수 있다.

예를 들어 예수님은 마태복음 18장에서 하나님의 용서를 받아들이는 데 필요한 겸손이라는 영적 자질을 구체적으로 보여주기 위해 어린아이를 본보기로 내세우셨다.

"그 때에 제자들이 예수께 나아와 이르되 천국에서는 누가 크니이까 예수께서 한 어린 아이를 불러 그들 가운데 세우시고 이르시되 진실로 너희에게 이르노니 너희가 돌이켜 어린 아이들과 같이 되지 아니하면 결단코 천국에 들어가지 못하리라 그러므로 누구든지 이 어린 아이와 같이 자기를 낮추는 사람이 천국에서 큰 자니라"(마 18:1-4).

예수님은 겸손에 관한 영적 교훈을 가르치기 위해 어린아이를 내세우셨다. 만약 그분이 지옥에 갈 어린아이를 내세우셨다면 그분의 가르침은 아무런 의미가 없을 것이 분명하다. 아브라함이 구약시대 성도들을 대표하고, 다윗의 아이가 죽은 어린아이들을 대표하는 것처럼 예수님이 내세우신 어린아이는 모든 어린아이를 대표한다. 예수님의 태도와 말씀은 모든 어린아이가 천국에 갈 것을 암시한다(여기에는 지적으로 어린아이와 같은 사람들도 포함된다).

다윗의 믿음과 예수님의 가르침 외에도 성경의 증언을 살펴보면 더더욱 확실해진다. 어린아이를 정죄하는 구절은 성경 어디에도 없다.

지옥을 묘사하는 성경의 내용 가운데서도 어린아이나 유아가 그곳에 있다고 언급하는 내용은 한마디도 발견되지 않는다. 요한계시록 20장에 언급된 대로 불못에서 영원한 형벌을 받기 전에 거쳐야 할 크고 흰 보좌 심판에서도 어린아이나 유아는 등장하지 않는다. 나는 이것이 어린아이들이 천국에 간다는 것을 입증하는 또 하나의 강력한 증거라고 생각한다.

마지막으로 성경이 원죄와 불신앙의 죄를 구별한다는 점을 기억해야 할 필요가 있다. 이미 말한 대로 어린아이들을 포함한 모든 인류는 아담의 죄책과 부패한 본성을 물려받는다. 갓난아이와 어린아이를 비롯한 모든 사람이 죽는다는 사실은 우리가 모두 죄의 질병을 앓고 있다는 증거다.

그럼에도 불구하고 하나님은 물려받은 죄와 고의적인 죄를 구별하신다. 그분은 인간이 각자 다른 사람의 죄가 아닌 자신의 죄에 책임이 있다고 말씀하셨다.

"범죄하는 그 영혼은 죽을지라 아들은 아버지의 죄악을 담당하지 아니할 것이요 아버지는 아들의 죄악을 담당하지 아니하리니 의인의 공의도 자기에게로 돌아가고 악인의 악도 자기에게로 돌아가리라"(겔 18:20).

성인들의 죄책과 어린아이들을 구별한 중요한 사례가 신명기 1장에서 발견된다. 이스라엘 백성은 약속의 땅을 능히 주실 수 있는 하나님의 능력을 믿지 못했다. 하나님은 그런 그들에게 죽음의 판결을 선고하셨다. 그 결과 그들은 불신앙의 세대가 모두 죽어 없어질 때까지 광야에서 방랑 생활을 해야 했다. 그러나 하나님은 이스라엘 백성 가운데 일부에게는 심판을 면제하셨다.

"또 너희가 사로잡히리라 하던 너희의 아이들과 당시에 선악을 분별하지 못하던 너희의 자녀들도 그리로 들어갈 것이라 내가 그 땅을 그들에게 주어 산업이 되게 하리라"(신 1:39).

어린아이들은 '선악을 분별하지 못했기' 때문에 하나님은 그들에게 불신앙의 죄를 묻지 않으셨다. 성경에서 불신앙의 죄는 단지 하나님을 믿지 않는 것을 의미하는 데 그치지 않는다. 그것은 하나님의 말씀을 고의적으로 거부하는 행위를 가리킨다. 불신앙은 하나님의 계시를 의도적으로 거부하는 것이다. 그것은 어린아이들과 어린아이와 같은 사람들은 할 수 없는 일이다.

다시 말하지만 이런 주장만으로 어린아이들과 어린아이 같은 사람들이 자동적으로 천국에 간다고 결정적으로 단정할 수 있는 근거가 마련되는 것은 아니다. 그러나 나는 성경이 제시하는 증거를 모두 고려할 때 사랑 많으신 하나님이 어린아이들을 천국에 받아주실 것이라고 믿는다.

아브라함은 "세상을 심판하시는 이가 정의를 행하실 것이 아니니이까"(창 18:25)라고 말했다. 분명코 하나님은 그리스도에 대한 믿음을 고백할 수 없는 사람들에게 정의롭고 은혜롭고 자비로운 처분을 내리실 것이다.[7]

누가 천국에 갈 것인가? 그리스도 이전에 살았던 사람들과 그리스도를 믿을 기회가 없는 어린아이들, 어린아이와 같은 사람들을 제외하면 주 예수 그리스도를 믿는 믿음이 없이 하나님의 품에 안긴 사람은 신약성경 어디에서도 발견되지 않는다. 우리에게는 그런 조건을 무시한 채 사람들을 마구 천국에 받아들여 지옥의 인구수를 줄일 수 있는 권한이 없다. "나로 말미암지 않고는 아버지께로 올 자가 없느니라"(요 14:6)는 예수님의 말씀을 기억해야 한다.

---

[7] 어린아이들과 어린아이와 같은 자들의 궁극적인 운명에 대해 좀 더 자세히 알고 싶으면 나의 책 *Not All Roads Lead to Heaven* 165-176쪽을 참조하라.

10장

천국에 갈 준비는 어떻게 해야 할까?

> 그런즉 너희가 어떻게 행할지를
> 자세히 주의하여 지혜 없는 자 같이 하지 말고
> 오직 지혜 있는 자 같이 하여
> 세월을 아끼라 때가 악하니라
> 엡 5:15-16

몇 달 전 이 책을 처음 쓰기 시작할 즈음에 영국으로 여행을 떠날 준비를 하고 있었다. 나는 모든 그리스도인들이 언젠가 가게 될 '천국으로의 여행'과 비교하면서 멀고 낯선 나라로 여행을 떠나는 데 필요한 물건들을 챙겼다.

나의 여행은 양말을 좀 더 챙겨오는 것을 잊은 실수 외에는 달리 특별한 일 없이 잘 끝났다. 여행 사흘째 되던 날에 나는 더는 견딜 수가 없어서 근처 백화점에서 양말을 몇 켤레 샀다. 처음에 신고 온 양말이 침대 끝에 부드러운 상태로 차분히 놓여 있지 않고 빳빳하게 군은 상태로 부풀어 있는 것을 보는 순간, 새 양말이 필요하다는 것을 알았다. 나의 실수는 불편을 초래했다(아마도 처음 며칠 동안 내 쪽에서 바람이 부는 방향에 서 있던 가족들은 견디기 힘들었을 것이다). 그러나 나의 준비 부족으로 인해 영구적인 피해는 전혀 발생하지 않았다.

그러나 현세를 떠나 내세로 향하는 불가피한 여행은 실수 없이 잘 준비하지 않으면 돌이킬 수 없는 영구적인 피해가 초래될 수 있다. 이것이 내가 천국 여행을 위해 당장 준비해야 할 여섯 가지 준비물을 제시하는 이유다.

1. 유효한 여권을 소지해야 한다

천국으로 여행을 떠나려면 먼저 하나님이 계시는 곳에 갈 수 있는 올바른 '여권'을 준비해야 한다. 나는 오래 전에 여권의 중요성을 절실히 깨달았다. 지금 목회하는 교회에서 청소년 담당 사역자로 일할 때 성가대를 데리고 소련에 간 적이 있다. 당시는 냉전의 시기였고 분위기가 험악해서 그곳에서 한시라도 빨리 빠져나오고 싶었다.

우리가 탈 비행기는 자정에 출발할 예정이었다. 나는 학생들이 한 사람씩 여권 검사대를 통과하는 모습을 지켜보았다. 그들의 얼굴에는 속박에서 벗어나 자유를 얻은 것처럼 안도의 표정이 역력했다. 지도자인 나는 다른 사람들이 모두 내 앞을 지나 건너편으로 갈 때까지 기다렸다가 여권을 꺼내기 위해 코트 주머니를 더듬었다. 그런데 여권이 없었다.

겁에 질린 나는 황급히 여권을 찾기 위해 모든 곳을 샅샅이 뒤졌지만 아무 소용이 없었다. 나는 소련 직원에게 나의 곤란한 상황을 설명하고, 내가 그룹의 인솔자이기 때문에 검색대를 통과시켜달라고 말했지만 그는 눈 하나 꿈쩍이지 않았다. 정확히 나와 결혼한 지 1년이 된 아내는 자기 남편이 다음 20년 동안 소련의 강제 수용소에 갇히게 될까봐 무서워 건너편에서 울고 있었다.

그때 한 친구가 몇 분 동안 내가 진땀을 흘리는 것을 지켜보고 나서 내 여권을 흔들며 나타났다. 나를 놀리려고 한 짓이었다. 분명히 말하지만 40년이 흐른 후에도 나의 아내는 그때의 일을 우습게 생각하지 않을 것이 틀림없다. 나도 마침내 비행기에 탑승해 자유를 향해 날아갈 때 느꼈던 안도감을 결코 잊지 못할 것이다.

그러나 30년도 더 된 그날 밤에 내가 느꼈던 극심한 공포도 올바른 '여권'을 소지하지 않은 탓에 천국의 문 앞에서 입장을 거부당한 사람들의 마음을 사로잡을 공포에 비하면 그야말로 아무것도 아니다.

그들이 하나님의 품 안에 안길 것을 기대하며 천국의 문 앞에 서 있을 때 "내가 너희를 도무지 알지 못하니 불법을 행하는 자들아 내게서 떠나가라"(마 7:23)는 말씀이 청천벽력처럼 울려날 것이다.

천국의 문 앞에서 발길을 되돌리게 될 사람들은 단지 무신론자들이나 마귀 숭배자들만이 아닐 것이다. 그 안에는 예수님의 이름으로 선한 일을 많이 했기 때문에 스스로를 그리스도의 제자로 생각하는 종교적인 사람들이 포함될 것이다. 그들은 자신의 의로운 행위를 내세워 하나님이 계시는 곳에 들어갈 자격이 있다고 주장할 것이다.

"그 날에 많은 사람이 나더러 이르되 주여 주여 우리가 주의 이름으로 선지자 노릇 하며 주의 이름으로 귀신을 쫓아 내며 주의 이름으로 많은 권능을 행하지 아니하였나이까 하리니"(마 7:22).

그러나 소련 직원이 나에게 했던 것처럼 하나님도 그들의 간청에 눈 하나 꿈쩍하지 않으실 것이다. 여권이 없으면 천국에 들어갈 수 없다.

하나님 앞에서 영원히 살 수 있게 해주는 여권에는 '용서받았음'이라는 도장이 찍혀 있다. 그것은 예수 그리스도를 믿어 구원받는 순간에 즉시 우리에게 주어진다.

용서받았다는 것은 신학적인 용어로 "의롭다고 선언되었다"라는 뜻의 '칭의'로 일컬어진다. 하나님 앞에서의 칭의는 우리의 행위가 아닌 그분의 은혜에 근거하며 믿음을 통해 주어진다.

"그러므로 우리가 믿음으로 의롭다 하심을 받았으니 우리 주 예수 그리스도로 말미암아 하나님과 화평을 누리자"(롬 5:1).

9장에서 말한 대로 그리스도를 믿는 믿음은 천국에 이르는 여러 길 가운데 하나가 아니다. 그것은 천국에 이르는 유일한 길이다.

구원의 길이 여러 개라고 믿는 세상에서 천국에 가는 길은 오직 그리스도뿐이라는 주장은 별로 인기가 없다. 억만장자 워런 버핏을 비롯해 많은 사람들이 천국에 갈 수 있는 공로를 세울 수 있다고 믿는다. 세계 두 번째 갑부인 버핏은 2006년에 자신의 재산 440억 달러 가운데 85퍼센트를 다섯 개의 자선 단체에 기부하겠다고 공표했다.

그는 "천국에 가는 길은 한 가지 이상이다. 그러나 이것이 가장 좋은 길이다"라고 말했다.[1] 버핏의 관대함은 칭찬할 만하지만 기부 행위로 구원을 얻을 수 있다고 고집한다면 장차 자신의 잘못을 깨닫고 크게 후회할 것이다.

죽는 순간에 하나님이 우리를 그분의 품으로 받아주실 것이라고 얼마나 확신할 수 있을까? 지금은 없어진 노스웨스트 항공사는 몇 년 전에 '신비의 요금'으로 불리는 흥행 전략을 세운 적이 있다. 미국 내 어느 도시든 당일 여행을 할 수 있는 왕복표가 고작 59달러였다.

그러나 한 가지 함정이 있었다. 그것은 비행 당일에 공항에 도착하기 전까지는 목적지가 어디인지 알 수 없다는 것이었다. 그들의 전략은 한동안은 효과를 발휘했다. 많은 고객들이 뉴욕이나 시카고나 라스베이거스와 같이 신나는 도시를 기대하고 노스웨스트 항공사에 돈과 시간을 투자했다.

그러나 고객들이 목적지를 알고 나서 모두 다 행복해했던 것은 아니다. 한 고객은 뉴올리언스에 가기를 바랐지만 이름 없는 오지의 도시에 도착했다. 그는 공항 터미널로 다시 뛰어들어가서 자신의 표로 다른 '신비의 요금' 비행기를 이용해 다른 도시로 갈 수 있는지를 알아보려고 애썼다.

---

[1] Elliot Blair Smith, "Warren Buffet Signs Over $30.7 Billion to the Bill and Melinda Gates Foundation", USA Today, June 26, 2006, http://usatoday30.usatoday.com/money/2006-06-25-buffett-charity_x.htm.

신비의 요금은 하루 동안 모험을 즐길 수 있는 재미있는 기회일 수 있지만, 우리의 인생 가운데 어떤 하루만은 그 누구도 '신비의 요금'과 같은 표를 절대로 사고 싶어 하지 않을 것이 틀림없다. 그 '어떤 하루'란 바로 우리가 죽는 당일이다. 천국인지 지옥인지 아무것도 모르는 상태로 영원한 운명을 맞는다는 것은 정신이 올바른 사람이면 절대로 감수하지 않을 위험이다.

영원한 목적지가 천국인지 아닌지를 알기 위해 죽는 순간까지 기다린다면 돌이킬 수 없는 운명을 맞게 될 것이다. 하나님은 우리의 영원한 운명이 신비가 되는 것을 원하지 않으신다. 이것이 요한 사도가 다음과 같이 말한 이유다.

"하나님이 우리에게 영생을 주신 것과 이 생명이 그의 아들 안에 있는 그것이니라 아들이 있는 자에게는 생명이 있고 하나님의 아들이 없는 자에게는 생명이 없느니라 내가 하나님의 아들의 이름을 믿는 너희에게 이것을 쓰는 것은 너희로 하여금 너희에게 영생이 있음을 알게 하려 함이라"(요일 5:11-13).

만일 '영생이 있음을 알지 못하는' 상태라면 지금 모든 것을 멈추고 하나님의 용서가 필요하다고 고백하며 십자가에서 죽으신 그리스도를 믿어 죄의 영원한 형벌로부터 구원받는 것이 어떻겠는가? 그렇게 하면 천국에 가는 데 필요한 가장 기본적인 준비를 확실하게 끝마칠 수 있다.

그러나 그런 결정은 가장 기본적인 것일 뿐, 천국에 가는 데 필요한 유일한 준비물은 아니다.

2. 항상 목적지를 의식하며 살아라

두 곳에 동시에 사는 일은 어렵지만 모든 그리스도에게는 일시적으로 그렇게 살라는 소명이 주어졌다. 우리는 언제 천국으로 불려갈지 모르기 때문에 내세를 준비하면서 현세의 책임을 감당하는 법을 터득해야 한다.

바울이 "우리의 시민권은 하늘에 있는지라 거기로부터 구원하는 자 곧 주 예수 그리스도를 기다리노니"(빌 3:20)라고 말한 대로 우리는 세상에 살고 있지만 우리의 '참된 고향'은 천국이다. 하나님은 현세에서 우리에게 일과 가족, 특히 '그리스도의 사신'이 되어 주님을 위해 일하는 것(고후 5:20)과 같은 많은 책임을 맡기셨다.

하나님은 우리에게 '내세를 의식하며 현세에서 사는 삶'을 요구하신다. 우리는 세상에서 살며 일하면서도 부지런히 천국에서의 삶을 준비해야 한다. 한 장소에 살면서 다른 장소에서 살 준비를 하는 것은 어렵지만 그것은 또한 상당히 고무적인 일이기도 하다.

나는 텍사스 주 이스트랜드에서 처음 목회 사역을 시작했다. 지금으로부터 30년도 더 된 일이다. 당시 나는 내가 지금 담임하고 있는 교회에서 청소년 담당 사역자로 일하고 있었지만 언젠가 단독 목회를 할 수 있기를 바랐다. 나는 아내와 함께 '목회자 청빙을 위한 설교'를 하기 위해 서부 텍사스의 한 작은 교회를 방문했던 1985년 6월의 그 주말을 잊을 수가 없다.

시범 설교가 끝난 후 교인들이 생각하고 논의하고 투표하는 동안 우리는 작은 방으로 안내되어 제공된 파이를 먹었다. 교인들이 나를 목회자로 청빙하기로 결정했다는 사실을 알게 되었을 때 내가 느꼈던 기쁨은 아마 평생 잊지 못할 것이다. 우리는 우리 앞에 놓인 새로운 길을 생각하느라 작은 여관방에서 그날 밤을 거의 뜬눈으로 보내다시피 했다.

그러나 다음 날 아침이 되자 당장 현실적인 문제들이 대두되었다. 우리는 댈러스로 돌아와서 한 달 동안 그곳에서의 사역을 정리해야 했다. 나는 그 한 달 동안 댈러스에서 내가 할 수 있는 최선을 다하려고 노력했지만 내 마음은 이미 145킬로미터나 멀리 떨어져 있는 그 작은 교회에 가 있었다.

나는 한 달의 대부분을 댈러스에서 내가 맡고 있던 책임들을 완수하는 데 투자했지만 내가 가진 힘의 일부는 새로운 장소에서 새로운 사역을 준비하는 일에 쏟아부었다. 그러나 나는 뭔가 이상한 것을 감지했다.

댈러스에서 마지막 한 달을 보내면서 지난 7년 동안의 그 어느 때보다도 더 열심히 일하려는 의욕이 솟구쳤던 것이다. 그 이유는 한정된 시간 내에 모든 것을 잘 마무리해야 한다는 생각 때문이었다. '그곳'(이 스트랜드의 새 사역지)을 의식하는 것이 '여기'(댈러스)에서의 삶에 지대한 영향을 미쳤다.

이와 마찬가지로 우리는 머지않아 영원한 고향을 향해 떠날 테지만 세상에 머무는 동안에는 하나님이 맡기신 일들을 완수해야 한다. 세상에 일시적으로 머무는 동안, 세상에 얽매이지 않도록 조심해야 한다. 우리는 "위의 것을 생각하고"(골 3:2) 세상에서 "외국인과 나그네"(히 11:13)로 살아야 한다.

위대한 청교도 설교자 조나단 에드워즈는 일시적인 것이 아닌 영원한 것을 바라보며 살았다. 그는 어린 시절부터 '죽음을 의식하며' 사는 법, 곧 마치 죽을 시간, 곧 마지막 나팔을 듣게 될 시간이 단 한 시간밖에 남지 않은 것처럼 사는 법을 배웠다.[2] 천국은 그에게 너무나도 확실한 현실이었다. 그는 이렇게 말했다.

> 천국에 가서 하나님을 온전히 즐거워하는 것이 세상에서 가장 유쾌한 그 어느 곳에 있는 것보다 무한히 더 좋다. … 따라서 천국을 향해 여행하는 것처럼 현세를 사는 것이 우리에게 가장 잘 어울린다. … 우리는 그 어떤 삶의 관심사보다 천국을 더 의식해야 한다. 천국이 우리의 올바른 목적지요, 참된 행복인데 다른 것을 위해 수고하거나 다른 것에 마음

---

2) George Marsden, *Jonathan Edwards: A Life* (New Haven, CT: Yale University Press, 2003), 51.

을 두어야 할 이유가 무엇인가?[3]

에드워즈는 영원을 의식하며 살기로 선택했기 때문에 천국에 갈 준비를 하기 위해 열세 살 때 70가지를 결심했다. 그 가운데 몇 개만 인용하면 다음과 같다.

- 가능한 한 내세에서 가장 많은 행복을 누리기 위해 노력하기로 결심한다.
- 내가 죽을 때 이루었으면 하고 바라게 될 일을 하며 살기로 결심한다.
- 천국의 행복과 지옥의 고통을 이미 목격했다면 어떻게 행동할 것인지를 생각하며 전력을 다해 노력하기로 결심한다.
- 죽음을 눈앞에 둔 상황에서 내가 마땅히 두려워해야 할 일은 절대로 하지 않기로 결심한다.[4]

1장에서 말한 대로 천국을 더욱 진지하게 생각할수록 세상도 더욱 진지하게 생각하게 된다. 인생은 짧다. 언제가 마지막 날이 될지 모른다. 언젠가는 하나님이 우리를 고향으로 부르실 날이 반드시 찾아오기 마련이다.

---

[3] Jonathan Edwards, "The Christian Pilgrim", *The Works of Jonathan Edwards*, vol.2, ed. Edward Hickman (Edinburgh: Banner of Truth, 1974), 244.
[4] Jonathan Edwards, *Jonathan Edwards' Resolutions and Advice to Young Converts*, ed. Stephen J. Nichols (Phillipsburg, NJ: Presbyterian and Reformed, 2001), 18–19, 24.

따라서 천국을 의식하며 산다는 것은 곧 그날이 바로 내일이라는 생각으로 하루하루를 살아가는 것을 의미한다.

3. 죽음의 공포에 겁먹지 말라

몇 달 전, 런던 여행을 떠날 날이 다가오자 책에서 읽던 도시를 방문한다는 기대감, 가족들과 좋은 시간을 보낼 수 있다는 흥분감, 떠나기 전에 해야 할 일들을 처리해야 한다는 압박감 등 다양한 감정이 느껴졌다. 그러나 두려움은 조금도 느껴지지 않았다. 여러 달 동안 계획하고 고대해온 여행을 두려워해야 할 이유가 어디에 있겠는가?

이와 똑같은 원리가 천국을 향하는 여행에도 그대로 적용된다. 사람들은 대개 죽음을 두려워한다. 그리스도인들도 예외가 아니다. 이미 잘 알려진 대로 윈스턴 처칠은 죽음에 직면한 적이 많았다. 죽음의 흉악한 손길을 두려워했던 그는 "죽음이 두렵지 않다고 말하는 사람은 거짓말쟁이다"라고 말하곤 했다.[5]

그리스도인이 죽음을 두려워하는 이유는 내세에서 무엇이 자기를 기다리고 있는지 알지 못하기 때문이다(이것이 내가 이 책을 쓰게 된 중요한 이유 가운데 하나다). 그러나 그리스도인들은 두 가지 이유에서 죽음을 두려워할 필요가 없다.

---

[5] James C. Humes, *The Wit and Wisdom of Winston Churchill: A Treasury of More than 1,000 Quotations and Anecdotes* (New York: HarperCollins, 1994), 25.

첫 번째 이유는 하나님이 정하신 때가 되기 전에는 절대로 세상을 떠나지 않을 것이기 때문이다. 그것이 바울의 확신이었다. 그는 안디옥의 회당에서 유대인들에게 말씀을 전하면서 부활하신 예수님이 메시아라는 사실을 입증하기 위해 하나님이 이스라엘 백성을 다루신 역사를 간단하게 열거했다.

그는 다윗 왕의 역사를 언급하면서 "다윗은 당시에 하나님의 뜻을 따라 섬기다가 잠들어 그 조상들과 함께 묻혀 썩음을 당하였으되"(행 13:36)라고 말했다. 다윗은 세상에서 하나님의 목적을 다 이룰 때까지 죽지 않았다. 우리도 마찬가지다.

아마도 "그렇다면 자동차 사고로 목숨을 잃은 십대 소년이나 어린 자녀들을 남겨둔 채 세상을 떠난 젊은 어머니와 같이 때 이른 죽음을 맞이한 사람들은 왜 그런 것입니까?"라고 묻고 싶을 것이다. 하나님의 관점에서 보면 '때 이른' 죽음은 존재하지 않는다. 시편 저자는 "나의 앞날이 주의 손에 있사오니"(시 31:15)라고 말했다. 하나님은 우리의 날을 결정하고 우리의 연수를 헤아리신다.

베드로는 예수님이 "하나님께서 정하신 뜻과 미리 아신 대로"(행 2:23) 죽으셨다고 말했다. 예수님의 죽음이 하나님에 의해 결정된 것처럼 우리의 죽음도 그렇다. 바울은 에베소서 1장 11절에서 죽음을 포함해 우리의 모든 것이 하나님의 뜻과 계획에 따라 예정되었다고 말했다.

하나님이 계획하지 않으신 죽음은 없다. 그분은 모든 것을 통제하신다. 믿음 안에서 죽은 사람들은 아흔 살이든 아홉 살이든 정확히 하나님이 정하신 연수를 채우고 떠난 것이다. 어떤 사람은 "사람은 세상에서 자기에게 주어진 일을 다 마치기까지는 절대로 죽지 않는다"라고 말했다.

이보다 훨씬 더 근본적인 두 번째 이유는 죽음이 현세에서 내세로 옮겨가는 관문이기 때문이다. '여권'의 비유를 좀 더 생각해보자. 출입국 관리소 직원이 여권에 도장을 찍어주었는데도 새로운 나라로 향하는 좁은 출입문을 지나는 것을 두려워하겠는가? 전혀 두려워할 필요 없다. 그것은 매우 설레는 경험일 것이다.

그리스도인에게 죽음은 살기 나쁜 나라에서 살기 좋은 나라로 가기 위한 관문일 뿐이다. 죽음을 경험하지 않고서는 천국에 갈 수 없다. 바울은 고린도전서 15장 50절에서 그 이유를 이렇게 설명했다.

> "형제들아 내가 이것을 말하노니 혈과 육은 하나님 나라를 이어 받을 수 없고 또한 썩는 것은 썩지 아니하는 것을 유업으로 받지 못하느니라"(고전 15:50).

지구에서 화성으로 여행을 떠났다고 가정해보자. 우리의 몸은 지구의 대기에는 완벽하게 적합하지만 '붉은 행성'으로 알려진 화성이나 다른 행성들의 대기에는 전혀 적합하지 않다. 그와 마찬가지로 '혈'과 '육'으로 이루어진 현재의 몸은 현세의 삶에는 적합하지만 내세의 삶에는 전혀 적합하지 않다.

이것이 세상의 육체를 벗어버려야 할 때가 필요한 이유다. 앞서 말한 대로 '죽음'이라는 용어는 '분리'를 뜻하는 헬라어 '사나토스'에서 유래했다. 새로운 육체를 얻으려면 죽음을 통해 세상의 육체와 분리되어야 한다.

죽음을 또 다른 각도에서 생각해볼 수도 있다. 아내와 내가 대통령 취임식에 참석했다고 가정해보자. 신사들이여, 행사 당일 아침에 잠옷을 양복으로 바꿔 입기를 거절할 텐가? 숙녀들이여, 목욕용 가운을 드레스로 바꿔 입기를 거부하겠는가?

절대 그럴 수 없을 것이다. 하나님이 모든 그리스도인을 놀라운 장소에 초청하셨으니 거기에 어울리는 옷차림을 해야 할 것이다. 그분은 적절한 '의복'을 제공하셨다. 죽음은 열등한 옷을 벗고 우월한 옷으로 바꿔 입는 것을 의미한다.

랜디 알콘은 『천국』에서 '깜짝 파티'라는 또 다른 비유를 사용해 죽음을 묘사했다.[6]

한 친구가 나를 낯선 파티에, 즉 참석자들 가운데 내가 아는 사람이 몇 명밖에 없는 파티에 초청했다고 생각해보자. 안면이 있는 몇몇 가족들을 비롯해 새로운 사람들과 인사를 나누며 파티를 즐기고 있는데 갑자기 친구가 가야 할 시간이 되었다고 말했다. 나는 아직 가고 싶지

---

[6] Alcorn, *Heaven*, 457.

않았지만 친구의 차를 얻어 타고 집에 가야 했기 때문에 아쉬움을 뒤로하고서 묵묵히 따랐다.

친구가 나를 집 앞에 데려다주었다. 나는 열쇠로 자물쇠를 열고는 손잡이를 돌렸다. 문을 여는 순간, 갑자기 불이 켜지면서 "놀랐지!"라는 함성이 들렸다. 가족들과 가장 친한 친구들이 그곳에 있었다. 그들은 선물을 건네주고, 식탁에 내가 좋아하는 음식을 가득 차려놓았다.

첫 번째 파티는 두 번째 파티를 준비하기 위해 나를 집 밖으로 끌어내려는 술책이었다. 만일 첫 번째 파티에만 머물렀다면 집에서 열린 두 번째 파티를 즐기지 못했을 것이다.

세상에서의 삶은 나름대로 즐거운 첫 번째 파티와 같다. 그러나 죽음이 찾아오면 우리의 참된 집으로 가는 문이 열린다. 우리는 그곳에서 진정한 파티가 열리고 있는 것을 발견한다.

내가 알고 있는 그리스도인들 가운데 불치병을 앓고 있는 이들이 몇 명 있다. 그들은 모두 아무런 두려움 없이 큰 기대감으로 죽음을 맞이하고 싶다고 말하지만 사실은 그렇지가 못하다. 천국에 자신의 영원한 집이 있다고 굳게 믿으면서도 '파티를 너무 일찍 마치고 떠나는 것'을 슬퍼하는 사람들이 적지 않다. 그들은 세상에 두고 갈 수밖에 없는 것들을 아쉬워한다.

그러나 진정한 파티가 이미 천국에서 진행 중이다. 그리스도인들이 세상을 떠나면서 느낀 슬픔은 흔적도 없이 사라지고 천국의 기쁨으로 온전히 보상될 것이다. 나는 예수님이 이 점을 염두에 두고 "지금 우는 자는 복이 있나니 너희가 웃을 것임이요"(눅 6:21)라고 약속하셨다고 믿는다.

4. 세상에서 주어진 시간을 최대한 선용하라

120세에 죽은 모세는 오늘날의 평균 수명보다 40-50년이나 더 살았는데도 인생의 덧없음을 언급하며 가치 있는 삶을 살기 바랐다. 그의 말은 매우 교훈적이다.

"우리의 연수가 칠십이요 강건하면 팔십이라도 그 연수의 자랑은 수고와 슬픔뿐이요 신속히 가니 우리가 날아가나이다 … 우리에게 우리 날 계수함을 가르치사 지혜로운 마음을 얻게 하소서"(시 90:10, 12).

나는 어떤 사람이 이 구절을 언급하는 것을 처음 들었을 때를 결코 잊지 못할 것이다. 내가 베일러대학교에 입학했을 때의 일이다. 당시 나는 160킬로미터나 떨어진 텍사스대학교에 있는 내 여자친구(지금의 아내)를 그리워하며 신입생 환영 예배를 드리는 중이었다. 그녀를 보려면 아직도 두 주나 기다려야 하는 상황에서 인생의 덧없음에 관한 모세의 말은 전혀 현실적인 느낌을 주지 못했다. 시간이 마치 굼벵이처럼 더디기만 했다.

그러나 그 후 나이가 들수록 모세의 말이 더욱 실감 나게 느껴졌다.

어떤 사람은 "인생은 화장실 휴지 두루마리와 같다. 그것은 마지막이 가까울수록 더 빨리 없어진다"라고 재치 있게 말했다.

바울 사도는 우리의 날 계수함을 배워 삶을 지혜롭게 살기를 원했던 모세의 바람을 좀 더 확대해 다음과 같이 말했다.

> "그런즉 너희가 어떻게 행할지를 자세히 주의하여 지혜 없는 자 같이 하지 말고 오직 지혜 있는 자 같이 하여 세월을 아끼라 때가 악하니라"(엡 5:15-16).

성경에서 '행한다'라는 말은 삶을 가리키는 비유적 표현이다. 무엇에 시간을 할애하느냐에 따라 우리의 삶이 결정된다. 예를 들어 인생에서 자신이 가장 중요시하는 것 세 가지를 적어놓고 다음 몇 주 동안 그 세 가지 일에 실제로 얼마나 많은 시간을 할애했는지를 살펴보라.

인생에서 가장 중요하다고 생각하는 일들에 시간을 할애하며 살고 있는가? 어떤 사람은 "인생은 달러와 같다. 우리는 인생을 자신이 원하는 어디에나 사용할 수 있지만 단 한 번밖에 사용할 수 없다"라고 말했다.

바울은 '세월을 아껴' 지혜롭게 살라고 권고했다(엡 5:16). 이 표현은 시간을 "모두 사라"는 의미다. 다시 말해 "인생에 투자하고 인생을 붙잡으라"(Carpe Diem)는 뜻이다. 철학자 헨리 데이비드 소로는 자기가 죽을 때 '아직 살지 못한 것을 발견하게 될까봐' 걱정했다.

그는 "나는 삶이 아닌 것은 살고 싶지 않았다. … 깊이 있게 살며 삶의 진수를 모두 빨아내고 싶었다. … 삶이 아닌 것은 모두 물리쳐버리고 말끔하게 깎아내고 싶었다"라고 말했다.[7] 간단히 말해, 시간을 낭비하지 말라는 뜻이다. 낭비하기에는 인생이 너무나 짧고 귀하다.

텔레비전을 보거나 비디오 게임을 하거나 페이스북, 트위터를 주고받으면서 시간을 보내는 것은 소로나 바울에게 상상조차 할 수 없는 일이었을 것이다. 두 사람 모두에게 삶은 헛되이 낭비하기에는 너무나도 귀중한 자산이었다.

소로는 숲에 들어가서 '신중하게 살면서 오직 삶의 본질적인 사실들만을 대하고, 삶이 마땅히 가르치는 것을 잘 배울 수 있는지를 살펴봄으로써' 시간을 아낄 수 있다고 믿었다.[8]

바울은 세월을 아껴야만 하는 이유를 다른 곳에서 찾았다. 그는 "때가 악하다"는 것을 알았다(엡 5:16). 실수를 저질러서는 안 된다. 사탄은 모든 수단을 동원해 하나님을 영화롭게 하는 삶을 살지 못하게 방해하려고 애쓴다. 그는 하나님이 요구하시는 중요한 일이 아닌, 아무런 가치도 없는 일에 시간과 인생을 낭비하도록 유혹한다. 나는 다음과 같은 필립스의 말이, 바울이 무엇을 염두에 두고 짧은 인생을 선용하라고 말했는지를 가장 잘 설명하고 있다고 생각한다.

---

7) Henry David Thoreau, *Walden, or Life in the Woods* (New York: Everyman's Library, 1910), 80-81.
8) Ibid., 80.

삶의 의미와 목적이 무엇인지 모르는 사람이 아니라 다 알고 있는 사람이 되어 온당한 책임 의식을 가지고 인생을 살라. 오늘날의 온갖 어려움에도 불구하고 주어진 시간을 최대한 선용하라. 모호한 태도를 보이지 말고, 하나님의 뜻이라고 알고 있는 것을 굳게 붙잡아라(엡 5:15-17).

5. 출발 직전에 후회할 것을 최대한 줄여라

공항의 출발 탑승구에서 비행기에 오르며 '당분간 신문을 넣지 말라고 말해야 했는데'라거나 '좀 더 따듯한 외투를 가져왔으면 좋았을 텐데'라고 생각해본 적이 있는가? 그런 '출발 직전의' 후회는 나름대로 상당한 아쉬움을 느끼게 하지만 많은 사람들이 현세를 떠나 내세로 향할 때 느끼는 후회에 비하면 그야말로 아무것도 아니다.

목회자인 나로서는 후회로 가득한 사람들의 임종을 지켜보면서 사랑하는 사람들에게 했던 말이나 하지 못한 말, 또는 살면서 했거나 하지 못한 일들을 떠올리며 슬퍼하는 소리를 듣는 것보다 더 가슴 아픈 일은 없다.

후회보다 우리의 기쁨을 더 빨리 앗아가거나 우리의 시간을 더 완전하게 잠식하는 것은 없다. 시인 존 그린리프 휘티어는 그런 슬픈 감정을 다음과 같이 표현했다.

입으로 말하거나 글로 쓴 모든 슬픈 말 가운데서

가장 슬픈 말이 있다면 '그랬으면 좋았을 텐데'라는 말이리라.[9]

작가 브라우니 웨어는 말기 환자 요양원에서 일하며 죽음을 앞둔 많은 사람들의 고백을 듣고서는 죽기 전에 가장 많이 하는 후회를 다섯 가지로 정리했다.

1. 다른 사람들이 내게 기대했던 삶이 아니라 나 자신에게 충실한 삶을 살 수 있는 용기가 있었더라면 좋았을 텐데.
2. 그렇게 열심히 일만 하며 살지 않았더라면 좋았을 텐데.
3. 내 감정을 솔직하게 표현할 수 있는 용기가 있었더라면 좋았을 텐데.
4. 가족들과 연락하며 살았더라면 좋았을 텐데.
5. 나 자신을 좀 더 행복하게 만들었더라면 좋았을 텐데.[10]

후회는 암과 같다. 후회는 우리의 영혼을 갉아먹고, 마음의 평화를 빼앗으며, 천국을 준비하는 일에 시간을 사용하지 못하게 한다. 나의 아버지는 누가 보아도 성공한 사람이었다. 그는 그리스도를 믿는 신자였고, 항공 산업 분야에서 중요한 직책을 맡았으며, 소득 수준이 상위 중산층에 해당했고, 세계 여러 곳을 여행했으며, 동료들과 친구들

---

[9] John Greenleaf Whittier, "Maud Muller", *The Poems of John Greenleaf Whittier* (Boston: James R. Osgood and Co., 1878), 206.
[10] Bronnie Ware, "Regrets of the Dying", *Inspiration and Chai* (blog), November 19, 2009, http://bronnieware.com/regrets-of-the-dying/.

의 존경을 받았고, 가족들의 사랑을 받았다.

그러나 췌장암으로 죽음을 몇 달 앞둔 상태에서 그는 가고 싶었던 여행, 최대로 살리지 못한 고용의 기회, 결코 해서는 안 될 말, 온전히 누리지 못한 관계 등과 관련해 '그랬더라면 좋았을 텐데'라고 말하면서 몹시 슬퍼했다. 그는 심지어 새 양복을 사놓고서도 '닳을까봐' 입지 못했던 일을 후회하기도 했다.

아버지의 마지막 몇 달은 전혀 행복하지 못했다. 나는 그의 경험을 통해 후회는 행복한 삶의 기쁨을 앗아가는 힘이 있다는 사실을 알았다. 또한 나는 결국에는 (아버지의 양복을 우리가 처리했던 것처럼) 누군가가 나의 옷을 팔거나 다른 사람에게 줘버리기 전에 그것을 입고 다니는 편이 낫다는 사실을 깨달았다.

천국을 향하는 여행을 준비할 때 우리가 할 수 있는 가장 좋은 결심 가운데 하나는 불필요한 후회를 없애버리는 것이다. 종이 한 장을 꺼내 그것을 다섯 항목(하나님, 가족, 친구, 직업 활동, 경제)으로 나눠라. 그러면 다음과 같은 표가 만들어질 것이다. 각각의 항목 아래 죽기 전에 세상에서 하고 싶은 일을 세 가지씩 적어보라.

하나님	가족	친구	직업 활동	경제

만일 도움이 된다면 조나단 에드워즈의 결심 목록을 다시 생각해보

고 다음과 같은 방식으로 자신의 결심을 적어보라.

- "잘했다. 착하고 충성된 종아"라는 칭찬을 들을 수 있도록 하나님을 영화롭게 하는 삶을 살기로 결심한다.
- 하나님이 내게 허락하신 배우자를 깊이 이해하고 즐기고 귀하게 여기기로 결심한다.
- 자녀들을 그리스도께로 인도하고, 그들의 존경을 받을 수 있게 행동하며, 그들의 독특함을 존중하기로 결심한다.
- 나의 삶을 풍요롭게 해주는 사람들을 위해 기도하고, 그들과 함께 어울림으로써 나의 친구 관계를 귀하게 여기기로 결심한다.
- 나의 재능과 열정을 활용할 수 있는 직업을 선택해서 현재와 미래에 가족들을 경제적으로 안정되게 보살피기로 결심한다.
- 내가 죽을 때 가족들이 어려움을 겪지 않도록 경제를 질서 있게 잘 운영하기로 결심한다.
- 내가 세상을 떠났을 때 사람들이 나를, 잘못을 올바로 고치려고 노력했던 사람으로 기억할 수 있도록 혹시라도 누군가에게 잘못을 저질렀다면 기꺼이 용서를 구하기로 결심한다.

삶을 정직하게 돌아보면 과거에 실수를 저질렀거나 기회를 헛되이 날려버렸거나 사람들에게 상처를 준 일들이 후회스럽게 느껴질 것이 틀림없다. 과거를 지워 없애는 것은 불가능하다. 인생에는 되감기 버

틈이 없다. 그러나 하나님의 도움을 의지하면 지금이라도 당장 내일의 삶은 물론 영원한 운명까지도 새롭게 변화시킬 수 있다. 만일 믿기 어렵다면 스웨덴의 한 박애주의자의 이야기를 들어보기 바란다.

알프레드 노벨은 니트로글리세린을 안정화시키는 방법을 연구해 큰 재물과 명예를 한꺼번에 얻었던 19세기 화학자다. 그는 폭발력이 매우 강한 용액에 특정한 화합물을 첨가해 고체로 만든 후, 그것을 '다이너마이트'라고 명명했다. 사실 광산을 개발하고, 터널을 뚫고, 운하를 짓는 등 상업용으로 사용하기 위해 만든 것이지만 나라마다 곧 그것을 전쟁용 무기로 바꾸어 사용하기 시작했다.

노벨은 살아 있는 동안 다이너마이트 발명자이자 그것이 초래한 파괴와 죽음으로 가장 잘 알려져 있었다. 그의 형제 루드비히가 1888년에 사망하자 프랑스 신문들은 그를 알프레드와 혼동해 "죽음의 상인이 사망하다"라고 보도했다. 이 실수로 인해 알프레드 노벨은 자신의 부고를 신문을 통해 읽게 되었다.

그는 자신이 죽은 후에 엄청난 사람들을 죽인 도구를 개발한 사람으로 기억될 것이라는 사실을 깨닫고, 자신의 삶을 새롭게 변화시키기로 결심했다. 그는 인간성을 드높이는 과학적, 예술적, 평화적 시도에 남은 생애를 온전히 바치기로 작정했다. 그는 많은 양의 재산을 기부해 오늘날 잘 알려진 노벨상을 제정했다.

우리 가운데 알프레드 노벨 정도의 재산과 명예를 이룰 사람은 그리 많지 않지만 모두 각자 나름대로 삶을 재조정해 후회 없이 살다가 죽을 수 있는 일에 우리의 시간과 재물과 힘을 투자할 수 있다.

6. 세상을 떠나기 전에 재정적인 문제를 잘 정리해두라

천국으로 향하는 여행을 떠나기 전에 마지막으로 점검해야 할 점은 남겨놓고 갈 사람들을 적절히 배려하는 것이다. 이것이 이사야 선지자가 히스기야 왕에게 당부한 것이다. 그는 "너는 집을 정리하라 네가 죽고 살지 못하리라"(왕하 20:1)고 말했다. 좋은 조언이다.

어떤 사람이 죽을 때를 대비해 '배우자와 가족들을 위한 재정적 준비의 필요성'을 다룬 한 세미나에 참석했다. 그는 세미나를 마치고 돌아오면서 집에 가면 자기가 먼저 죽을 것을 가정하고, 그 이후의 일에 관해 아내와 솔직한 대화를 나누어야겠다고 생각했다. 그는 "여보, 대출금은 거의 다 상환했기 때문에 계속해서 이 집에 살아도 될 거야"라고 말했다.

그의 아내는 그렇게 하겠다고 대답했다. 그는 다시 "그리고 당신이 재혼하더라도 난 아무렇지도 않을 거요. 사실, 당신의 새 남편과 당신이 우리 침실을 사용하더라도 전혀 개의치 않겠소"라고 말했다. 이 말에도 그의 아내는 아무런 거부 의사를 밝히지 않았다.

그의 말은 계속되었다. "그리고 또 만일 그가 나처럼 골프를 좋아한다면 내 골프채를 자유롭게 사용해도 괜찮소." 그러자 그의 아내는 "그건 안 돼요. 그럴 리는 없을 거예요"라고 말했다. 그가 의아한 표정으로 "왜 안 된다는 것이요?"라고 묻자 그의 아내는 "당신은 오른손잡이이고, 그는 왼손잡이거든요"라고 대답했다.

재미있는 이야기다. 그러나 내가 너무나도 많이 들은 이야기는 전혀 재미가 없다. 그것은 남편이나 아내가 살아 있는 배우자나 자녀들에게 재정적인 문제나 유언장을 놔둔 장소나 생명보험이나 비밀번호나 장례 절차에 관한 바람을 비롯해 아무런 정보도 알리지 않고 죽는 것이다. 그로 인해 가족들이 중요한 문제들에 관해 아무것도 모른 채 슬픔과 회복에 쏟아부어야 할 시간과 힘을 헛되이 낭비하는 결과가 발생한다.

앞서 말했지만 한 번 더 말하고 싶다. 죽음은 필연이다. 누구나 가족들을 뒤에 남긴 채 죽는다. 유명한 강사 토니 캠폴로가 말한 대로, 우리의 가족과 친구들이 우리의 관을 들고 가서 그 위에 흙을 덮고 교회에 돌아와 토마토 샐러드를 먹는 날이 올 것이다. 그렇다면 우리의 가족은 토마토 샐러드를 먹고 난 뒤에 무엇을 해야 할까?

우리가 할 수 있는 한 가지는 국제 공인 재무 설계사인 짐 힌들을 본받는 것이다. 짐은 사망하기 몇 년 전에 재산을 잘 정리해 남겨두는 방법을 다룬 글을 한 편 발표했다. 그의 조언은 "누구든지 자기 친족 특히 자기 가족을 돌보지 아니하면 믿음을 배반한 자요 불신자보다 더 악한 자니라"(딤전 5:8)는 성경 말씀에 근거한다.

짐은 유언장 외에도 한 권의 노트를 준비해 거기에 자산과 부채, 당좌 예금 계좌, 저축 예금 계좌, 증권, 계약서, 양도성 예금증서, 퇴직 계좌, 연금, 부동산, 생명보험, 연간 배당금과 같은 것들을 기재해놓으라고 조언했다. 그 노트에는 변호사, 회계사, 은행 직원, 증권 중개인의 연락 정보는 물론 부고에 알릴 정보까지도 적어놔야 한다.

짐이 죽고 나서 며칠 후, 그의 아내 오드리는 남편을 잃은 새로운 현실을 여전히 힘들어하면서도 애써 힘을 내서 짐의 노트를 손에 들고 변호사를 찾아갔다. 변호사는 그 노트를 보고 나서 고개를 좌우로 흔들며 "참으로 놀랍군요"라고 말했다. 오드리는 이렇게 결론지었다.

> 짐은 그 노트에 자신의 일부를 남김으로써 사랑과 경건한 성품과 순전함을 보여주었다. 홀로 버려졌다는 느낌이나 불안한 마음이 전혀 느껴지지 않았다. 나의 남편은 살아 있을 때도 우리를 잘 보살폈고, 죽은 후에도 여전히 우리를 잘 보살피고 있다.[11]

우리 모두 우리의 가족에게 그렇게 하자. 그러면 우리나 가족들이 후회할 일이 없을 것이다. 나의 부모는 모두 일찍 세상을 떴다. 그들의 죽음은 나의 인생에 지대한 영향을 미쳤다. 둘 다 내게 그리스도인으로서 살고, 그리스도인으로서 죽는 법을 가르쳐준 훌륭한 신자들이었다. 그러나 (최소한 나의 견지에서 볼 때) 그들의 때 이른 죽음은 후회 없이

---

11) Audrey Hindle, "A Husband's Final Gift". 다음의 자료에서 인용했다. Robert Jeffress, *The Road Most Traveled: Releasing the Power of Contentment in Your Life* (Nashville: Broadman & Holman, 1996), 160-162.

살다가 후회 없이 죽자는 결심을 철석 같이 다지는 계기가 되었다.

만일 내 묘비에 비문을 새긴다면 아마도 아브라함의 죽음을 전하는 말씀이 가장 적합할 듯하다. 성경은 "그의 나이가 높고 늙어서 기운이 다하여 죽어 자기 열조에게로 돌아가매"(창 25:8)라는 말씀으로 그의 죽음을 묘사했다. 아브라함은 "만일 그랬더라면 좋았을 텐데"라거나 "그랬더라면 어땠을까?"라는 식의 말을 길게 늘어놓지 않고 생을 마감했다. 그는 자신의 과거에 만족했다.

그는 하나님의 은혜를 믿는 믿음으로 자신이 과거에 저지른 실수들이 모두 용서받았다는 것을 알았다. 그는 하나님을 믿는 믿음을 자녀들과 손자들에게 물려준 것을 알고 만족했다. 그는 '열조에게 돌아가는 것', 곧 천국으로 향하는 여정을 준비했기 때문에 미래를 평화롭게 맞이했다.

천국으로 향하는 여행을 떠날 준비가 되었는가? 만일 그리스도인이라면 마지막 목적지를 향하는 여행을 두려워할 필요가 전혀 없다. 존 토드는 오래 전에 이 여행과 목적지를 가장 감동적으로 묘사한 이야기 가운데 하나를 글로 남겼다.

1800년 가을, 버몬트 주 버틀랜드에서 태어난 존은 가족과 함께 킬링스워스라는 작은 마을로 이주했다. 그로부터 몇 년 뒤, 존은 부모를 모두 잃고 고아가 되었다. 그의 형제들은 친척들에게로 뿔뿔이 흩어졌다. 여섯 살 난 존은 마음씨 고운 숙모가 맡아 키우게 되었다.

존은 숙모와 15년 동안 함께 살고 나서 이십 대 초에 사역자가 되기 위한 공부를 하려고 집을 떠났다. 그 후 많은 세월이 흘러 존이 중년의 나이가 되었을 때 숙모가 병에 걸렸다. 그녀는 죽음이 임박했음을 느끼고 조카에게 편지를 보냈다. 그녀는 죽을 것을 생각하니 몹시 두려웠다. 동정심에 가슴이 뭉클해진 존은 자신이 겁에 질린 어린 소년이었을 때 숙모가 따뜻한 사랑으로 자기를 맞이해준 날 밤의 일을 떠올리며 답장을 써 보냈다.

여섯 살의 어린 소년이 세상에 혼자 남게 된 그날 이후로 벌써 35년이라는 세월이 흘렀습니다. 당시 숙모는 내게 살 집을 주고, 친절한 어머니가 되어주겠다고 말했습니다. 16킬로미터의 먼 거리를 달려 노스 킬링스워스에 있는 숙모의 집에 갔던 그날 밤을 결코 잊을 수가 없습니다. 숙모가 직접 나를 데리러 오지 않고, 숙모의 흑인 하인 시저가 대신 왔을 때 느꼈던 실망감이 지금도 생생합니다. 숙모의 말 위에 높이 위태롭게 앉아 시저를 꼭 붙들고 나의 새로운 집을 향해 달리면서 눈물을 흘리며 불안해했던 일이 생각납니다. 여행을 마치기 전에 해가 졌고 사방이 깜깜해지자 외로움과 두려움이 느껴졌습니다.

나는 불안한 마음으로 시저에게 "우리가 도착하기 전에 숙모가 잠이 들면 어쩌죠?"라고 물었습니다. 그는 확신 어린 어조로 "아뇨, 그렇지 않아요. 마님은 분명히 뜬눈으로 도련님을 기다리고 있을 거에요. 이 숲만 빠져나가면 마님의 촛불이 창문을 통해 보일 겁니다"라고 대답했습니다. 공터로 달려 나오니 정말로 숙모의 촛불이 보였습니다. 숙모는 문 앞에서 기다리고 있다가 나를 팔로 꼭 안고, 피곤함과 당혹감에 휩싸인 어린 나를 말에서 내려주었습니다. 화로에는 큰 장작불이 불타고 있었고, 조리대 위에는 내게 줄 따뜻한 음식이 놓여 있었습니다. 저녁 식사를 마치자 숙모는 나를 새 방으로 데려가서 내가 잠들 때까지 곁을 지켜주었습니다.

아마도 숙모는 내가 이 모든 이야기를 왜 상기시켜드리는지 그 이유를 익히 짐작하실 것입니다. 머지않아 하나님이 누군가를 보내 숙모를 새로운 집으로 데려오게 하실 것입니다. 그 부르심, 즉 낯선 여행이나 죽음의 어두운 사자를 겁내지 마십시오. 오래 전에 숙모가 내게 친절을 베풀어준 것처럼 하나님도 틀림없이 숙모를 꼭 그렇게 대해주실 것입니다. 여행이 끝나면 숙모를 반갑게 맞이하는 사랑스러운 손길을 발견하고 하나님의 보살핌 안에서 안전히 거할 것입니다.[12]

---

12) Charles R. Swindoll, *Living on the Raggged Edge: Coming to Terms with Reality* (Waco: Word, 1985), 358-359.

나가는 말

우리의 본향, 천국

천국은 주 예수 그리스도를 믿는 모든 사람들이 가게 될 궁극적인 목적지다. 그곳은 어떤 말로도 다 묘사할 수 없을 만큼 영광스럽다. 얼마 전에 고전 뮤지컬 〈사운드 오브 뮤직〉의 무대 공연을 감상한 적이 있었다. 로저스와 해머스타인이 작곡, 작사한 노래들은 역시 불후의 명곡들이었고 배우들도 훌륭했다. 그러나 나는 개막 공연의 휘장이 걷히는 순간, 크게 웃고 싶은 마음을 억지로 달래야 했다.

오스트리아 알프스를 묘사한 무대용 막 앞에서 젊은 수녀 마리아가 노래를 부르며 들뜬 표정으로 재잘거렸다. 그보다 몇 달 전에 나는 영화를 촬영한 실제 장소인 알프스를 방문한 적이 있었다. 실제로 본 웅장한 산과 천 조각에 그려진 그림 사이의 차이가 너무 커서 하마터면 웃음이 터져 나올 뻔했다.

나는 지난 6개월 동안 이 책을 쓰면서 그 차이를 곰곰이 생각해보았다. 이 책은 물론 심지어는 성경의 말씀조차도 예수님이 지금 우리를 위해 준비하고 계시는 실제 장소를 묘사하기에는 턱없이 부족하다.

천국은 우리가 상상할 수 있는 것보다 훨씬 더 장엄한 곳이다.

천국은 마음의 고통이 모두 사라지고 모든 꿈이 이루어지는 곳이다.

천국은 그리스도를 믿는 믿음으로 하나님의 용서를 받은 사람들을 위해 준비된 곳이다.

그곳은 천국이라고 불리는 실제 장소다.

사명선언문

너희가 흠이 없고 순전하여……세상에서 그들 가운데 빛들로
나타내며 생명의 말씀을 밝혀 _ 빌 2:15-16

1. 생명을 담겠습니다
만드는 책에 주님 주신 생명을 담겠습니다.
그 책으로 복음을 선포하겠습니다.

2. 말씀을 밝히겠습니다
생명의 근본은 말씀입니다.
말씀을 밝혀 성도와 교회의 성장을 돕겠습니다.

3. 빛이 되겠습니다
시대와 영혼의 어두움을 밝혀 주님 앞으로 이끄는
빛이 되는 책을 만들겠습니다.

4. 순전히 행하겠습니다
책을 만들고 전하는 일과 경영하는 일에 부끄러움이 없는
정직함으로 행하겠습니다.

5. 끝까지 전파하겠습니다
모든 사람에게, 땅 끝까지, 주님 오시는 그날까지
복음을 전하는 사명을 다하겠습니다.

서점 안내

광화문점	서울시 종로구 새문안로 69 구세군회관 1층 02)737-2288 / 02)737-4623(F)
강남점	서울시 서초구 신반포로 177 반포쇼핑타운 3동 2층 02)595-1211 / 02)595-3549(F)
구로점	서울시 동작구 시흥대로 602, 3층 302호 02)858-8744 / 02)838-0653(F)
노원점	서울시 노원구 동일로 1366 삼봉빌딩 지하 1층 02)938-7979 / 02)3391-6169(F)
분당점	경기도 성남시 분당구 황새울로 315 대현빌딩 3층 031)707-5566 / 031)707-4999(F)
일산점	경기도 고양시 일산서구 중앙로 1391 레이크타운 지하 1층 031)916-8747 / 031)916-8788(F)
의정부점	경기도 의정부시 청사로47번길 12 성산타워 3층 031)845-0600 / 031)852-6930(F)
인터넷서점	www.lifebook.co.kr